高等职业教育"十二五"规划教材

# Gangkou Dianqi Jishu
# 港口电气技术

田文奇　李胜永　主　编
　　　　钟满祥　主　审

人民交通出版社

## 内 容 提 要

本书主要是按高等职业技术教育港口物流设备与自动控制、港口机械等专业港口电气技术课程教材的要求编写的。全书按项目化教学体例编排,较系统地介绍了港口常用低压电器,电力拖动与基本自动控制线路,可编程控制器(PLC)的结构原理,港口起重机械起升、平移及变幅等主要机构控制系统设计与调试,港口机械 PLC 控制综合应用,指令系统及其港口设备自动控制中的应用等。

本书主要作为有关院校港口物流设备与自动控制、港口机械等专业高职、大专和函授生教材,也可供港口码头公司、港口机械及电气设备制造公司、港口企业维修厂等有关部门技术人员参考。

**图书在版编目(CIP)数据**

港口电气技术/田文奇,李胜永主编. — 北京:
人民交通出版社,2014.2
高等职业教育"十二五"规划教材
ISBN 978-7-114-11116-7

Ⅰ.①港… Ⅱ.①田…②李… Ⅲ.①港口设备 –
电气设备 Ⅳ.①U653.95

中国版本图书馆 CIP 数据核字(2014)第 001914 号

高等职业教育"十二五"规划教材

| | |
|---|---|
| 书 　名: | 港口电气技术 |
| 著 作 者: | 田文奇　李胜永 |
| 责任编辑: | 刘　君　薛　民　潘艳霞 |
| 出版发行: | 人民交通出版社 |
| 地　　址: | (100011)北京市朝阳区安定门外外馆斜街 3 号 |
| 网　　址: | http://www.ccpress.com.cn |
| 销售电话: | (010)59757973 |
| 总 经 销: | 人民交通出版社发行部 |
| 经　　销: | 各地新华书店 |
| 印　　刷: | 北京市密东印刷有限公司 |
| 开　　本: | 787×1092　1/16 |
| 印　　张: | 15.5 |
| 字　　数: | 379 千 |
| 版　　次: | 2014 年 2 月　第 1 版 |
| 印　　次: | 2014 年 2 月　第 1 次印刷 |
| 书　　号: | ISBN 978-7-114-11116-7 |
| 定　　价: | 39.00 元 |

(有印刷、装订质量问题的图书由本社负责调换)

# 机电设备维修与管理(港口机械)专业建设委员会

**主 任 委 员** 王怡民

**副主任委员** 金仲秋　李锦伟

**编　　　委** 柴勤芳　屠群锋　兰杏芳　朱小平
　　　　　　　胡启祥　田文奇　杨成军(企业)
　　　　　　　任小波(企业)　章正伟　项峻松
　　　　　　　张振兴(企业)　徐态福(企业)
　　　　　　　钟满祥(企业)　郑　淳(企业)

# 前言 Preface

为更好地服务于浙江海洋经济发展示范区规划、浙江舟山群岛新区建设规划这两大国家级发展战略和浙江港航强省战略，为区域港航物流业提供人才支撑，浙江交通职业技术学院选择机电设备维修与管理(港口机械)专业建设作为中央财政支持提升专业服务产业发展能力建设项目。在2011～2013年建设期间，通过项目推进，加快紧缺型高端技能人才培养，取得了可喜成绩。本教材为该项目建设成果之一。

现代港口设备体积大，自动化程度高，维修难度较大，对维修人员的要求越来越高。而在港口机械检修实践中，电气系统故障率高，故障类型繁杂，检测周期长，且随着可编程控制器(PLC)、变频调速技术、现场总线技术等在港口的大量应用，港口设备的电气检测维护难度逐步增大。因此，熟练掌握港口设备电气控制系统的结构原理、检修调试等知识与技能对高职院校港口相关专业学生、港口码头工程技术人员来说至关重要。

《港口电气技术》是一门讲述港口设备电气控制系统结构原理、装调检修等内容的课程，是港口物流设备与自动控制及相关专业的必修课程。本书从港口企业实践和高职院校学生特点出发，将教学内容按由易到难、循序渐进的原则划分教学项目，实践性强，使读者在典型简单的项目应用中掌握港口电气控制系统中的低压电器、基本控制线路、港口设备PLC控制技术等基础知识，同时通过一定的练习，具备常用电气器件识别检测、港口电气控制系统装调检修等操作技能，为学生今后从事港口电气技术管理、电气设备使用、维修、改造打下基础。本书可作为高等职业教育教材，也可供职工技术培训及有关工程技术人员学习参考。

全书共分为六个项目，每个项目又划分为若干个教学任务。内容包括：港口机械常用低压电器认识与拆装检修、基本自动控制线路安装调试、港口起重机起升机构控制系统设计与安装调试、港口起重机平移机构控制系统设计与安装调试、港口起重机变幅机构控制系统设计与安装调试、港口机械PLC控制综合应用。

本书由浙江交通职业技术学院田文奇、南通航运职业技术学院李胜永共同主编,舟山港股份有限公司钟满祥主审,浙江交通职业技术学院姚建飞、瞿心昱老师参与编写了部分内容。在此,感谢舟山港股份有限公司对本书的大力支持;编写过程中参考了大量文献资料未能一一列出,在此向相关作者表示衷心感谢。

由于编者水平所限,书中难免有不足之处,衷心希望广大读者、各位专家学者提出宝贵意见,以便进一步修改完善。

编　者

2014 年 1 月

# 目　录 Contents

项目一　港口机械常用低压电器认识与拆装检修 ………………………………………… 1
　　任务一　港口常用低压电器认识 …………………………………………………… 11
　　任务二　交流接触器的拆装与检修 ………………………………………………… 15
项目二　基本自动控制线路安装调试 …………………………………………………… 19
　　任务一　三相交流异步电动机全压启动线路安装调试 …………………………… 24
　　任务二　三相交流异步电动机正反转控制线路安装调试 ………………………… 26
　　任务三　自动往返控制线路的安装调试 …………………………………………… 28
　　任务四　三相交流异步电动机降压启动控制线路安装调试 ……………………… 31
　　任务五　绕线式电动机控制线路安装调试 ………………………………………… 33
项目三　港口起重机起升机构控制系统设计与安装调试 ……………………………… 36
　　任务一　起升机构电动机正反转控制系统设计与安装调试 ……………………… 37
　　任务二　起升电动机起动电阻顺序启动程序设计与调试 ………………………… 48
　　任务三　顺序启动机构故障分析与排除 …………………………………………… 58
　　任务四　起升机构作业计数统计 …………………………………………………… 68
　　任务五　起升机构控制监控系统设计 ……………………………………………… 75
　　任务六　起升机构控制系统总体设计与应用 ……………………………………… 80
　　任务七　起升机构电动机平均速度统计 …………………………………………… 84
　　任务八　起升机构电动机运行时间统计 …………………………………………… 89
项目四　港口起重机平移机构控制系统设计与安装调试 ……………………………… 97
　　任务一　小车运行机构监控系统设计 ……………………………………………… 98
　　任务二　利用顺序功能图设计交通信号灯控制系统 ……………………………… 102
　　任务三　港口起重机——电吊起升机构控制系统设计与安装调试 ……………… 110
项目五　港口起重机变幅机构控制系统设计与安装调试 ……………………………… 121
　　任务一　变幅机构调速控制系统与安装调试 ……………………………………… 121
　　任务二　模拟量转换与处理 ………………………………………………………… 128
项目六　港口机械 PLC 控制综合应用 …………………………………………………… 133
　　任务一　建立库文件 ………………………………………………………………… 133
　　任务二　使用高速脉冲输出 ………………………………………………………… 137
　　任务三　利用高速脉冲输出控制电动机转速 ……………………………………… 143

任务四　使用配方功能 ············································· 150

任务五　使用数据记录功能 ········································· 155

任务六　自由口通信模式的应用 ····································· 159

任务七　使用 PID 控制指令 ········································ 170

任务八　S7-200 的 PPI 通信 ······································· 179

任务九　S7-200 的 Modbus 通信 ···································· 187

任务十　通过 PROFIBUS 连接 S7-300 和 S7-200 ······················ 194

任务十一　S7-200 的 Modem 通信 ··································· 199

任务十二　使用 USS 协议控制 MM4 系列变频器 ······················· 211

任务十三　S7-200 的以太网通信 ···································· 218

**附录 A　S7-200 PLC 快速参考信息** ································ 235

**附录 B　课后自测参考答案** ······································· 236

**参考文献** ······················································· 240

# 项目一　港口机械常用低压电器认识与拆装检修

 **项目描述**

港口机械主要依靠电动机来拖动,而低压电器是对电动机和港口机械进行控制与保护的基本组成元件。尤其在采用传统继电器——接触器电气控制线路的机械设备中,控制系统的可靠性、经济性与所用低压电器有着直接的关系。因此,作为电气技术人员,必须熟练掌握低压电器的结构、原理,并能正确选用和拆装维护,为今后从事港口机械电气线路安装、调试、维修等工作打下坚实基础。

通过本项目的学习和训练,应达到以下要求。

一、知识要求

1. 熟悉港口常用低压电器的结构原理。
2. 熟悉港口常用低压电器图形符号和文字符号。
3. 熟悉港口常用低压电器的选用要点。

二、能力要求

1. 能熟练识别港口常用低压电器。
2. 能独立完成交流接触器的拆装、检修及调试。
3. 能够掌握空气阻尼式时间继电器的改装及调试。
4. 能使用万用表检测低压电器。

三、素质要求

1. 具备强烈的安全用电意识。
2. 养成独立思考的品性。

 **相关知识**

## 一、低压电器简介

控制电器按其工作电压的高低,以交流 1200V、直流 1500V 为界,可划分为高压控制电器和低压控制电器两大类。

低压电器是一种能根据外界的信号和要求,手动或自动地接通、断开电路,以实现对电路或非电对象的切换、控制、保护、检测、变换和调节的元件或设备。

总的来说,低压电器可以分为配电电器和控制电器两大类,它是成套电气设备的基本组成元件。在工业、农业、交通、国防以及民生用电等部门中,大多数采用低压供电,因此,电器元件的质量将直接影响低压供电系统的可靠性。

低压电器的发展,取决于国民经济的发展和现代工业自动化发展的需要,以及新技术、新工艺、新材料研究与应用,目前正朝着高性能、高可靠性、小型化、数模化、模块化、组合化和零部件通用化的方向发展。

## 二、常用低压电器

低压电器种类繁多、用途广泛、构造各异,根据用途、控制对象、动作方式、执行机构的不同可分为以下几种。

(1)低压配电电器,包括刀开关、组合开关、熔断器、断路器等,主要用于低压配电系统和动力设备中。

(2)低压控制电器,包括接触器、继电器、电磁铁等,主要用于拖动控制与自动控制中。

(3)自动切换电器,依靠电器本身参数变化或外来信号的作用,自动完成接通或断开等动作,如接触器、继电器等。

(4)非自动切换电器,依靠外力(如手动、机械碰撞)直接操作来完成接通或断开等动作,如按钮、刀开关、位置开关等。

(5)有触点电器,具有可分断的动触头(触点)和静触头,利用触头的接触和分断来实现电路的通断控制。

(6)无触点电器,没有可分断的触头,主要依靠半导体元器件的开关效应来实现电路的通断控制。

### 1. 刀开关

刀开关又称闸刀开关,是结构最简单、应用最广泛的一种手动电器。在容量不大的低压电路中,作为不频繁接通和分断电路用,或用来将电路与电源隔离,也可以用来对小功率电动机作不频繁的直接启动。

刀开关由操作手柄、动触刀、静插座和绝缘底板组成。依靠手动来实现触刀插入插座或脱离插座的控制。按刀数可分为单极、双极和三极。刀开关图形符号和文字符号如图1-0-1所示,一般均与熔丝或熔断器组成具有保护作用的开关电器,最常用的有开启式负荷开关(胶盖闸刀开关)和封闭式负荷开关(铁壳开关)等。

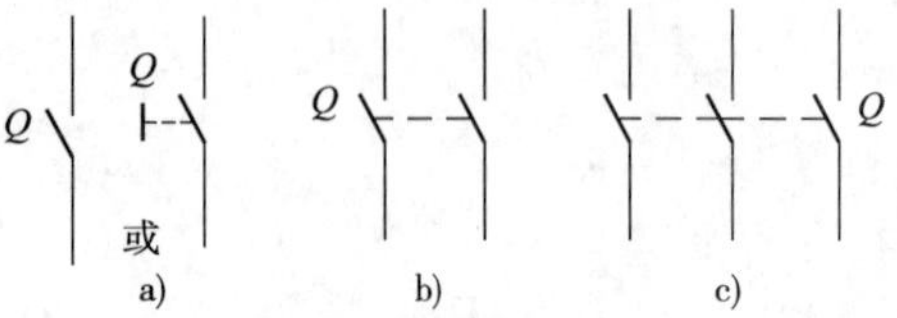

图1-0-2所示为HK系列瓷底胶盖闸刀开关结构图和图形符号与文字符号。胶盖闸刀开关由刀开关和熔丝组成。在瓷底板上装有进线座、静插座、熔丝、出线座和刀片式的动触刀,上面罩有两块胶盖。胶盖的作用是防止金属零件落在闸开关上造成极间短路,操作人员不会触及带电部分,并且可以防止在分断电路时产生的电弧造成相间短路,电弧也不会飞出胶盖外面而灼伤操作人员。

图1-0-1 刀开关图形符号和文字符号
a)单极;b)双极;c)三极

这种开关应用于额定电压为交流380V或直流440V、额定电流不超过60A的电器装置中,不频繁地接通或切断负载电路,起短路保护作用。常用的HK系列胶盖闸刀开关的额定电流等级有10、15、30、60A 4个等级,其他系列还有100A以上等级。但大的电流等级不能分断其额定电流,一般仅能用作隔离开关。

三极闸刀开关由于没有灭弧装置,因此,在适当降低容量使用时,也可用作小容量异步电动机不频繁直接起动和停止的控制开关。在操作过程中,拉闸与合闸的动作要迅速,以利于迅速灭弧,减少刀片的灼伤。

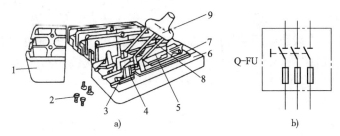

图 1-0-2　HK 系列瓷底胶盖闸刀开关结构图和图形符号与文字符号

a）结构图；b）图形符号与文字符号

1-胶盖；2-胶盖固定螺钉；3-进线座；4-静插座；5-熔丝；6-瓷底板；7-出线座；8-动触刀；9-瓷柄

安装时，闸刀开关在合闸状态下手柄应该向上，不能倒装和平装，以防止闸刀松动落下时误合闸。电源进线应接在静插座一边的进线端，用电设备应接在动触刀一边的出线端。这样，当闸刀开关关断时，闸刀和熔丝均不带电，以保证更换熔丝时的安全。

2．断路器

断路器主要由动触头、静触头、热脱扣器、电磁脱扣器等构成，其结构和符号如图 1-0-3 所示。

断路器工作原理图如图 1-0-4 所示。使用时断路器的 3 副主触头串联在被控制的三相电路中，按下"合"按钮，外力克服反作用弹簧的反力，将固定在锁扣上的动触头与静触头闭合，并由锁扣锁住搭钩，使动触头与静触头闭合，开关处于接通状态。当需要分断电路时，按下"分"按钮即可。

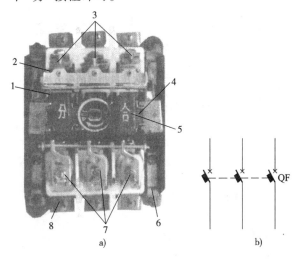

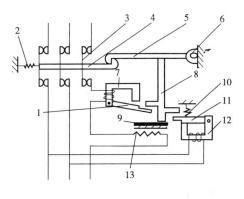

图 1-0-3　断路器的结构和符号

a）结构；b）图形符号与文字符号

1-动触头；2-静触头；3-热脱扣器；4-自由脱扣器；5-按钮；6-辅助触头；7-电磁脱扣器；8-接线柱

图 1-0-4　断路器工作原理图

1-电磁脱扣器衔铁；2-弹簧；3-触头；4-锁扣；5-搭钩；6-转轴座；7-电磁脱扣器；8-杠杆；9-双金属片；10-拉力弹簧；11-欠压脱扣器衔铁；12-欠压脱扣器；13-热元件

（1）短路保护。当线路发生短路故障时，短路电流超过电磁脱扣器的瞬时脱扣整定电流，电磁脱扣器产生足够大的电磁吸力将衔铁吸合，通过杠杆推动搭钩与锁扣分开，反作用弹簧拉动锁扣，使动、静触头断开，从而切断电路，实现短路保护。电磁脱扣器的瞬时脱扣电流出厂时一般整定为 10 倍的断路器额定电流。

（2）欠压保护。当线路电压消失或下降到某一数值时，欠压脱扣器的吸力消失或减小到不足以克服拉力弹簧的拉力时，衔铁在拉力弹簧的作用下推动杠杆，将搭钩顶开，使触头分

— 3 —

断,实现欠压保护。

（3）过载保护。当线路电流超过所控制的负载额定电流时,热元件发热,双金属片受热弯曲,推动杠杆,将搭钩顶开,使触头分断,实现过载保护。热脱扣器的脱扣电流出厂时一般整定为等于断路器额定电流。

使用时应注意以下几点：

①断路器应垂直安装在开关板上,电源接线端朝上,负载接线端朝下。

②断路器各脱扣器动作整定值一经整定好,不允许随意变动。

③断路器用作电源总开关时或电动机的控制开关时,在电源进线侧必须加装刀开关或熔断器等,作为明显断开点。

④电器元件中带有色标的螺钉,表示已经整定好,不得改变。

3. 按钮

按钮是非自动电器中一种结构简单而应用广泛的电器。它主要用在控制电路中作短时间接通或断开小电流电路。用于远距离手动控制各种电磁开关,也可以用作转换各种信号线路和电气联锁线路等。

按钮的结构如图 1-0-5 所示。它的结构由按钮帽、复位弹簧、静触头和桥式动触头和外壳等组成。一般有一对常闭触头和一对常开触头,触头的额定电流为 5A 以下,当按下按钮时,先分断常闭触头,后闭合常开触头。按钮松开后,由于复位弹簧的作用,触头系统产生相反的分断与关合,按钮复原。有的按钮具有多组常开和常闭触头,有的按钮象积木一样,可以根据需要进行组合。

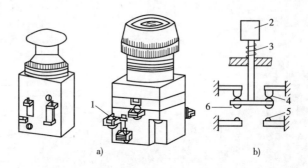

图 1-0-5　LA9-11 型按钮
a)外形；b)结构
1-接线柱；2-按钮帽；3-复位弹簧；4-动断静触头；5-动合静触头；6-动触头

按钮在结构上有很多形式,常用的几种外形如图 1-0-6 所示。

①开启式——适于嵌装在控制台的板面上,但不能防止偶然触及带电部分；

②保护式——具有保护外壳,可以防止内部的按钮元件受机械的损伤和偶然触及带电部分；

③防水式——具有密封的外壳可防止雨水的侵入；

④防腐式——能防止化工腐蚀气体侵入；

⑤钥匙式——带有钥匙的以防止误操作；

⑥旋转式——以旋转操作触头；

⑦紧急式——装有突起蘑菇形的按钮帽,以便紧急操作；

⑧带灯式——按钮内装有信号指示灯显示信号。

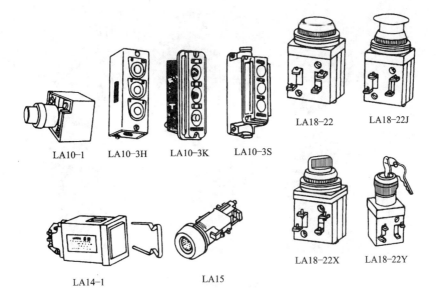

图 1-0-6 常用按钮的外形

为了便于区分各按钮不同的控制作用,通常将按钮帽做成不同的颜色,这样可以避免误操作,"停止"按钮多为红色的,"起动"按钮多为绿色。

按钮要根据所需触点对数、使用场合及作用来选择型号及按钮颜色。

按钮的图形符号和文字符号如图 1-0-7 所示。其中图 1-0-7a)、b)为单式按钮,图 1-0-7c)为复式按钮。

### 4. 行程开关

行程开关是用以反应工作机械行程、发出命令以控制其运动方向和行程大小的开关,又称限位开关或位置开关,属于主令电器的一种。其作用原理与按钮开关相同,区别在于行程开关不是靠手按压而是靠生产机械运动部件的碰压使触头动作。通常行程开关被用来限制机械运动位置或行程,

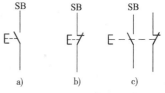

图 1-0-7 按钮的图形符号和文字符号
a)常开;b)常闭;c)复式

使运动机械按一定的位置或行程实现自动停止、反向、变速等;还用来作为机械运动部件的终端保护,以防止机械部件越位造成损坏。

行程开关的基本结构大体相同,都是由触头系统、操作机构和外壳构成的,但不同型号结构件有所区别。

行程开关的工作原理是当机械运动部件碰压行程开关的滚轮时,杠杆连同转轴一起转动,使凸轮推动撞块。当撞块被压到一定位置时,推动微动开关快速动作,使其常闭触头先断开、常开触头后闭合。

部分行程开关的外形如图 1-0-8 所示。

行程开关在电路中的图形符号与文字符号如图 1-0-9 所示。

行程开关主要依据动作要求、安装位置、触头数目选择。

行程开关安装时,安装位置要准确,安装要牢固;滚轮方向不能装反,挡铁与撞块位置应符合控制线路的要求,并确保能可靠地与挡铁碰撞。

行程开关使用中,要定期检查和保养,除去油垢及粉尘,清理触头,经常检查动作是否

图1-0-8 行程开关外形图

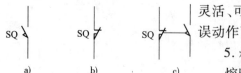

图1-0-9 行程开关的图形符号与文字符号
a)常开触头;b)常闭触头;c)复合触头

灵活、可靠。防止因行程开关接触不良或接线松脱产生误动作而导致人身和设备安全事故。

5. 熔断器

熔断器主要由熔体(熔丝)、熔管(熔丝保护外壳)和熔座(底座)三大部分构成,对于不同形式的熔断器,其结构件有所不同。熔断器种类较多,最常用的是瓷插式和螺旋式,如图1-0-10所示。

图1-0-10 常见熔断器及符号
a)螺旋式熔断器;b)封闭式熔断器;c)熔断器符号

熔断器要正确选择才能起到应有的保护作用。选择时,一般考虑熔断器的额定电压、熔断器(熔座)额定电流以及熔体额定电流。

(1)熔断器额定电压。熔断器的额定电压应不小于电路的工作电压。

(2)熔断器额定电流。熔断器额定电流应不小于所装载的熔体的额定电流。

(3)熔体额定电流。熔断器保护对象不同,熔体额定电流的选择方式不同。

①照明电路、电阻负载:熔体的额定电流$I_{RN}$应等于或稍大于被保护负载的额定电流$I_N$。

②单台电动机:熔体的额定电流$I_{RN}$应大于或等于1.5~2.5倍的电动机额定电流$I_N$,即$I_{RN} \geq (1.5 \sim 2.5)I_N$。

③多台电动机:熔体的额定电流$I_{RN}$应大于或等于其中最大一台电动机的额定电流$I_{Nmax}$的1.5~2.5倍,再加上其余电动机额定电流的总和$\sum I_N$,即$I_{RN} \geq (1.5 \sim 2.5)I_{Nmax} + \sum I_N$。

## 三、接触器

接触器是一种依靠电磁力的作用使触点闭合或分离,从而接通或分断交直流主电路和大容量控制电路,并能实现远距离自动控制和频繁操作,具有欠(零)电压保护,是自动控制系统和电力拖动系统中应用广泛的低压控制电器。

接触器按主触点通过电流的种类不同,可分为交流接触器和直流接触器两大类。

接触器主要由电磁系统、触点系统和灭弧装置3部分组成。

1. 交流接触器

(1)交流接触器电磁系统。交流接触器电磁系统的作用是实现触点的闭合与分断,包括线圈、动铁芯(衔铁)和静铁芯(铁芯)。线圈由绝缘铜线绕制而成,一般制成粗而短的圆筒形,并与铁芯之间有一定的间隙,以免与铁芯直接接触而受热烧坏。铁芯由硅钢片叠压而成,以减少铁芯中的涡流损耗,避免铁芯过热。在铁芯端部槽内嵌装有用铜、康铜或镍铬合金材料制成的短路环,其目的是减少交流接触器吸合时产生的振动和噪声,故又称减振环或分磁环。

(2)触点系统。触点系统包括主触点和辅助触点,用来直接接通和分断交流主电路和控制电路。

主触点用以通断电流较大的主电路,体积较大,一般有3对(三极)动合触点;辅助触点用以通断电流较小的控制电路,起电气联锁作用,体积较小,有动合和动断两种触点,一般动合、动断各两对。触点用导电性能较好的紫铜制成,并在接触部分上银或银合金块,以减小接触电阻。

(3)灭弧装置。容量在10A以上的接触器都有灭弧装置,是用来迅速熄灭主触点在分断电路时所产生的电弧,保护触点不受电弧灼伤,并使分断时间缩短。对于小容量的接触器,常采用双断口触点灭弧、电动力灭弧、相间弧板隔弧及陶土灭弧罩灭弧。对于大容量的接触器常采用窄缝灭弧罩及栅片灭弧结构。

(4)其他部件。其他部件包括反作用力弹簧、缓冲弹簧、传动机构和接线柱等,CJ20交流接触器结构示意图如图1-0-11所示。

(5)工作原理。当线圈通入电流后,在铁芯中形成强磁场,动铁芯受到电磁力的作用,便吸向静铁芯。但动铁芯的运动受到反作用力弹簧阻力,故只有当电磁力大于弹簧反作用力时,动铁芯才能被静铁芯吸住。动铁芯吸下

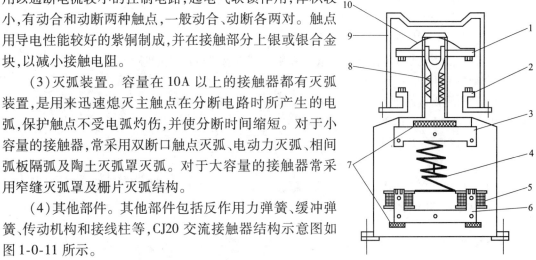

图1-0-11 CJ20交流接触器结构示意图
1-动触点;2-静触点;3-衔铁;4-缓冲弹簧;5-电磁线圈;6-静铁芯;7-垫毡;8-触点弹簧;9-灭弧罩;10-触点压力簧片

时,带动动触点与静触点接触,从而使被控电路接通。当线圈断电后,动铁芯在反力弹簧作用下迅速离开静铁芯,从而使动、静触点也分离,断开被控电路。

常用的交流接触器产品,国内有 Q10、CJ12、CJ10X、CJ20、QJX1 等系列。

### 2. 直流接触器

直流接触器与交流接触器工作原理上基本相同,在结构上也是由电磁机构、触点系统和灭弧装置等部分组成;但也有不同之处,其铁芯通以直流电,不会产生涡流和磁滞损耗,所以不发热,也无振动。为方便加工,铁芯由整块软钢制成,铁芯无分磁环。为使线圈散热良好,通常将线圈绕制成长而薄的圆筒形,线圈匝数比交流接触器多,与铁芯直接接触,易于散热。由于直流电弧比交流电弧难以熄灭,因此直流接触器常采用灭弧能力较强的磁吹式灭弧装置。

常用的直流接触器有:CZ0、CZ18 等系列。

接触器图形符号及文字符号如图 1-0-12 所示。

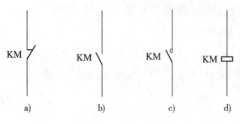

图 1-0-12　接触器的文字符号与图形符号
a)辅助动断触点;b)辅助动合触点;c)主触点;d)线圈

### 3. 接触器的主要技术参数

(1)额定电压。接触器铭牌上的额定电压是指主触点的额定电压。交流有 127V、220V、380V、500V;直流有 110V、220V、440V。

(2)额定电流。接触器铭牌上额定电流是指的主触点的额定电流。有 5A、10A、20A、40A、60A、100A、150A、250A、400A、600A。

(3)吸引线圈的额定电压。交流有 36V、110(127)V、220V、380V;直流有 24V、48V、220V、440V。

(4)电气寿命和机械寿命。以万次表示。

(5)额定操作频率。以次/h 表示。

### 4. 接触器的选择

(1)根据接触器所控制的负载情况,确定接触器的类别。

(2)根据被控电路中电流大小和操作情况,确定接触器的容量等级。

(3)根据控制回路的电压,选择接触器的吸引线圈的电压。

(4)根据使用地点的周围环境,选择有关系列或特殊规格的接触器。

### 5. 接触器的使用

(1)定期检查接触器的零件,要求可动部分灵活,紧固件无松动。保持触点表面清洁,无油污、积垢。对损坏的零件应及时更换。

(2)接触器不允许在去掉灭弧罩的情况下使用,防止触点分断时电弧互相连接而造成相间短路事故。用陶土制成的灭弧罩极易损坏,拆装时要小心。

(3)接触器应垂直安装,倾斜度不应超过5°,否则会影响接触器的动作特性。安装位置应便于日常检查和维修。

## 四、继电器

继电器是一种根据电量或非电量的变化来通断小电流电路的自动控制电器。其输入信号可以是电压、电流等电量,也可以是时间、转速、温度、压力等非电量。而输出则是以触点的动作或电路参数(如电压或电阻)的变化为形式。

随着现代高科技的发展,继电器种类越来越多,应用也越来越广泛,不断涌现高性能、高可靠性、新结构的新型继电器。继电器分类形式,也多样化。

(1)按动作原理分:有电磁式继电器、电子式继电器、热继电器等。

(2)按吸引线圈电流分:有直流继电器、交流继电器等。

(3)按输入信号分:有电流、电压、时间、温度、速度和压力继电器等。

(4)按输出形式分:有无触点和有触点继电器等。

(5)按用途分:有控制继电器、保护继电器、通信继电器、航空和航海用继电器等。

1. 电磁式继电器

电磁式继电器工作原理及结构和电磁式接触器相似,由电磁机构和触点系统组成。主要区别在于:继电器是用于切换小电流的控制电路和保护电路,因而没有灭弧装置,也无主辅触点之分。而接触器是用来控制主回路大电流的,其主触点上装有相应的灭弧装置,有主辅触头之分。

电磁式继电器的图形符号和文字符号如图1-0-13所示。

(1)电流继电器。反映电流变化的继电器叫电流继电器。在使用时,电流继电器的线圈应串在被测量的电路中。为了使电流继电器吸引线圈的串入不影响电路正常工作,其线圈匝数少而线径粗、阻抗小、功耗小。电流继电器的特点是起特定的保护作用,动作电流可根据需要进行整定,适用于电动机起动频繁和经常正反转的场合,在起重设备中经常用到电流继电器。常用的有欠电流继电器和过电流继电器两种。

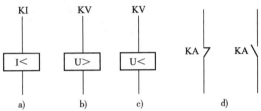

图1-0-13 电磁式继电器的图形符号和文字符号
a)线圈一般符号;b)过电流、欠电流继电器线圈;c)过压、欠电压继电器线圈;d)动合、动断触点

欠电流继电器在正常工作时,衔铁是吸合的,只有当电流降到某一数值时(一般释放电流为额定电流的10%~20%),继电器才释放,输出信号,起欠电流保护作用。

过电流继电器在正常工作时不动作,当电流超过某一整定值时继电器吸合动作,对电路起到过电流保护作用。一般交流过流继电器整定电流为110%~400%额定电流;直流过流继电器整定电流为70%~300%额定电流。

(2)电压继电器。根据电压大小而动作的继电器叫做电压继电器。在使用时,电压继电器的线圈与被测电路并联,因而其线圈匝数多而线径细。有过电压、欠电压和零电压继电器之分。过电压继电器在电路电压正常时不吸合,当电路电压增加到额定电压的105%~120%时吸合;欠电压继电器正常时吸合,当电路电压减小到额定值的30%~50%时释放;零电压继电器在电路电压降到额定值的5%~25%时释放。它们分别用来作过电压、欠电压和零电压保护。

(3)中间继电器。中间继电器是传递信号和控制多个电路的辅助控制电器。实质上也是一种电压继电器,其特点是触点数量较多,触点容量较大。中间继电器的图形符号与文字符号见图1-0-14。

中间继电器主要适用以下两方面:

①当电压或电流继电器触点容量不够时,可借助中间继电器来控制,用中间继电器作为执行元件,这时中间继电器被当作一级放大器使用。

②当其他继电器或接触器触点不够时,可利用中

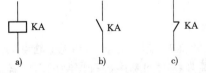

图1-0-14 中间继电器的图形符号与文字符号
a)线圈;b)常开触头;c)常闭触头

— 9 —

间继电器增加触点数量,扩大控制范围。

对于电动机额定电流不超过 5A 的电气控制系统,也可以用中间继电器替换接触器控制,所以,中间继电器也是小容量的接触器。

2. 热继电器

热继电器主要由热元件、触头系统(一对常开触头、一对常闭触头)、电流调节凸轮、手动复位按钮、双金属片、温度补偿元件、弓簧、连杆、推杆、导板、复位调节螺钉等部分构成,其结构及图形符号与文字符号如图1-0-15 所示。

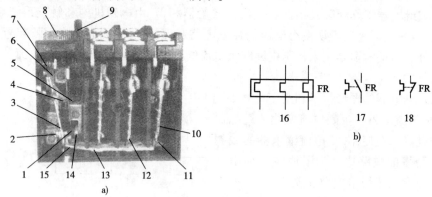

图 1-0-15 热继电器结构及图形符号与文字符号
a)结构;b)图形符号与文字符号

1-动触头;2-复位调节螺钉;3-温度补偿元件;4-推杆;5-弓簧;6-连杆;7-压簧;8-电流调节凸轮;9-手动复位按钮;10-电阻丝;11-内导板;12-双金属片;13-外导板;14-静触头;15-杠杆;16-热元件;17-常开触头;18-常闭触头

当电动机过载时,流过电阻丝的电流超过热继电器整定电流,电阻丝发热,双金属片受热向右弯曲,推动内外导板向右移动,通过温度补偿元件推动推杆绕轴转动,推杆推动触头系统动作,使动触头与常闭静触头断开,常开触头闭合,将电源切断,从而起到保护作用。电源切除后,双金属片逐渐冷却恢复原位,于是触头在失去作用力的情况下靠弓簧的弹性自动复位。一般热继电器应置于手动复位的位置上,若需自动复位时,将复位螺钉向顺时针方向旋转 3~4 圈。一般手动复位需要 2min 后才能进行复位,自动复位需要 5min。

热继电器的选择主要是依据电动机的额定电流来确定规格、热元件的电流等级和整定电流。

(1)热继电器的类型选择。当被保护的电动机为丫形接法时,可选两相或普通三相结构的热继电器。如被保护的电动机为△形接法,必须选用三相结构带断相保护的热继电器。

(2)热继电器规格的选择。热继电器热元件额定电流应略大于被保护电动机额定电流。

(3)热继电器整定电流的选择。一般情况下,热继电器整定电流为被保护电动机额定电流的 0.95~1.05 倍。如果电动机拖动的是冲击负载或启动时间较长及拖动设备不允许停电的场合,热继电器的整定电流应选被保护电动机额定电流的 1.1~1.5 倍。如果电动机过载能力较差,热继电器的整定电流应选被保护电动机额定电流的 0.6~0.8 倍。

3. 时间继电器

从得到输入信号(线圈的通电或断电)开始,经过一定的延迟后才输出信号(触点的闭合或断开)的继电器,称为时间继电器。它主要适用于需要按时间顺序进行控制的电气控制系统中,在接受到控制信号后,按要求作一定的延时使触点动作。

常用的时间继电器有电磁式、空气阻尼式、电动式和电子式等。

空气阻尼式时间继电器是利用空气通过小孔节流进入气囊的原理获得延时动作的。以JS7系列时间继电器为例,其动作原理如图1-13所示。现以通电延时型时间继电器为例介绍其工作原理。

当线圈1通电后,衔铁3被铁芯2吸合,活塞杆6在塔形弹簧7的作用下,带动活塞13及橡皮膜9向上移动,由于橡皮膜下方气室稀薄而形成负压。因此,活塞杆6只能缓慢地向上移动,其移动的速度取决于进气孔的大小,可通过调节螺杆11进行调整。经过一定的延时时间后,活塞杆能移动到最上端,这时通过杠杆带动微动开关14,使其常闭触点断开,常开触点闭合,起到通电延时作用。

当线圈1断电时,电磁吸力消失,衔铁3在反力弹簧4的作用下释放,并通过活塞杆将活塞13推向下端,这时橡皮膜9下方气室内的空气通过橡皮膜9、弱弹簧8、活塞13的肩部所形成的单向阀,迅速地从橡皮膜上方的气室缝隙中排掉。因此,杠杆15和微动开关14能迅速复位。

在线圈1通电和断电时,微动开关16在推板5的作用下,都能瞬时动作,为时间继电器的瞬动触点。

断电延时动作的过程与通电延时电磁机构动作相反,图1-0-16中的b)图即为断电延时型时间继电器。

空气阻尼式时间继电器具有结构简单、调整方便、价格低廉、使用寿命长的优点,得到广泛应用。但其延时时间易受环境温度、尘埃以及安装情况的影响,延时精度不高,适用于对延时精度要求不高的场合。

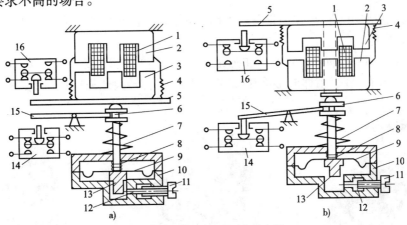

图1-0-16 JS7-A系列时间继电器
a)通电延时型;b)断电延时型

1-线圈;2-铁芯;3-衔铁;4-反作用力弹簧;5-推板;6-活塞杆;7-塔形弹簧;8-弱弹簧;9-橡皮膜;10-空气室壁;11-调节螺钉;12-进气孔;13-活塞;14、16-微动开关;15-杠杆

## 项目实施

# 任务一 港口常用低压电器认识

### 一、训练内容

在实训室中进行常用低压电器的认识。

## 二、训练目标与要求

【训练目标】

1. 通过观察，认识常见低压电器。
2. 了解常见低压电器的结构。
3. 掌握常见低压电器的选用。
4. 熟记常见低压电器符号。

【训练要求】

1. 穿戴好安全防护用具，严禁穿凉鞋、背心、短裤、裙装进入实训场地。
2. 使用绝缘工具，并认真检查工具绝缘是否良好。
3. 停电作业时，必须先验电确认无误后方可工作。
4. 带电作业时，必须在教师的监护下进行。
5. 树立安全和文明生产意识。

## 三、训练设备

工作台、常用低压电器、常用电工工具及多媒体课件、投影仪等。

## 四、训练步骤

### 1. 低压开关的认识

低压开关主要用于电气控制设备及电路中，实现对电源的隔离、控制与保护，常用的有刀开关、断路器等。

刀开关是一种结构简单、应用广泛的低压电器，常用的有开启式负荷开关（俗称胶盖闸刀开关）、封闭式负荷开关（俗称铁壳开关）和组合开关（又称转换开关），其外形如图1-1-1a~c）所示。

a) b) c)

图1-1-1 部分刀开关的外形
a)开启式钢荷开关；b)封闭式负荷开关；c)组合开关

断路器又称自动空气开关，是低压配电和电力拖动系统中常用的一种电器，是集保护、控制于一体的电器，可以实现短路、过载、失压保护，其外形如图1-1-2a)~c)所示。

### 2. 熔断器的认识

熔断器主要在低压配电和电力拖动系统中作为短路保护，其外形如图1-1-3a)~c)所示。

图 1-1-2　部分断路器的外形
a) DZ10 系列；b) DZ47 系列；c) DW16 系列

图 1-1-3　部分熔断器的外形
a) RT18 系列；b) RL1 系列；c) RC1A 系列

### 3. 按钮的认识

按钮是一种手动操作的指令电器，在控制电路中发出"指令"，控制接触器、继电器等电器。图 1-1-4a) ~ f) 所示是部分按钮的外形。

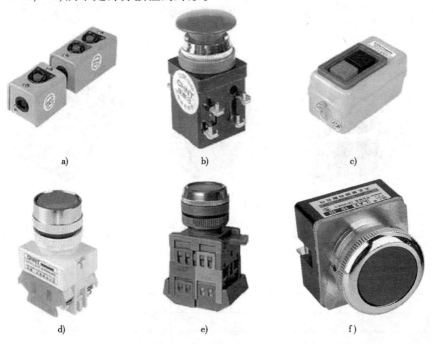

图 1-1-4　部分按钮的外形
a) LA10 系列；b) LA18 系列；c) NP5 系列；d) NP4 系列；e) LAY36 系列；f) LA2 系列

## 4. 热继电器的认识

热继电器是利用电流的热效应来推动控制机构,使触头闭合或断开的保护电器。它主要作为三相交流电动机的过载保护、断相保护、电流不平衡运行保护。图1-1-5a)~c)所示是部分热继电器外形。

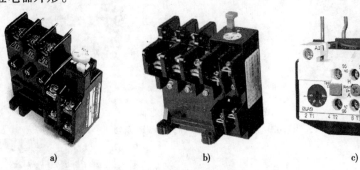

图1-1-5 部分热继电器外形
a)JRS5系列;b)JR36系列;c)JR20系列

## 5. 元件识别训练考核

根据图1-1-6,在实训场地准备一些不同种类的电器元件,让学生识别,并将元件名称、数量以及元件上的型号规格记录在表1-1-1中,同时参考表1-1-2中的评分依据给出考核分数。识别电器元件时,应准备一些相近而尚未接触的电器产品和新品种。

图1-1-6 电器元件

**电器元件识别记录**　　　　　　　　　　　　　　　　表1-1-1

| 序 号 | 电器元件名称 | 型号规格 | 数 量 | 备 注 |
|---|---|---|---|---|
| 1 |  |  |  |  |
| 2 |  |  |  |  |
| 3 |  |  |  |  |
| 4 |  |  |  |  |
| 5 |  |  |  |  |
| 6 |  |  |  |  |

电器元件识别自评表　　　　　　　表1-1-2

| 项　目 | 技 术 要 求 | 配 分 | 评 分 细 则 | 评分记录 |
|---|---|---|---|---|
| 电器元件识别 | 正确识别电器元件 | 70 | 电器元件识别错误,每个扣5分 | |
| | | | 元件认识型号错误,每个扣3分 | |
| | | | 规格错误,每个扣2分 | |
| 回答问题 | 正确回答3个问题 | 30 | 回答错误,每个扣10分 | |

# 任务二　交流接触器的拆装与检修

## 一、训练内容

拆装、检修交流接触器。

## 二、训练目标与要求

【训练目标】

1. 会识读交流接触器的型号含义。
2. 了解交流接触器的基本原理及结构。
3. 掌握交流接触器的图形符号和文字符号。
4. 会选用交流接触器。
5. 会交流接触器的拆装、检修与调试。

【训练要求】

1. 穿戴好安全防护用具,规范使用电工工具。
2. 树立安全和文明生产意识。

## 三、训练设备(表1-2-1)

电器元件明细　　　　　　　表1-2-1

| 代　号 | 名　　称 | 型号规格 | 数　量 |
|---|---|---|---|
| T | 自耦变压器 | TDGC2-10/0.5 | 1 |
| KM | 交流接触器 | CJ10-20,380V | 1 |
| QS1 | 刀开关 | HK1-15/3 | 1 |
| QS2 | 刀开关 | HK1-15/2 | 1 |
| FU | 熔断器 | RL1-15/2A | 5 |
| EL | 白炽灯 | 220V/25W | 3 |
| A | 交流电流表 | 85L1-A,5A | 1 |
| V | 交流电压表 | 85L1-V,400V | 1 |
| | 万用表 | MF47 | 1 |
| | 导线 | BVR-1.0mm² | 若干 |
| | 常用电工工具 | | 1套 |

## 四、训练步骤

### 1. 认识交流接触器

部分交流接触器的外形如图 1-2-1 所示,它是一种电磁式开关,可实现远距离频繁地接通或断开交流主电路及大容量控制电路。其主要控制对象为交流电动机,也可用于控制其他负载,如电热设备、电焊机以及电容器组等。由于能实现远距离控制和具有欠电压保护功能以及具有控制容量大、工作可靠、操作频率高、使用寿命长等优点,交流接触器广泛应用在工厂电气控制系统中。

图 1-2-1 部分交流接触器的外形

### 2. 交流接触器拆卸

(1)拆下灭弧罩。

(2)拉紧主触头定位弹簧夹,将主触头侧转 45°后取下主触头和压力弹簧片。

(3)松开辅助常开静触头的螺钉,卸下常开静触头。

(4)用手按压底盖板,卸下螺钉,取下底盖板。

(5)取出静铁芯和静铁芯支架及缓冲弹簧。

(6)拔出线圈弹簧片,取出线圈。

(7)取出反作用弹簧和动铁芯塑料支架。

(8)从支架上取下动铁芯定位销,取下动铁芯。

### 3. 检修

(1)检查灭弧罩有无破裂或烧损,清除灭弧罩内的金属飞溅物和颗粒,保持灭弧罩内清洁。

(2)检查触头磨损的程度,磨损严重时应更换触头。若不需要更换,清除表面上烧毛的颗粒。

(3)检查触头压力弹簧及反作用弹簧是否变形和弹力不足。

(4)检查铁芯有无变形及端面接触是否平整。

(5)用万用表检查线圈是否有短路或断路现象。

将万用表旋到电阻 R×10 挡位进行测量,首先进行欧姆调零,然后进行测量。如果测量电阻值很小或为"0",则线圈短路;如果电阻值很大或为"∞",则线圈断路,应更换线圈。

4. 装配

按拆除的逆序进行装配。

5. 调试

接触器装配好后进行调试。

(1)将装配好的接触器接入电路,如图 1-2-2 所示。

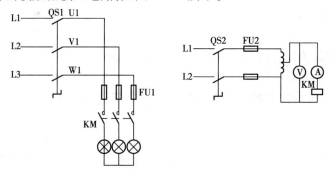

图 1-2-2 交流接触器校验电路

(2)将调压器调到零位。

(3)合上开关 QS1、QS2,均匀调节自耦调压器,使输出电压逐渐增大,直到接触器吸合为止,此时电压表上的电压值就是接触器吸合动作电压值,该电压值应小于或等于接触器线圈额定电压的 85%。接触器吸合后,接在接触器主触头上的灯应亮。

(4)保持吸合电压值,直接分合开关 QS2 两次,以校验其动作的可靠性。

(5)均匀调节自耦调压器,使输出电压逐渐减小,直到接触器释放为止,此时电压表上的电压值就是接触器释放电压值,该电压值应大于接触器线圈额定电压的 50%。

(6)调节自耦调压器,使输出电压等于接触器线圈额定电压,观察、倾听接触器铁芯有无振动及噪声。如果振动,指示灯也有明暗的现象。

(7)触头压力测量、调整。

①断开开关 QS1、QS2,拆除主触头上的接线。

②把一张厚度为 0.1mm(比主触头稍宽)的纸条放在主触头的动、静触头之间。

③合上 QS2,使接触器在线圈额定电压下吸合。用手拉动纸条,若触头压力合适,稍用力即可拉出。触头压力小、纸条很容易拉出,触头压力大、纸条容易拉断,都不合适,需要调整或更换触头弹簧,直到符合要求。

 **课后自测**

一、选择题

1. 熔断器主要由( )、熔断管及导电部件等组成。
   A. 底座　　　　　B. 导轨　　　　　C. 熔体　　　　　D. 螺栓

2. 断路器额定电流指脱扣器允许( ),即脱扣器额定电流。
   A. 最大电流　　　B. 长期通过的电流　C. 最小电流　　　D. 平均电流

二、填空题

1. 空气断路器在使用过程中实际的电流大小要( )空气断路器的额定电流。
2. 熔断器是用于交、直流电器和电气设备的( )、( )保护。
3. 熔断器式刀开关、大电流刀开关用于( )。
4. 接触器是在正常工作条件下,用来频繁地( )电动机等主电路,并能( )控制的开关电器。
5. 接触器按驱动触头系统的动力可分为( )、( )与( ),其中尤以( )应用最为普遍。
6. 电磁式接触器由( )、( )、( )、( )及( )等部分组成。
7. 接触器按主触头接通或分断电流性质的不同分为( )与( )。
8. 对于交流接触器有( )、( )和( )3种。
9. 接触器的工作原理:接触器电磁线圈( )后,在铁芯中产生( ),于是在衔铁气隙处产生( ),将衔铁吸合。
10. 额定电压指( )的正常工作电压值,该值标注在接触器铭牌上。
11. 额定电流指( )正常工作电流值。
12. 接触器不吸合或吸合不足,即( ),有可能是因为( ),或( )。
13. 线圈断电后接触器不释放或释放缓慢的原因有:( )或者( )。
14. 铁芯噪声过大的原因有:( )、( )、( )、( )。
15. 中间继电器的动作时间有:( )与( )两种。
16. 一般电磁式继电器动作时间为( )。
17. 电磁式中间继电器实质上是一种( ),其特点是触头数量较多,用在电路中起( )和( )。
18. 按电磁式中间继电器线圈电压种类不同,可分为( )与( )两种。
19. 延时继电器是输入信号输入后,( ),输出才作出反应。
20. 对于电磁式时间继电器,当电磁线圈输入电压或电流,( ),输出的触头才动作。
21. 时间继电器按其动作原理可分为( )、( )等几种。
22. 按延时方式可分为( )和( )两种。
23. 热继电器是( )产生的热量使检测元件( ),推动( )的一种保护电器。
24. 由于热继电器发热元件具有热惯性,所以在电路中不能做( )过载保护,更不能做( ),主要用做电动机的( )。
25. 在电力拖动控制系统中,应用最广的是( )热继电器。

# 项目二  基本自动控制线路安装调试

## 项目描述

随着科学技术的发展,港口机械电气化和自动化程度迅速提高,电气控制线路也较之前复杂。因此,掌握基本自动线路的识图、安装调试是从事港口电气设备安装、调试、检修的必备条件。

通过本项目的学习和训练,应达到以下要求。

### 一、知识要求
1. 熟悉电气图纸的识图方法。
2. 熟悉电动机基本拖动电路的工作原理。
3. 了解电动机基本拖动理论。

### 二、能力要求
1. 能识读异步电动机控制系统安装图和原理图。
2. 能独立完成基本电动机拖动电路的接线调试工作。
3. 能排除电气控制线路的一般故障。

### 三、素质要求
1. 养成细致耐心的工作作风。
2. 养成坚持不懈,独立思考的品性。

## 相关知识

### 一、电机分类与工作原理

**1. 电机分类**

旋转电机的分类如图 2-0-1 所示。

**2. 工作原理**

港口机械常用交流电机中的三相交流异步电机,其工作原理为,定子三相对称绕组通入三相对称电流,产生同步转速旋转的气隙磁场。转子导体运动(相对磁场,磁场转速快)切割磁力线,产生感应电动势,进而产生电流。电流与气隙磁场的相互作用产生与转子转向相同的拖动转矩。电机从电网吸收电功率,经过气隙的耦合作用从轴上输出机械功率。如图 2-0-2 所示为异步电动机结构原理图。

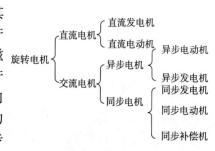

图 2-0-1  电机分类图

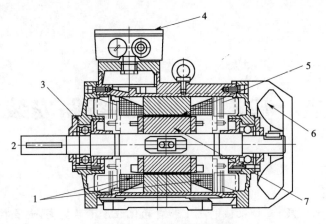

图 2-0-2 异步电动机结构原理

1-定子；2-轴；3-轴承；4-接线盒；5-气隙；6-风扇；7-转子

三相交流异步电动机转子按其结构的不同分为鼠笼式转子和绕线式转子。鼠笼式转子用铜条安装在转子铁芯槽内，两端用端环焊接，形状像鼠笼。绕线式电动机转子的绕组和定子的绕组相似，三相绕组连接成星形，三根端线连接到装在转轴上的 3 个铜滑环上，通过一组电刷与外电路相连接。

## 二、交流异步电动机正反转工作原理

三相交流异步电动机三相对称绕组，通入三相对称交流电，将在空间产生旋转磁场，此磁场切割转子导体，将在转子中产生感应电动势及感应电流，同时通电导线在磁场中受到力的作用，电磁力驱动电动机转子转动，并且转速低于同步转速并与同步速方向相同旋转。

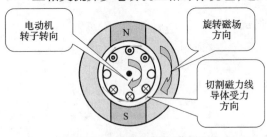

图 2-0-3 异步电动机工作原理

若通入三相交流电任意两相的顺序调换就会产生反向的旋转磁场，电动机转子转动方向就相反。见图 2-0-3。

## 三、电机降压启动原理

### 1. 电动机定子绕组接线

电动机定子绕组接线如图 2-0-4 所示。

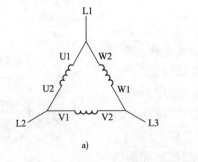
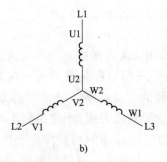

图 2-0-4 电动机定子绕组接线

a) △形连接；b) Y形连接

— 20 —

2.降压原理

电动机定子绕组是△形连接直接启动时,加在定子绕组上的每相电压 $U_\triangle = U_N$(额定电压),每相电流为 $I_\triangle$,而电源电流是定子绕组的线电流,所以电源直接启动电流是 $I_{st} = \sqrt{3}I_\triangle$。

当电动机定子绕组是Y形连接时,电源电压没有改变,而加在定子绕组上的每相电压等于额定电压 $U_N$ 的 $1/\sqrt{3}$,即 $U_Y = 1/\sqrt{3}U_N$。每相电流 $I_Y = 1/\sqrt{3}U_\triangle = 1/3 I_{st}$。由于转矩与电压的平方成正比,所以Y形连接时的启动转矩也是△形连接时的 1/3。

3. Y-△降压条件

(1)电动机绕组在正常(直接)启动时必须是△形连接。

(2)启动时,电动机必须是轻载或空载。

### 四、绘制、识读电气控制线路图

(1)电路图一般分电源电路、主电路、控制电路(辅助电路)3 部分绘制。

(2)电源电路画成水平线,三相电源 L1、L2、L3 自上而下依次画出,中线 N 和保护接地线 PE 依次画在相线之下。直流电源的"+"端在上边,"-"端在下边。电源开关水平画出。

(3)为读图方便,控制电路一般按照自左向右、自上而下的排列表示操作顺序。

(4)各电器的触头位置都按照电路没有通电或电器没有受到外力作用时的常态位置画出,分析原理时应从常态位置出发。

(5)电路图中,电器元件采用国家统一规定的电器图形符号画出。同一电器元件不按实际位置画在一起,而是按其在线路中所起的作用分别画在不同电路中,但是它们的动作是相互关联的,必须标注文字符号。电路中相同电器元件较多时,需要在电器文字符号后面加上不同数字以示区别,如 SB1、SB2、KM1、KM2 等。

(6)画电路图时,尽量减少和避免线条交叉,对有直接电的联系的交叉导线连接点,用小黑圆点表示。

(7)电路图中要用字母或数字编号。

主电路在电源开关出现端按相序依次编号为 U1、V1、W1,然后按自上而下、自左向右的顺序,每经过一个电器元件后编号递增,如 U11、V11、W11。

三相交流电动机的三根引出线按相序依次编号为 U、V、W。同一电路中有多台电动机时,为了区别,在字母前加数字区别,如 1U、1V、1W。

控制电路按"等电位"原则,依自上而下、自左向右的顺序用数字依次编号,每经过一个电器元件后编号依次递增。控制电路编号从 1 开始,每个电压等级不同的控制电路的起始号递增 100,如控制电路中的照明电路从 101 开始,指示电路从 201 开始。

(8)布置图。它不表达电器的结构、作用接线情况和原理,主要用于电器元件的布置、安装。

(9)接线图是根据电气设备和电器元件的实际位置和安装情况绘制的,只表示电气设备和电器元件的位置、配线方法和接线方式,不表示电气动作原理。它主要用于设备的线路安装接线和电气故障检修。

### 五、控制线路安装步骤

(1)识读电路图,明确线路所用的元件及其作用,熟悉线路工作原理。

(2)根据控制线路图(电路图)的电器元件明细表或电动机的容量选择配齐电器元件,并进行检查。

(3)选配安装用的开关板。

(4)绘制布置图。

(5)安装固定元件,要求:

①空气开关、熔断器的受电端子在控制板外侧。

②各元件的安装位置整齐、匀称、间距合理,便于元件的更换。

③元件紧固时用力均匀,紧固程度适当。

(6)选择导线。选择主电路导线。主电路导线选择根据电动机容量(功率)选择,一般原则是:

①根据电动机容量估算电动机的额定电流,电动机额定电流近似等于电动机额定容量的2倍。

②根据电动机额定电流选择导线。在机床控制线路中,导线一律采用铜导线,导线截面积 S 按导线的安全载流量进行选择。

③选择的导线应等于或略大于计算的截面积。

例如:一台被控制的电动机的额定功率为 7.5kW,要求选择主导线。

解:a. 估算额定电流;b. 估算导线截面积;c. 选择导线。

电动机所带负载较轻,确定选择 2.5mm² 的铜导线。如果负载较重或频繁启动,就应确定为 4mm² 的铜导线。

选择控制电路导线。控制电路导线一般采用截面积不小于 1mm² 的铜导线,按钮线一般采用截面积不小于 0.75mm² 的软铜导线(BVR 型),接地线一般采用截面积不小于 1.5mm² 的软铜导线(BVR 型)。

(7)布线。机床电气控制线路的布线方式一般有两种:一种是采用板前布线(明敷);另一种是采用线槽布线(明、暗敷结合)。本任务采用的是板前布线方式,线槽布线在后续任务中介绍,现介绍板前布线的基本要求。

①布线通道尽可能少,同路并行导线按主电路、控制电路分类集中、单层密布、紧贴安装面板。

②同一平面的导线应高低一致或前后一致,不得交叉。

③布线应横平竖直分布均匀,变换方向时应垂直。

④布线时以接触器为中心,按由里向外、由低至高的顺序进行,先电源电路、再接控制电路,最后接主电路,以不妨碍后续布线为原则。

⑤导线的两端应套上号码管。

⑥所有导线中间不得有接头。

⑦导线与接线端子连接时不得压绝缘层,不得反圈及裸露金属部分过长。

⑧一个接线端子上的导线不得多于两根。

⑨软导线与接线端子连接时必须压接冷压端子。

(8)连接电动机和所有电器元件金属外壳的保护接地线。

(9)连接电动机、电源等控制板外部的导线。

(10)检查以下项目:

①按电路图逐一核对线号是否正确、有无漏接或错接。

②检查导线压接是否牢固、接线点是否有松动现象、接触是否良好。
③检查电器元件触头和接线端子之间是否有异物,以防造成短路。
(11)通电试车。

## 六、基本控制线路故障检修方法

1. 试验法

用试验方法观察故障现象,初步判定故障范围。

试验法是在不扩大故障范围、不损坏设备的前提下对线路进行通电试验,通过观察电气设备和电器元件的动作,查看是否正常、各个控制环节的动作程序是否符合要求,找出故障发生部位或回路。

2. 电压分段测量法

以检修图 2-0-5 所示控制电路为例,检修时,应两人配合,一人测量,一人操作按钮,但是操作人员必须听从测量人员口令,不得擅自操作,以防发生触电事故。

(1)断开控制线路中主电路,然后接通电源。
(2)按下 SB1,若接触器 KM 不吸合,说明控制电路有故障。
(3)将万用表转换开关旋到交流电压 500V 挡位。
(4)如图 2-0-6 所示,用万用表测量 0(号线)和 1(号线)两点间电压。若没有电压或很低,检查熔断器 FU2;若有 380V 电压,说明控制电路的电源电压正常,进行下一步。

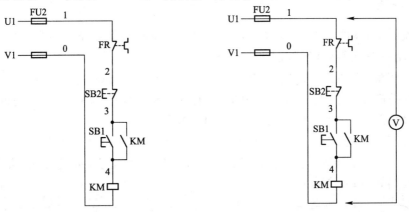

图 2-0-5　示例电路图　　　图 2-0-6　万用表测量 0 号与 1 号线之间的电压

(5)如图 2-0-7 所示,万用表黑表笔搭接到 0 号线上,红表笔搭接到 2 号线上;若没有电压。说明热继电器 FR 的常闭触头有问题;若有 380V 电压,说明 FR 的常闭触头正常,进行下一步。

(6)如图 2-0-8 所示,万用表黑表笔搭接到 0 号线上,红表笔搭接到 3 号线上。若没有电压,停止按钮 SB2 触头有问题;若有 380V 电压,说明 SB2 触头正常,进行下一步。

(7)一人按住按钮 SB1 不放,另一人把万用表黑表笔搭接到 0 号线上,红表笔搭接到 4 号线上,如图 2-0-8 所示。若没有电压,说明启动按钮 SB1 有问题;若有 380V 电压,说明 KM 线圈断路。

3. 电阻分段测量法

(1)断开电源。
(2)将万用表转换开关旋到电阻 R×1 或 R×10 挡位。

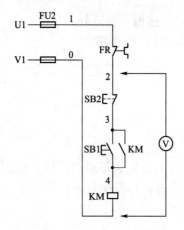
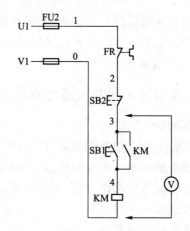

图 2-0-7　万用表测量 0 号与 2 号线之间的电压　　　　图 2-0-8　万用表测量 0 号与 3 号线之间的电压

项目实施

# 任务一　三相交流异步电动机全压启动线路安装调试

## 一、训练内容

三相交流异步电动机全压启动线路是三相异步电动机控制系统中最为简单的控制线路,有点动控制线路和连续运转控制线路之分。

所谓点动控制,是指按下按钮电动机就运转,松开按钮电动机就停止的控制方式。它是一种短时断续控制方式,主要应用于设备的快速移动和校正装置。由于它是短时断续工作,因而不需要过载保护。点动控制线路如图 2-1-1a)所示。

连续运转控制,是指按下启动按钮电动机就运转,松开按钮启动后电动机仍然保持运转的控制方式。由于它是连续工作,为避免因过载或缺相烧毁电动机,必须采用过载保护。连续运转控制线路如图 2-1-1b)所示。

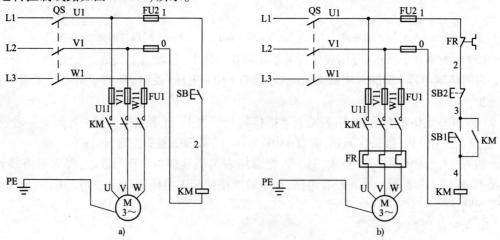

图 2-1-1　异步电动机全压启动控制线路
a)点动控制线路;b)连续运转控制线路

利用低压电器连接图 2-1-1 所示电路,实现电机的点动控制和连续控制。

## 二、训练目标与要求

【训练目标】
1. 体会常用低压电气控制器件在电路中的使用。
2. 可以根据电路图的连接关系,完成电路的实物连接。
3. 体会电动机正反转的工作原理。
4. 体会电路的调试过程。
5. 逐步学会分析电路的故障,体会排除过程。

【训练要求】
1. 连接电路过程中要脱离电源连接。
2. 树立安全第一的意识。
3. 参与人员分工明确,接线目标明确。

## 三、训练设备(表 2-1-1)

电器元件明细　　　　　　　　　　　表 2-1-1

| 图上代号 | 元件名称 | 型号规格 | 数量 | 备注 |
|---|---|---|---|---|
| M | 三相交流异步电动机 | Y-112m-4/44kW,△接法 380V 8.8A 1440r/min | 1 | |
| QS | 自动开关 | C65N D10/3P | 1 | |
| FU1 | 熔断器 | RL1-60/25A | 3 | |
| FU2 | 熔断器 | RL1-15/2A | 2 | |
| KM | 交流接触器 | CJ10-10,380V | 1 | |
| FR | 热继电器 | FR36-20/3,整定电流 8.8A | 1 | |
| SB1 | 启动按钮 | LA10-2H | 1 | 绿色 |
| SB2 | 停止按钮 | | | 红色 |
| | 接线端子 | JX2-Y010 | 1 | |
| | 导线 | BV-1.5mm², 1mm² | 若干 | |
| | 冷压接头 | 1mm² | 若干 | |
| | 记号笔 | 黑色 | 1 | |
| | 网孔板 | 500mm×400mm | 1 | |

## 四、训练步骤

1. 总体构思电路连接过程

将电路连接过程给与总体的勾画,做一个较为笼统的计划,完成参与人员分工。

2. 分析器件

合理选用适合电路功能的器件,并将电路要求参数给与计算合理选用容量。

3. 准备工具

将所需工具准备齐全,所需导线完成初步分析。

**4. 开始连接**

根据器件的工作原理,将器件按照原理图的要求进行连接,注意这一步绝对不能带电操作。

**5. 检查回顾**

检查以上所有步骤的缺漏,完成电路的完整性检查。

**6. 通电调试**

通电,观察电路工作情况。出现故障或没有达到预想目的,则停电排除故障。注意总结分析调试过程,积累经验。

**7. 完成工作任务,提交成果**

## 任务二 三相交流异步电动机正反转控制线路安装调试

### 一、训练内容

本项目任务一中的三相交流异步电动机正转控制线路只能使电动机拖动设备的运动部件朝一个方向运动,但许多设备的运动部件要求能正、反两个方向运动,如摇臂钻床的摇臂升降、镗床主轴的正反转、起重机的升降等,这些设备要求电动机能实现正、反转控制。

当改变通入电动机定子绕组的三相电源相序,也就是把接入电动机定子绕组的三相电源任意两相对调接线时,电动机就可以反转。正、反转控制线路图如图2-2-1所示。

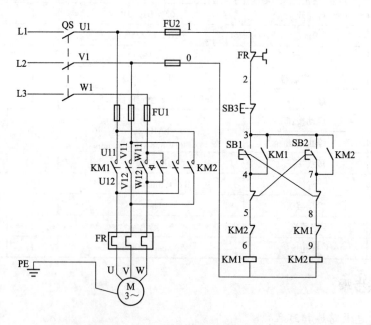

图 2-2-1 异步电动机正、反转控制线路

线路中采用了两个交流接触器 KM1、KM2,分别控制电动机的正、反转,接触器 KM1、KM2 分别由按钮 SB1、SB2 控制。为了操作方便,两个按钮采用复合按钮,它们的常闭分别串接在对方的接触器线圈回路中,构成按钮联锁(互锁)。

接触器 KM1、KM2 的主触头不能同时闭合,否则会造成两相电源(L1 相和 L2 相)短路事故。为了避免两个接触器同时得电吸合,在接触器 KM1、KM2 的线圈回路中又分别串接了对方的一对常闭触头,构成接触器联锁,用符号"▽"表示。实现联锁作用的辅助常闭触头叫联锁触头(或互锁触头)。

只有按钮联锁的控制线路叫按钮联锁控制线路,只有接触器联锁的控制线路叫接触器联锁控制线路,既有按钮联锁又有接触器联锁的控制线路叫双重联锁控制线路。

根据图 2-2-1 电动机正反转控制电路,实现电动机正反转电路的设计连接任务,并最终完成电动机正反转控制驱动工作。根据实际情况,请考虑若按钮的联锁不接会是什么情况。

## 二、训练目标与要求

【训练目标】
1. 实践中体会继电器的工作原理和结构。
2. 实践中体会开关等低压控制器件的工作原理和机构。
3. 体会低压控制电路接线任务的繁琐和复杂程度。
4. 具体实践低压控制电路的设计实现过程和具体操作过程。
5. 体会电路故障排除过程。
6. 实现电路的容量计算和器件选择。

【训练要求】
1. 连接电路过程中要脱离电源连接。
2. 树立安全第一的意识。
3. 参与人员分工明确,接线目标明确。

## 三、训练设备(表 2-2-1)

电器元件明细       表 2-2-1

| 图上代号 | 元件名称 | 型号规格 | 数量 | 备注 |
| --- | --- | --- | --- | --- |
| M | 三相交流异步电动机 | Y-112m-4/4kW,△接法 380V 8.8A 1440r/min | 1 | |
| QS | 自动开关 | C65N D10/3P | 1 | |
| FU1 | 熔断器 | RL1-60/25A | 3 | |
| FU2 | 熔断器 | RL1-15/2A | 2 | |
| KM1,KM2 | 交流接触器 | CJ10-10,380V | 1 | |
| FR | 热继电器 | FR36-20/3,整定电流 8.8A | 1 | |
| SB1 | 正转按钮 | LA10-3H | 1 | 绿色 |
| SB2 | 反转按钮 | | | 黑色 |
| SB3 | 停止按钮 | | | 红色 |
| | 接线端子 | JX2-Y010 | 2 | |
| | 导线 | BV-1.5mm²,1mm² | 若干 | |
| | 冷压接头 | 1mm² | 若干 | |
| | 记号笔 | 黑色 | 1 | |
| | 网孔板 | 500mm×400mm | 1 | |

### 四、训练步骤

1. 总体构思电路连接过程

对电路连接过程给与总体的勾画,做一个较为笼统的计划,完成参与人员分工。

2. 分析器件

合理选用适合电路功能的器件,并将电路要求参数给与计算,合理选择容量。

3. 准备工具

将所需工具准备齐全,所需导线完成初步分析。

4. 开始连接

根据器件的工作原理,将器件按照原理图的要求进行连接如图 2-2-2 所示,注意这一步绝对不能带电操作。

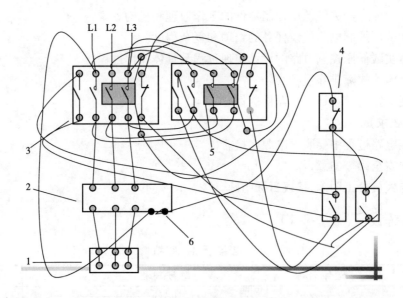

图 2-2-2　模拟接线图

1-电动机;2-热继电器;3-交流接触器;4-按钮;5-线圈;6-热继电器动断触头接线柱

5. 检查回顾

检查以上步骤的缺漏,完成电路的完整性检查。

6. 通电调试

通电,观察电路工作情况。出现故障或没有达到预想目的,则停电排除故障。注意总结分析调试过程,积累经验。

7. 完成工作任务,提交成果

# 任务三　自动往返控制线路的安装调试

### 一、训练内容

在生产过程中,一些自动或半自动的生产机械要求运动部件的行程或位置受到限制,或者在一定范围内自动往返循环工作,以方便对工件进行连续加工,提高生产效率。如图2-3-1所示是自动往返运动示意图。

根据图2-3-2自动往返控制线路原理图,安装调试电路。

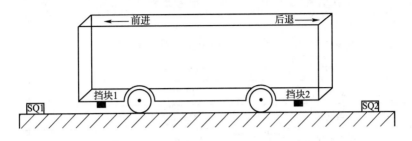

图 2-3-1　自动往返运动示意图

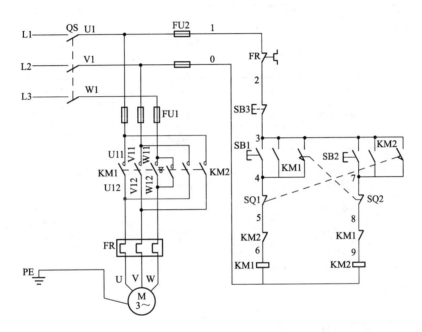

图 2-3-2　自动往返控制线路原理图

## 二、训练目标与要求

**【训练目标】**

1. 识读自动往返控制线路工作原理。
2. 根据线路图安装自动往返控制线路。
3. 认识并了解行程开关。
4. 正确调试自动往返控制线路,能快速排除故障。

**【训练要求】**

1. 连接电路过程中要脱离电源连接。
2. 树立安全第一的意识。
3. 参与人员分工明确,接线目标明确。

## 三、训练设备(表2-3-1)

电器元件明细　　　　　　　　表2-3-1

| 图上代号 | 元件名称 | 型号规格 | 数量 | 备注 |
|---|---|---|---|---|
| M | 三相交流异步电动机 | Y-112m-4/4kW，△接法 380V 8.8A 1440r/min | 1 | |
| QS | 自动开关 | C65N D10/3P | 1 | |
| FU1 | 熔断器 | RL1-60/25A | 3 | |
| FU2 | 熔断器 | RL1-15/2A | 2 | |
| KM1，KM2 | 交流接触器 | CJ10-10，380V | 1 | |
| FR | 热继电器 | FR36-20/3，整定电流8.8A | 1 | |
| SB1 | 正转按钮 | LA10-3H | 1 | 绿色 |
| SB2 | 反转按钮 | | | 黑色 |
| SB3 | 停止按钮 | | | 红色 |
| SQ1，SQ2 | 行程开关 | JLXK1-111 | 2 | |
| | 接线端子 | JX2-Y010 | 2 | |
| | 导线 | BVR-1.5mm²、1mm² | 若干 | |
| | 冷压接头 | 1.5mm²，1mm² | 若干 | |
| | 塑料线槽 | 40mm×40mm | 5m | |
| | 缠绕管 | φ8mm | 1m | |
| | 记号笔 | 黑色 | 1 | |
| | 网孔板 | 800mm×600mm | 1 | |

## 四、训练步骤

1. 总体构思电路连接过程

对电路连接过程给与总体的勾画，做一个较为笼统的计划，完成参与人员分工。

2. 分析器件

合理选用适合电路功能的器件，并将电路要求参数给与计算合理选择容量。

3. 准备工具

将所需工具准备齐全，所需导线完成初步分析。

4. 开始连接

根据器件的工作原理，将器件按照原理图的要求进行连接，注意这一步绝对不能带电操作。

5. 检查回顾

检查以上步骤的缺漏，完成电路的完整性检查。

6. 通电调试

通电，观察电路工作情况。出现故障或没有达到预想目的，则停电排除故障。注意总结分析调试过程,积累经验。

7.完成工作任务,提交成果

# 任务四　三相交流异步电动机降压启动控制线路安装调试

## 一、训练内容

Y-△降压启动是指在三相异步电动机启动时,把定子绕组接成Y形,以降低电压、限制启动电流;当电动机启动后,再将定子绕组改接成△形,使电动机在额定电压下正常运行。Y-△降压启动的控制方式有手动控制、按钮与接触器控制、时间继电器自动控制等,在机床设备中采用的是时间继电器自动控制的方式,其控制线路如图2-4-1所示。

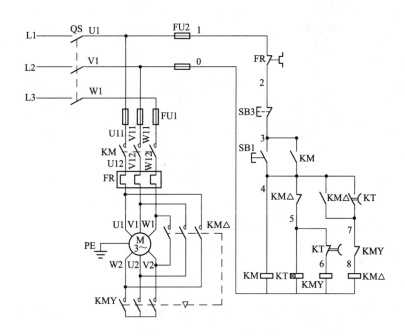

图2-4-1　Y-△降压启动控制线路图

## 二、训练目标与要求

【训练目标】

1.实践中体会继电器的工作原理和结构。

2.掌握时间继电器的正确用法。

3.具体实践低压控制电路的设计实现过程和具体操作过程。

4.体会电路故障排除过程。

【训练要求】

1.连接电路过程中要脱离电源连接。

2.树立安全第一的意识。

3.参与人员分工明确,接线目标明确。

## 三、训练设备(表2-4-1)

电器元件明细　　　　　　　　　表2-4-1

| 图上代号 | 元件名称 | 型号规格 | 数量 | 备注 |
|---|---|---|---|---|
| M | 三相交流异步电动机 | Y-112m-4/4kW,△接法 380V 8.8A 1440r/min | 1 | |
| QS | 自动开关 | C65N D10/3P | 1 | |
| FU1 | 熔断器 | RL1-60/25A | 3 | |
| FU2 | 熔断器 | RL1-15/2A | 2 | |
| KM,KMY,KM△ | 交流接触器 | CJ10-10,380V | 3 | |
| FR | 热继电器 | FR36-20/3 整定电流8.8A | 1 | |
| KT | 时间继电器 | JS7-2A,380V | 1 | |
| SB1 | 启动按钮 | LA10-2H | 1 | 绿色 |
| SB2 | 停止按钮 | | | 红色 |
| | 接线端子 | JX2-Y010 | 2 | |
| | 导线 | BVR-1.5mm²、1mm² | 若干 | |
| | 冷压接头 | 1mm² | 若干 | |
| | 塑料线槽 | 40mm×40mm | 5m | |
| | 记号笔 | 黑色 | 1 | |
| | 网孔板 | 500mm×400mm | 1 | |

## 四、训练步骤

1. 总体构思电路连接过程

对电路连接过程给与总体的勾画,做一个较为笼统的计划,完成参与人员分工。

2. 分析器件

合理选用适合电路功能的器件,并将电路要求参数给与计算,合理选择容量。

3. 准备工具

将所需工具准备齐全,所需导线完成初步分析。

4. 开始连接

根据器件的工作原理,将器件按照原理图的要求进行连接,注意这一步绝对不能带电操作。

5. 检查回顾

检查以上步骤的缺漏,完成电路的完整性检查。

6. 通电调试

通电,观察电路工作情况。出现故障或没有达到预想目的,则停电排除故障。注意总结分析调试过程,积累经验。

7. 完成工作任务,提交成果

# 任务五 绕线式电动机控制线路安装调试

## 一、训练内容

三相绕线式交流异步电动机的优点是可以通过滑环在转子绕组中串接电阻来改善电动机的机械特性,从而达到减小启动电流、增大启动转矩以及平滑调速的目的。在实际生产中对要求启动转矩大、又能平滑调速的场合,常采用三相绕线转子异步电动机。

三相绕线式异步电动机串接在三相转子回路中的启动电阻一般都接成Y形。在启动前,启动电阻全部接入电路,以减小启动电流,获得较大的启动转矩。启动过程中,随着电动机转速升高,电阻被逐段地短接。启动完毕后,电阻被全部短接,电动机在额定状态下运行。图 2-5-1 所示是转子绕组串联电阻启动的自动控制线路图。

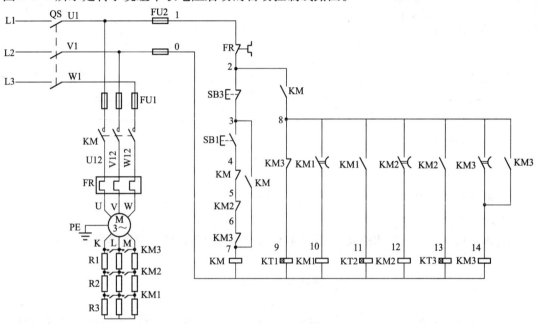

图 2-5-1 转子绕组串联电阻启动的自动控制线路图

## 二、训练目标与要求

【训练目标】

1. 实践中体会继电器的工作原理和结构。
2. 掌握时间继电器和绕线式电动机的使用和控制方法。
3. 具体实践低压控制电路的设计实现过程和具体操作过程。
4. 体会电路故障排除过程。

【训练要求】

1. 连接电路过程中要脱离电源连接。
2. 树立安全第一的意识。
3. 参与人员分工明确,接线目标明确。

## 三、训练设备(表2-5-1)

电器元件明细          表 2-5-1

| 图上代号 | 元件名称 | 型号规格 | 数量 | 备注 |
|---|---|---|---|---|
| M | 绕线式异步电动机 | YZR132M1-6,2.2kW,丫接法,定子电压380V,电流6.1A;转子电压132V,电流12.6A;908r/min | 1 | |
| QS | 空气开关 | C65N-D20/3P | 1 | |
| FU1 | 熔断器 | RL1-60/25A | 3 | |
| FU2 | 熔断器 | RL1-15/2A | 2 | |
| KM1～KM4 | 交流接触器 | CJ10-20,380V | 4 | |
| KT1,KT2,KT3 | 时间继电器 | JS7-2A,380V | 3 | |
| FR | 热继电器 | JR36-20/3,整定电流6.1A | 1 | |
| R1,R2,R3 | 启动电阻器 | ZX-3.7Ω,2.1Ω,1.2Ω | 3 | |
| SB1,SB2 | 启动按钮 | LA10-2H | 1 | 绿色 |
| | 停止按钮 | | | 红色 |
| | 接线端子 | JX2-Y010 | 3 | |
| | 导线 | BVR-2.5mm², 1mm² | 若干 | |
| | 冷压接头 | 2.5mm², 1mm² | 若干 | |
| | 线槽 | 40mm×40mm | 5m | |

## 四、训练步骤

**1. 总体构思电路连接过程**

将电路连接过程给与总体的勾画,做一个较为笼统的计划,完成参与人员分工。

**2. 分析器件**

合理选用适合电路功能的器件,并将电路要求参数给与计算合理选择容量。

**3. 准备工具**

将所需工具准备齐全,所需导线完成初步分析。

**4. 开始连接**

根据器件的工作原理,将器件按照原理图的要求进行连接,注意这一步绝对不能带电操作。

**5. 检查回顾**

检查以上步骤的缺漏,完成电路的完整性检查。

**6. 上电调试**

上电,观察电路工作情况。出现故障或没有达到预想目的,则停电排除故障。注意总结分析调试过程,积累经验。

**7. 完成工作任务,提交成果**

## 课后自测

### 一、选择题

1. 主电路是从( )到电动机的电路,其中有刀开关、熔断器、接触器主触头、热继电器发热元件与电动机等。

A. 主电路　　　　B. 电源　　　　C. 接触器　　　　D. 热继电器

2. 辅助电路包括(　　)、照明电路、信号电路及保护电路等。

A. 控制电路　　　B. 软启动器　　C. 接触器　　　　D. 热继电器

## 二、设计分析题

1. 请设计一台既能点动控制又能连续运行的异步电动机的控制电路。

2. 见下图是几种正、反转控制电路，试分析各电路能否正常工作。若不能正常工作，请找出原因，并加以改正。

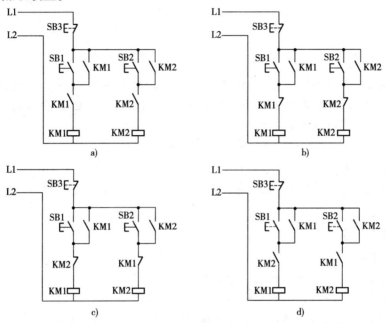

正、反转控制电路图

3. 见下图，能否正常实现丫-△降压启动？若不能，请说明原因并改正。

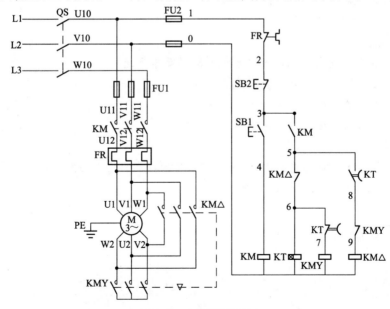

丫-△降压启动控制线路图

# 项目三　港口起重机起升机构控制系统设计与安装调试

### 项目描述

港口机械大致可分为四大部分:起重类机械、输送搬运类机械、拖动类机械和其他辅助机械。其中起重类机械是港口机械的作业源头和重要组成部分,主要有门座式起重机、岸边桥式起重机和轮胎式起重机等几类。

此项目以门座式起重机起升机构控制系统为设计对象和载体,将可编程序控制器(PLC)在港口机械中的应用知识和技能贯穿其中。

通过本项目的学习和训练,应达到以下要求。

### 相关知识

一、知识要求

1. 了解 PLC 的基本机构和基本工作原理。
2. 了解当前 PLC 运用和继电器接触器运用的异同。
3. 了解 PLC 控制系统对于现代港口机械控制系统组建的重要作用。
4. 掌握基本的 PLC 控制指令。
5. 掌握上位机监控的程序步骤和方法。
6. 掌握基本的 PLC 程序编程技巧。

二、能力要求

1. 可以使用 PLC 完成继电器控制系统电路的简单改造。
2. 可以灵活使用 PLC 的基本指令完成程序编写。
3. 能利用上位机监控程序监控 PLC 的运行状态。
4. 能运用基本的编程技巧完成程序的编制工作。

三、素质要求

1. 意识到数字控制系统的复杂性,并能有针对的提高自身科技服务水平。
2. 养成坚持不懈,独立思考的品性。

### 项目实施

# 任务一 起升机构电动机正反转控制系统设计与安装调试

## 任务描述

利用 PLC 输出触点驱动外围交流接触器实现电动机正反转控制。同时要求在程序中实现自保、互锁。在输入端要求利用两个按钮分别实现电动机正转,电动机反转,并利用另两个按钮分别实现电动机正转点动和反转点动。

## 相关知识

### 一、PLC 驱动三相交流电动机方案选择

图 3-1-1 是 SIEMENS 公司关于 S7-200PLC 的输出特性参数数据。

| 本机集成数字量输出点数 | 10 输出 | 10 输出 |
|---|---|---|
| 输出类型 | 固态-MOSFET(源型) | 干触点 |
| 额定电压 | 24VDC | 24VDC 或 250VAC |
| 电压范围 | 20.4~28.8VDC | 5~30VDC 或 5~250VAC |
| 浪涌电流(最大) | 8A,100ms | 5A,4s(10%工作效率时) |
| 逻辑 1(最小) | 20VDC,最大电流 | |
| 逻辑 0(最大) | 0.1VDC,10kW 负载 | |
| 每点额定电流(最大) 每个公共端的额定电流 | 0.75A | 2.0A |
| (最大) | 6A | 10A |
| 漏电流(最大) | | |
| 灯负载(最大) | 10μA | — |
| 感性嵌位电压 | 5W | 30WDC;200WAC |
| 接通电阻(接点) | L+减 48VDC1W 功耗 | |
| 隔离 | 0.3W 典型值(0.6W 最大值) | 0.2W(新的时候最大值) |
| 光电隔离(现场到隔离) | | |
| 逻辑到接点 | 500VAC,1min | |
| 电阻(逻辑到接点) | | |
| 隔离组 | — | 1500VAC,1min |
| | — | 100mW |
| | 见接线图 | 见接线图 |
| 延时(最大) | | |
| 断开到接通 | 2ms(Q0.0,Q0.1),15ms(其他) | — |
| 接通到断开 | 10ms(Q0.0,Q0.1),130ms(其他) | — |
| 切换 | — | 10ms |
| 脉冲频率(最大) | 20kHz(Q0.0 和 Q0.1) | 1Hz |
| 机械寿命周期 | — | 10 000 000(无负载) |

图 3-1-1 输出特性参数

从表中可以看出每点额定电流最大 2.0A,这就要求我们在使用 PLC 的输出触点的过程中必须在规定的额定电流范围内。所以,它决定了不能直接驱动电动机。

若 PLC 不直接驱动电动机,我们可以让 PLC 间接驱动电动机,通过驱动交流接触器线圈间接驱动电动机。交流接触器线圈在 0.01A 附近,功率为 1.8~2.7W。所以,用 PLC 驱动交流接触器线圈,让接触器直接驱动电动机。

## 二、PLC 概述

PLC 是 Programmable Logic Controller 的缩写,即可编程序控制器。

可编程序控制器主要由 CPU、存储器、基本 I/O 接口电路、外设接口、编程装置、电源等组成。

可编程序控制器的结构多种多样,但其组成的一般原理基本相同,都是以微处理器为核心的结构,如图 3-1-2 所示。编程装置将用户程序送入可编程序控制器,在可编程序控制器运行状态下,输入单元接收到外部元件发出的输入信号,可编程序控制器执行程序,并根据程序运行后的结果,由输出单元驱动外部设备。

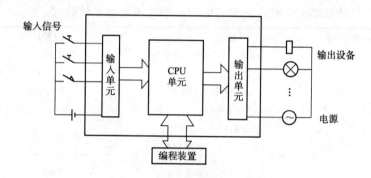

图 3-1-2　可编程序控制器系统结构

### 1. CPU 单元

CPU 是可编程序控制器的控制中枢,相当于人的大脑。CPU 一般由控制电路、运算器和寄存器组成。这些电路通常都被封装在一个集成的芯片上。CPU 通过地址总线、数据总线、控制总线与存储单元、输入输出接口电路连接。

CPU 主要是在系统监控程序的控制下工作,通过扫描方式,将外部输入信号的状态写入输入映像寄存区域,PLC 进入运行状态后,从存储器逐条读取用户指令,按指令规定的任务进行数据的传送、逻辑运算、算术运算等,然后将结果送到输出映像寄存区域。

CPU 常用的微处理器有通用型微处理器、单片机和位片式计算机等。通用型微处理器常见的如 Intel 公司的 8086、80186、到 Pentium 系列芯片,单片机型的微处理器如 Intel 公司的 MCS-96 系列单片机,位片式微处理器如 AMD 2900 系列的微处理器。小型 PLC 的 CPU 多采用单片机或专用 CPU,中型 PLC 的 CPU 大多采用 16 位微处理器或单片机,大型 PLC 的 CPU 多用高速位片式处理器,具有高速处理能力。

### 2. 存储器

可编程序控制器的存储器由只读存储器 ROM、随机存储器 RAM 和电可擦写的存储器 EEPROM 3 大部分构成,主要用于存放系统程序、用户程序及工作数据。

只读存储器 ROM 用于存放系统程序,可编程序控制器在生产过程中将系统程序固化在 ROM 中,用户是不可改变的。用户程序和中间运算数据存放的随机存储器 RAM 中,RAM 存储器是一种高密度、低功耗、价格便宜的半导体存储器,可用锂电池做备用电源。它存储的内容是易失的,掉电后内容丢失;当系统掉电时,用户程序可以保存在只读存储器 EEPROM 或由高能电池支持的 RAM 中。EEPROM 兼有 ROM 的非易失性和 RAM 的随机存取优点,用来存放需要长期保存的重要数据。

3. I/O 单元及 I/O 扩展接口

(1) I/O 单元。PLC 内部输入电路作用是将 PLC 外部电路(如行程开关、按钮、传感器等)提供的符合 PLC 输入电路要求的电压信号,通过光电耦合电路送至 PLC 内部电路。输入电路通常以光电隔离和阻容滤波的方式提高抗干扰能力,输入响应时间一般在 0.1~15ms。根据输入信号形式的不同,可分为模拟量 I/O 单元、数字量 I/O 单元两大类。根据输入单元形式的不同,可分为基本 I/O 单元、扩展 I/O 单元两大类。

(2) I/O 扩展接口。可编程序控制器利用 I/O 扩展接口使 I/O 扩展单元与 PLC 的基本单元实现连接,当基本 I/O 单元的输入或输出点数不够使用时,可以用 I/O 扩展单元来扩充开关量 I/O 点数和增加模拟量的 I/O 端子。

4. 外设接口

外设接口电路用于连接手持编程器或其他图形编程器、文本显示器,并能通过外设接口组成 PLC 的控制网络。PLC 通过 PC/PPI 电缆或使用 MPI 卡通过 RS-485 接口与计算机连接,可以实现编程、监控、连网等功能。

5. 电源

电源单元的作用是把外部电源(220V 的交流电源)转换成内部工作电压。外部连接的电源,通过 PLC 内部配有的一个专用开关式稳压电源,将交流/直流供电电源转化为 PLC 内部电路需要的工作电源(直流 5V、正负 12V、24V),并为外部输入元件(如接近开关)提供 24V 直流电源(仅供输入端点使用),而驱动 PLC 负载的电源由用户提供。

## 三、PLC 的输入输出回路工作原理

输入输出接口电路实际上是 PLC 与被控对象间传递输入输出信号的接口部件。输入输出接口电路要有良好的电隔离和滤波作用。

1. 输入接口电路

由于生产过程中使用的各种开关、按钮、传感器等输入器件直接接到 PLC 输入接口电路上,为防止由于触点抖动或干扰脉冲引起错误的输入信号,输入接口电路必须有很强的抗干扰能力。

如图 3-1-3 所示,输入接口电路提高抗干扰能力的方法主要有:

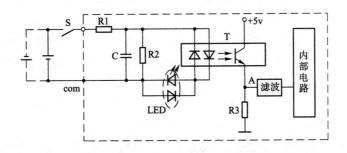

图 3-1-3　可编程序控制器输入电路

(1)利用光电耦合器提高抗干扰能力。光电耦合器工作原理是:发光二极管有驱动电流流过时,导通发光,光敏三极管接收到光线,由截止变为导通,将输入信号送入 PLC 内部。光电耦合器中的发光二极管是电流驱动元件,要有足够的能量才能驱动。而干扰信号虽然有的电压值很高,但能量较小,不能使发光二极管导通发光,所以不能进入 PLC 内,实现了电隔离。

(2)利用滤波电路提高抗干扰能力。最常用的滤波电路是电阻电容滤波,如图 3-1-3 中的 R1、C。图中,S 为输入开关,当 S 闭合时,LED 点亮,显示输入开关 S 处于接通状态。光电耦合器导通,将高电平经滤波器送到 PLC 内部电路中。当 CPU 在循环的输入阶段锁入该信号时,将该输入点对应的映像寄存器状态置 1;当 S 断开时,则对应的映像寄存器状态置 0。

### 2. 输出接口电路

根据驱动负载元件不同可将输出接口电路分为 3 种:

(1)小型继电器输出形式,如图 3-1-4 所示。这种输出形式既可驱动交流负载,又可驱动直流负载。它的优点是适用电压范围比较宽,导通压降小,承受瞬时过电压和过电流的能力强。缺点是动作速度较慢,动作次数(寿命)有一定的限制。建议在输出量变化不频繁时优先选用。

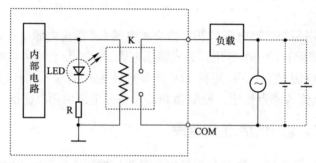

图 3-1-4 小型继电器输出形式电路

图 3-1-5 所示电路工作原理是:当内部电路的状态为 1 时,使继电器 K 的线圈通电,产生电磁吸力,触点闭合,则负载得电,同时点亮 LED,表示该路输出点有输出。当内部电路的状态为 0 时,使继电器 K 的线圈无电流,触点断开,则负载断电,同时 LED 熄灭,表示该路输出点无输出。

(2)大功率晶体管或场效应管输出形式,如图 3-1-5 所示。这种输出形式只可驱动直流负载。它的优点是可靠性强,执行速度快,寿命长。缺点是过载能力差。适合在直流供电、输出量变化快的场合选用。

图 3-1-5 所示电路工作原理是:当内部电路的状态为 1 时,光电耦合器 T1 导通,使大功率晶体管 VT 饱和导通,则负载得电,同时点亮 LED,表示该路输出点有输出。当内部电路的状态为 0 时,光电耦合器 T1 断开,大功率晶体管 VT 截止,则负载失电,LED 熄灭,表示该路输出点无输出。当负载为电感性负载,VT 关断时会产生较高的反电势,VD 的作用是为其提供放电回路,避免 VT 承受过电压。

(3)双向晶闸管输出形式,如图 3-1-6 所示。这种输出形式适合驱动交流负载。由于双向可控硅和大功率晶体管同属于半导体材料元件,所以优缺点与大功率晶体管或场效应管输出形式的相似,适合在交流供电、输出量变化快的场合选用。

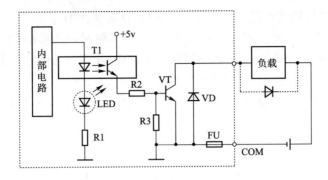

图 3-1-5　大功率晶体管输出形式电路

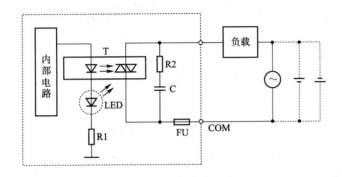

图 3-1-6　双向可控硅输出形式电路

图 3-1-6 所示电路工作原理是：当内部电路的状态为 1 时，发光二极管导通发光，相当于双向晶闸管施加了触发信号，无论外接电源极性如何，双向晶闸管 T 均导通，负载得电，同时输出指示灯 LED 点亮，表示该输出点接通；当对应 T 的内部继电器的状态为 0 时，双向晶闸管施加了触发信号，双向晶闸管关断，此时 LED 不亮，负载失电。

## 四、PLC 内部输入和输出的工作原理——循环扫描工作方式

PLC 是按集中输入、集中输出，周期性循环扫描的方式进行工作的。每一次扫描所用的时间称为扫描周期或工作周期。CPU 从第一条指令执行开始，按顺序逐条地执行用户程序直到用户程序结束，然后返回第一条指令开始新的一轮扫描。PLC 就是这样周而复始地重复上述循环扫描的，其整个过程可分为 3 部分。

(1) 上电处理。机器上电后对 PLC 系统进行一次初始化，包括硬件初始化、I/O 模块配置检查、停电保持范围设定及其他初始化处理等。

(2) 扫描过程。PLC 上电处理完成以后进入扫描工作过程。先完成输入处理，其次完成与其他外设的通信处理，再次进行时钟、特殊寄存器更新。当 CPU 处于 STOP 方式时，转入执行自诊断检查。当 CPU 处于 RUN 方式时，还要完成用户程序的执行和输出处理，再转入执行自诊断检查。

(3) 出错处理。PLC 每扫描一次，执行一次自诊断检查，确定 PLC 自身的动作是否正常，如电池电压、程序存储器、I/O、通信等是否正常。如检查出异常时，CPU 面板上的 LED 及异常继电器会接通，在特殊寄存器中会存入出错代码。当出现致命错误时，CPU 被强制为

STOP 方式,所有的扫描停止。

PLC 运行正常时,扫描周期的长短与 CPU 的运算速度、I/O 点的情况、用户应用程序的长短及编程情况等有关。通常用 PLC 执行 1K 指令所需时间来说明其扫描速度(一般 1~10 ms/K)。值得注意的是,不同指令其执行时间是不同的,从零点几微秒到上百微秒不等。若用于高速系统要缩短扫描周期时,可从软硬件两方面同时考虑。

PLC 的程序执行过程一般可分为:输入采样、程序执行和输出刷新 3 个主要阶段,如图 3-1-7 所示。

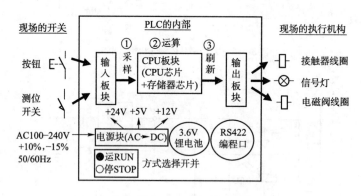

图 3-1-7　PLC 的执行过程图

(1)输入采样阶段。PLC 在输入采样阶段,首先扫描所有输入端子,并将各输入状态存入相对应的输入映像寄存器中。此时,输入映像寄存器被刷新。接着,进入程序执行阶段,在此阶段和输出刷新阶段,输入映像寄存器与外界隔离,无论输入信号如何变化,其内容保持不变,直到下一个扫描周期的输入采样阶段,才重新写入输入端的新内容。所以一般来说,输入信号的宽度要大于一个扫描周期,否则很可能造成信号的丢失。

(2)程序执行阶段。根据 PLC 梯形图程序扫描原则,一般来说,PLC 按从左到右、从上到下的步骤顺序执行程序。当指令中涉及输入、输出状态时,PLC 就从输入和输出映像寄存器中读取状态。然后,进行相应的运算,运算结果再存入元件映像寄存器中。即对于每个元件来说,元件映像寄存器的内容会随着程序执行过程而变化。

(3)输出刷新阶段。这个阶段是在执行完用户所有程序后,PLC 将输出映像寄存器中的内容送到输出锁存器中,再通过一定的方式去驱动用户设备的过程。

以上 3 个阶段是 PLC 的程序执行的过程。对于中、低档 PLC 扫描周期一般为 20~40ms。

## 五、输入输出接线和输入输出的实际关系

PLC 和外围电路关系最为紧密的是输入和输出端子,输入是外围电路控制、检测等信号到达 CPU 的接口,CPU 采集外围电路信息就是通过检查输入端子上的状态完成的。输出端子就是 CPU 经过运算处理后结果的输出端,对外围电路执行信号的发送。中间运算环节就是我们所要编写的程序。

这就好比,CPU 将外界的信息采集后,到 CPU 中进行处理,然后按程序编写者编写的程序来处理输出,达到人为的控制目的。输入和输出之间没有直接的电气联系,两者都是 CPU 的独立工作模块,且两者之间的联系只是用人为编写的程序来完成工作。如图 3-1-8 所示。

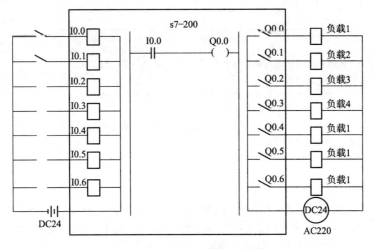

图 3-1-8　PLC 的输入和输出连接关系

## 六、PLC 内部数据存储区及存储格式

### 1. 存储区及功能（表 3-1-1）

**PLC 内部数据存储区及功能说明**　　　　　　　表 3-1-1

| 存储区名称 | 功　能 | 寻址方式 | |
|---|---|---|---|
| 输入映像寄存区(I) | 输入继电器与 PLC 的输入端子相连，它用于接收外部的开关信号。当外部的开关信号闭合时，则输入继电器的线圈得电，在程序中其常开触点闭合，常闭触点断开 | 按位寻址<br>按字节寻址<br>按字寻址<br>按双字寻址 | I0.0<br>IB0<br>IW0<br>IDW0 |
| 输出寄存区(Q) | 输出继电器与 PLC 的输出端子相连。当程序使得输出继电器线圈得电时，PLC 上的输出端开关闭合，它可以作为控制外部负载的开关信号，同时在程序中其常开触点闭合，常闭触点断开。在每个扫描周期的输入采样、程序执行等阶段，并不把输出结果信号直接送到输出继电器，而只是送到输出映像寄存器，只有在每个扫描周期的末尾才将输出映像寄存器中的结果几乎同时送到输出锁存器，对输出点进行刷新 | 按位寻址<br>按字节寻址<br>按字寻址<br>按双字寻址 | Q0.0<br>QB0<br>QW0<br>QDW0 |
| 变量寄存区(V) | 变量存储器用来存储变量。它可以存放程序执行过程中控制逻辑操作的中间结果，也可以使用变量存储器保存与工序或任务相关的其他数据。在进行数据处理时，变量存储器会被经常使用 | 按位寻址<br>按字节寻址<br>按字寻址<br>按双字寻址 | V0.0<br>VB0<br>VW0<br>VDW0 |
| 通用辅助继电器(M) | 通用辅助继电器的作用和继电器接触器控制系统中的中间继电器相同，它在 PLC 中没有输入/输出端与之对应，因此，它的触点不能直接驱动外部负载，只起中间状态的暂存。这是与输出继电器的主要区别，它主要起逻辑控制作用 | 按位寻址<br>按字节寻址<br>按字寻址<br>按双字寻址 | M0.0<br>MB0<br>MW0<br>MDW0 |
| 特殊继电器(SM) | 特殊继电器为用户提供一些特殊的控制功能及系统信息，用户对操作的一些特殊要求也通过 SM 通知系统。特殊继电器分为只读区及可读/可写区两大部分，只读区特殊标志位，用户只能利用其触点 | 见附录 A | |
| 定时器(T) | 定时器的作用相当于时间继电器，是累计时间增量的内部器件，灵活地使用定时器可以编制出有复杂动作的控制程序 | T1、T2 | |

续上表

| 存储区名称 | 功能 | 寻址方式 |
|---|---|---|
| 计数器(C) | 计数器用来累计输入脉冲的个数,经常用来对产品进行计数或进行特定功能的编程 | C1、C2 |
| 高速计数器(HC) | 高速计数器的工作原理与普通计数器基本相同,它用来累计比主机扫描速率更快的高速脉冲,高速计数器使用主机上的专用端子接收这些信号 | HC1、HC2 |
| 局部变量存储器(L) | 局部变量存储器用来存放局部变量。变量存储器存储的变量是全局有效的,全局有效是指同一个变量可以被任何程序(包括主程序、子程序和中断程序)访问;而局部有效是指变量只和特定的程序相关联 | S7-200 PLC 提供 64 个字节的局部存储器,其中 60 个可以作暂时存储器或给子程序传递参数。主程序、子程序和中断程序都有 64 个字节的局部存储器可以使用。不同程序的局部存储器不能互相访问 |
| 累加器(AC) | 累加器(AC)是用来暂存数据的寄存器。它可以用来存放数据如运算数据、中间数据和结果数据,也可用来向子程序传递参数或从子程序返回参数 | S7-200 PLC 提供 4 个 32 位累加器,为 AC0~AC3 |
| 顺序控制继电器(S) | 有些 PLC 也把顺序控制继电器称为状态器。顺序控制继电器用在顺序控制或步进控制中,它是使用顺控继电器指令的重要元件,通常与顺序控制指令 LSCR、SCRT、SCRE 结合使用,实现顺控流程的方法为 SFC(Sequential Function Chart)编程 | S1、S2 |
| 模拟量输入映像寄存器(AI) | 模拟量输入电路用以实现模拟量/数字量(A/D)之间的转换 | AIW0、AIW2 |
| 模拟量输出映像寄存器(AQ) | 而模拟量输出电路用以实现数字量/模拟量(D/A)之间的转换 | AQW0、AQW2 |

**2. 数据类型(表3-1-2)**

数据类型、长度及范围 表3-1-2

| 基本数据类型 | 无符号整数表示范围 | | 基本数据类型 | 有符号整数表示范围 | |
|---|---|---|---|---|---|
| | 十进制 | 十六进制 | | 十进制 | 十六进制 |
| 字节 B(8 位) | 0~255 | 0~FF | 字节 B(8 位)只用于 SHRB 指令 | -128~127 | 80~7F |
| 字 W(16 位) | 0~65535 | 0~FFFF | INT(16 位) | -32768~32767 | 8000~7FFF |
| 双字 D(32 位) | 0~4294967295 | 0~FFFFFFFF | DINT(32 位) | -2147483648~2147483647 | 80000000~7FFFFFFF |
| BOOL | 0~1 | | | | |
| 字符串 | 每个字符以字节形式存储,最大长度 255 个字节,第一个字节定义字符串长度 | | | | |
| 实数(32 位) | $-10^{38} \sim 10^{38}$(IEEE32 浮点数) | | | | |

3. 常用表示方法（表3-1-3）

常 数 表 示 方 法　　　　　　　　表3-1-3

| 数制 | 格式 | 举例 |
|---|---|---|
| 十进制 | ［十进制值］ | 20047 |
| 十六进制 | 16#［十六进制］ | 16#4E4F |
| 二进制 | 2#［二进制值］ | 2#1010_0101 |
| ASCⅡ码 | '［ASCⅡ码文本］' | 'This is a book' |
| 实数 | ANSI/IEEE754～1985 | +1.123344E-38（正数）-1.33354E-38（负数） |

## 七、编程软件的使用

STEP7-Micro/WIN32 编程软件包是西门子公司专为 SIEMATIC 系列 S7-200 PLC 研制开发的，它可以使用个人计算机（或编程器）作为图形编程器，用于在线或者离线开发用户程序，并可方便地对 S7-200 用户程序进行实时监控等操作。

编程软件对操作系统的要求：基于 Windows 的 32 位操作系统。

编程软件对 PC 机的要求：IBM486 或更高的处理器、16M 内存、50M 以上硬盘空间，或是装有 STEP7-Micro/WIN32 的西门子编程器以及 Microsoft Windows 支持的显示器和鼠标。

对通信的要求：PC/PPI 电缆（用于 PLC 和 PC 机的连接）。

编程软件界面如图 3-1-9 所示。

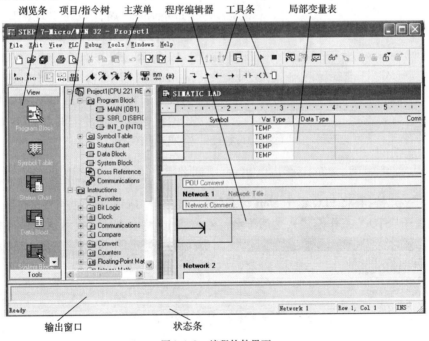

图 3-1-9　编程软件界面

1. 连接 PC/PPI 电缆

将 PC/PPI 电缆的 RS-232 端（标有 PC）连到 PC 的串行通信口：COM1 或 COM2。PC/PPI 电缆的 RS-485 端（标有 PPI）连到 PLC 的通信口。如图 3-1-10 所示。

2. 设置通信参数

在 STEP7-Micro/WIN32 下，单击通信图标"Communications"，如图 3-1-11 所示，或从菜

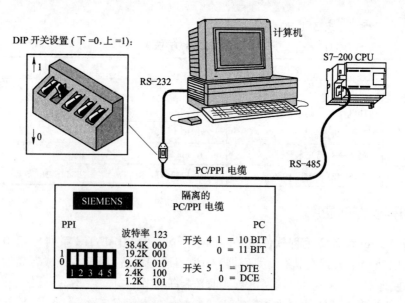

图 3-1-10 主机与计算机连接

单中选择 View(视图) > Communications 选项会出现一个"通信"对话框,如图 3-1-12 所示,其中"Local"=0 为 PC 的默认地址。双击 PC/PPI 电缆的图标出现"Set PG/PC interface"对话框(如图 3-1-13 所示)。选择"Properties"属性按钮出现接口属性对话框"Properties-PC/PPI cable(PPI)"(如图 3-1-13 所示),检查有关属性,在"Local Connection"界面中,检查 PC 连接通信口是否与设置的相同,并单击"确定"。以上软件中的设置若与硬件上的设置不一致,都会造成通信失败。

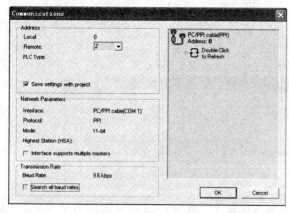

图 3-1-11 通信对话框

3. 下载

下载程序:由 PLC > Stop 或直接单击工具条上"Stop"按钮,将 PLC 置于 Stop 状态(或直接单击"Download"按钮,此时屏幕会提示 PLC 必须置于"STOP"工作模式),然后下载。在屏幕上,将会有信息提示下载是否成功。

图 3-1-12 设定 PG/PC 对话框

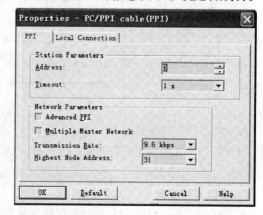

图 3-1-13 接口属性对话框

## 相关训练

### 一、训练目标与要求

1. 通过实践体会 PLC 控制系统与继电器接触器控制系统的区别。
2. 实践中逐步熟悉 PLC 的基本输入输出控制指令。
3. 提升编程软件的使用熟悉程度。
4. 体会 PLC 的接线电路与常规电路的区别。
5. 在实践中体会程序和外围硬件电路的联系。

### 二、训练设备

SIEMENS S7-200 PLC，基本指令训练控制板，港口电气实训台，万用表，测电笔，导线，接线工具箱，编程电脑等。

### 三、训练步骤

1. 任务分析

由上述知识内容可知，PLC 没有足够容量可以直接驱动电动机，只能通过交流接触器间接驱动，所以在设计电路过程中 PLC 实际驱动输出元件是交流接触器的线圈。

根据提出的安全措施和控制要求编写 PLC 程序。

2. 任务实施

（1）电路设计。主电路如图 3-1-14 所示。控制电路如图 3-1-15 所示。

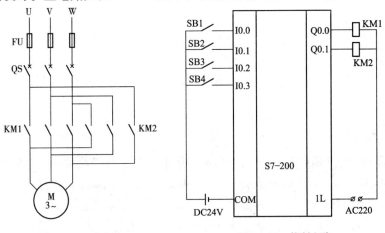

图 3-1-14　主电路　　　　图 3-1-15　控制电路

（2）程序设计，如表 3-1-4 和图 3-1-16 所示。

PLC 地址分配表　　　　表 3-1-4

| 输入地址 | 功能说明 | 输出地址 | 功能说明 |
| --- | --- | --- | --- |
| I0.0 | 正转点动 | Q0.0 | 正转交流接触器 |
| I0.1 | 反转点动 | Q0.1 | 反转交流接触器 |
| I0.2 | 正转长动 | | |
| I0.3 | 反转长动 | | |

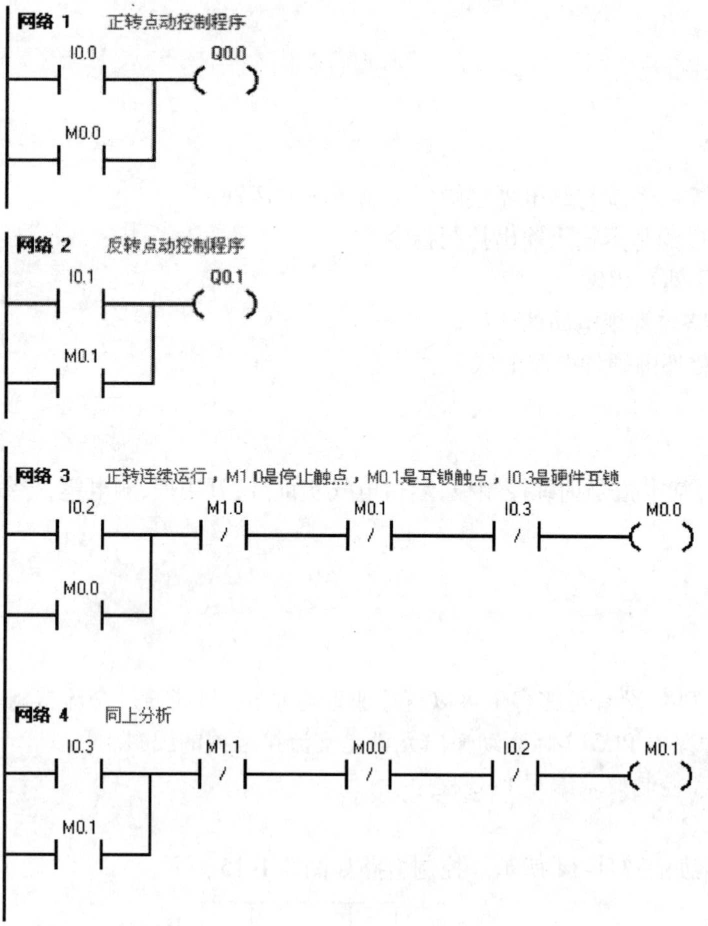

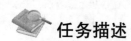

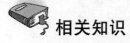

图 3-1-16　程序设计示意图

# 任务二　起升电动机起动电阻顺序启动程序设计与调试

## 任务描述

利用 PLC 和外围 LED 指示灯（启动电阻）设计流水灯电路及程序,要求灯 1 以 0.25Hz 频率闪烁,并实现灯 2~灯 7 依次点亮,时间间隔 2s,当灯 7 亮 2s 后,从灯 7~灯 2 依次熄灭,时间间隔也是 2s,当灯 1 熄灭 2s 后再重复以上动作步骤,周而复始。要求在整个过程设计中要具有上升沿和下降沿检测指令进行信号的检测,防止信号重复出现而导致误动作。

## 相关知识

### 一、位逻辑指令

在 S7-200 的编程语言中共分 3 种 STL（语句表语言）、LAD（梯形图语言）和 FAD（功能图语言）,其中较为常用的梯形图语言来编写 PLC 程序,明了、直观、易修改调试。本书以后章节均以梯形图语言做为编程语言。

1. 触点指令

(1) 标准触点指令(图3-2-1)

①操作数:I, Q, M, SM, T, C, V, S, L;

②数据类型:布尔类型。

如果数据类型为I或Q,这些指令从内存或过程映象寄存器获取引用值。当位等于1时,通常打开(LD、A、O)触点关闭(打开)。当位等于0时,通常关闭(LDN、AN、ON)触点关闭(打开)。如图3-2-2所示。

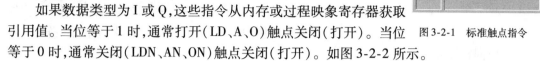

图3-2-1 标准触点指令

(2) 立即触点(见图3-2-3)。执行指令时,立即指令获取实际输入值,但不更新进程映像寄存器。立即触点不依赖S7-200扫描周期进行更新;而会立即更新。当实际输入点(位)是1时,通常立即打开(LDI、AI、OI)触点关闭(打开)。当实际输入点(位)是0时,通常立即关闭(LDNI、ANI、ONI)触点关闭(打开)。在LAD中,通常立即打开和通常立即关闭指令用触点表示。

(3) 取反指令(见图3-2-4)。NOT(取反)触点改变使能位输入状态。当使能位到达NOT(取反)触点时即停止。当使能位未到达NOT(取反)触点时,则供给使能位。在LAD中,NOT(取反)指令用触点表示。

(4) 上升沿、下降沿检测指令(见图3-2-5)。正向转换(EU)触点允许一次扫描中每次执行"关闭至打开"转换时电源流动。负向转换(ED)触点允许一次扫描中每次执行"打开至关闭"转换时电源流动。在LAD中,正向和负向转换指令用触点表示。

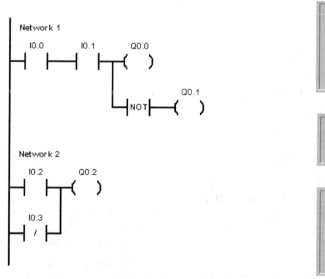

图3-2-3 立即触点指令

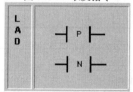

图3-2-4 取反指令

图3-2-2 标准触点指令

图3-2-5 上升沿、下降沿检测指令

(5) 输出指令(见图3-2-6)。输出(=)指令将输出位的新数值写入过程映像寄存器。在LAD和FBD中,当输出指令被执行时,S7-200将过程映像寄存器中的输出位打开或关闭。对于LAD和FBD,指定的位被设为等于使能位。在STL,位于堆栈顶端的数值被复制至指定的位。

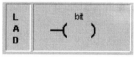

图3-2-6 输出指令

2. 置位、复位指令

设置(S)和复原(R)指令设置(打开)或复原指定的点数(N),从指定的地址(位)开始。您可以设置和复原1~255个点。如果"复员"指令指定一个定时器位(T)或计数器位(C),指令复原定时器或计数器位,并清除定时器或计数器的当前值。

置位和复位指令在S7-200编制程序过程中经常使用,它有自己的特殊优势,可以将一

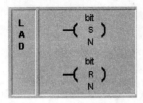

图 3-2-7 置位、复位指令

系列的寄存器位置位或者复位,免去了在其他类型 PLC 中重复置位的弊端,加速了程序的编制过程,同时提高了程序的可读性。如图 3-2-7 所示。

如图 3-2-8 中,Q1.0 置位 8 位,则表示 Q1.0 包括在内,的从 Q1.0 到 Q1.7 全部置位为"1";则外围的输出端子都进行输出,若外围每个输出端子都在使用中,所有的外围执行器件都开始工作。复位同样如此。

## 二、定时器指令

S7-200 指令集提供 3 种不同类型的定时器。

1. 接通延时定时器(TON)(见图 3-2-9)

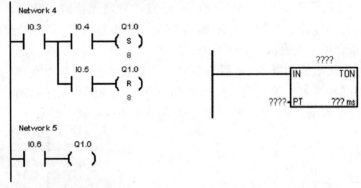

图 3-2-8 置位指令示意图　　　　图 3-2-9 接通延时定时器

(1)使能条件满足后开始延时,延时时间和预设时间相同时,定时器位动作。
(2)使能条件要一直保持位使能即一直要通。
(3)延时时间就是实际时间。
(4)预设时间就是时基×PT 所得的值。
(5)定时器位是包含在定时器的内部虚拟触点,见表 3-2-1。

表 3-2-1 定时器的时基

| 时基 | 最大定时时间 | 定时器号 |
| --- | --- | --- |
| 1ms | 32.767s | T32,T96 |
| 10ms | 327.67s | T33-T36,T97-T100 |
| 100ms | 3276.7s | T37-T63,T101-T255 |

定时器包括定时器指令和定时器位,定时器位可以是常闭也可以是常开。如图 3-2-10 所示。

当 I0.0 闭合后 T37 开始工作,定时时基是 100ms,定时的时间基数为 20,则定时时间为 2S。当定时时间到了,T37 的常闭触点就会打开,Q0.0 的输出停止。

当 I0.0 断开后,T37 复位,T37 定时器位也复位,又变成常闭,Q0.0 输出。

接通延时定时器还可以配合复位指令使用,如图 3-2-11 所示。

在图 3-2-11 所示程序中,当 I0.0 的外部电路接通

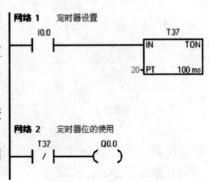

图 3-2-10 定时器位的使用

后,通过输入采样电路,内部输入缓冲区会在 I0.0 这个地址存储"1",I0.0 的常开触点就闭合,T1 开始工作,当定时时间(1s)到后,T1 的常开触点就闭合 Q0.0 开始输出,若此时 I0.0 的外围电路停止输入,则所用的定时器和定时器位全部复位,Q0.0 停止输出。这是前面讲过的过程,假如 I0.0 是个常闭触点过程,则 T1 会一直工作,定时器超过设定值的时候继续向上计数直至溢出,但 T1 的定时器位会一直接通,Q0.0 会一直输出。在这种情况下,I0.1 这个支路程序中,驱动的是复位指令,复位指令在用在定时器位的复位时,表示复位定时器位,同时还复位定时器的数值,将其当前值复位为"0"。所以在此程序中 I0.1 输入有效时,定时器位和定时器的数值复位。Q0.0 停止输出。

时序图如图 3-2-12 所示。

在工业控制过程中,经常使用到多个执行机构,执行机构之间时间间隔不尽相同,所以经常出现重复延时的情况。如图 3-2-13 所示。

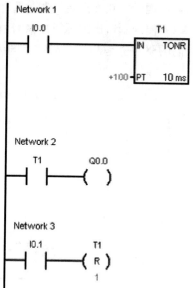

图 3-2-11 定时器和复位指令

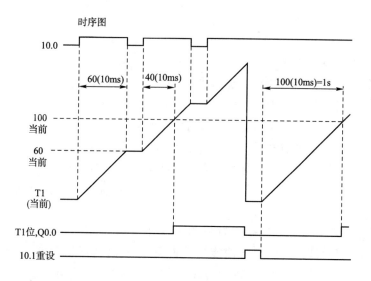

图 3-2-12 时序图

在这个程序中,I0.0 是总的驱动存储器,I0.0 接通后,T37 开始工作,定时时间到后,T37 的位有常开闭合,Q0.0 开始工作,T38 也是接通延时定时器,是在 T37 触点的驱动下定时工作的,T38 定时时间也是 2s,到时间后,T38 的定时器位开始工作,有常开闭合 Q0.1 开始输出。假如 Q0.0 和 Q0.1 都是外围工作执行器件时,两者之间的工作间隔时间就是我们程序设定的 2s。常见的使用过程就是电动机的启动,在启动电动机风扇的基础上,延时一段时间后,启动电动机。

在使用过程中,经常出现这种现象,例如,在带式输送机中,由于带式输送机的距离较长,要采用多段驱动的方式才能使带式输送机正常工作,这样就要求每段启动的时间要有时间间隔,就需要使用重复延时定时电路。

闪烁电路在港机控制过程中不可避免,在很多情况下都有脉冲信号的出现,利用 PLC 可以方便的制造出闪烁脉冲信号;港机在启动过程中警报灯和警报喇叭是必要的安全措施,它们的驱动也是 PLC 编程产生的闪烁电路。关于闪烁电路的编程和解释如图 3-2-14 所示。

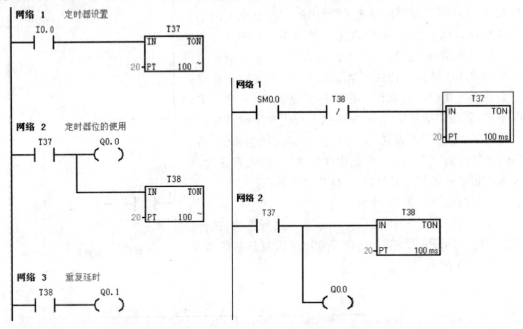

图 3-2-13　重复延时程序　　　　　　　图 3-2-14　重复延时程序

SM0.0 是始终为"1"的一个特殊寄存器位,所以,能流能从源线直接驱动 T37,T37 定时器开始工作,在定时这段时间内,Q0.0 不工作,T37 的定时时间为 2s,所以 Q0.0 不工作的时间就是 2s,当定时时间到后 T37 的常开触点闭合,Q0.0 开始工作,同时 T38 开始定时,但 T38 的常闭触点不会打开,则在 T38 的定时时间内 T38 一直保持常闭状态。当定时时间到后 T38 常闭触点打开,T37 复位,T37 常开触点打开,则 T38 也复位,系统重新开始,即,Q0.0 工作的时间就是 T38 定时中的这段时间为 2s。重新开始后,Q0.0 的工作会周而复始的,以 2s 为单位交替工作,形成闪烁。

2. 保留性接通延时定时器(TONR)(见图 3-2-15)

使能条件满足后计时器计时,当使能条件丧失后,计时器保持数据,一直等到使能条件满足了从新从原来的数继续计时。断电并不复位,若复位只能使用复位指令。保留性接通延时定时器时基见表 3-2-2。

| TONR 时基 | | 表 3-2-2 |
|---|---|---|
| 1ms | 32.767s | T0, T64 |
| 10ms | 327.67s | T1-T4, T65-T68 |
| 100ms | 3276.7s | T5-T31, T69-T95 |

图 3-2-15　保留性接通延时定时器

保留性接通延时定时器的运用过程,举例电路如图 3-2-16 所示,时序图如图 3-2-17 所示。

3. 断开延时定时器(TOF)

当使能条件满足时,其输出点就立刻输出,当使能条件消失后,触点继续输出,当定时时间到后方停止输出,典型应用为电动机停止后冷却电动机风扇的驱动。TOF 的时基见

表3-2-3。

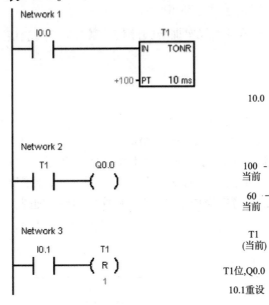

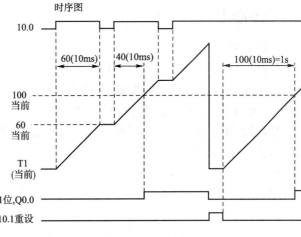

图 3-2-16 举例电路　　　　　　　图 3-2-17 时序图

**TOF 的 时 基**　　　　　　　　表 3-2-3

| 1ms | 32.767s | T32，T96 |
|---|---|---|
| 10ms | 327.67s | T33-T36，T97-T100 |
| 100ms 秒 | 3276.7s | T37-T63，T101-T255 |

断开延时定时器运用过程,举例电路如图 3-2-18 所示。时序图如图 3-2-19 所示。

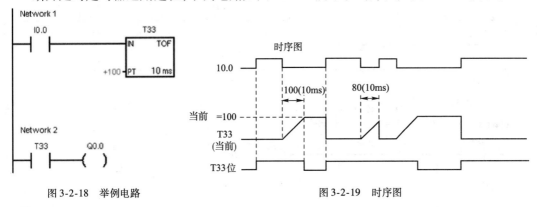

图 3-2-18 举例电路　　　　　　　图 3-2-19 时序图

 **相关训练**

### 一、训练目标与要求

1. 通过实践体会 PLC 定时器的运用。
2. 实践中逐步熟悉 PLC 的基本输入输出控制指令。
3. 提升编程软件的使用熟悉程度。
4. 体会 PLC 的接线电路与常规电路的区别。
5. 在实践中体会程序和外围硬件电路的联系。

## 二、训练设备

SIEMENS S7-200 PLC,基本指令训练控制板,港口电气实训台,万用表,测电笔,导线,接线工具箱,编程电脑等。

## 三、训练步骤

1. 任务分析

根据项目提出的要求,可以清楚知道我们可以使用多个延时电路的方式实现程序编制,同时对于闪烁电路我们可以利用闪烁电路实现灯 1 的闪烁功能。由于项目要求是灯 2～灯 7 依次点亮,同时是逆序熄灭,代表了两个不同的动作方向,若采用普通的编程方法,会使程序重复延时的时间较长,同时,程序也较长,则延长的扫描周期的时间,程序的可读性也差,因此,我们可以采用子程序实现编程方式。

2. 任务实施(见表3-2-4)

输 入 输 出 地 址       表3-2-4

| 输 入 | 功 能 | 输 出 | 功 能 |
|---|---|---|---|
|  |  | Q0.0 | 闪烁指示灯 |
|  |  | Q0.1 | 灯1(电阻) |
|  |  | Q0.2 | 灯2(电阻) |
|  |  | Q0.3 | 灯3(电阻) |
|  |  | Q0.4 | 灯4(电阻) |
|  |  | Q0.5 | 灯5(电阻) |
|  |  | Q0.6 | 灯6(电阻) |
|  |  | Q0.7 | 灯7(电阻) |

3. 编写程序

(1) 主程序(图 3-2-20)。

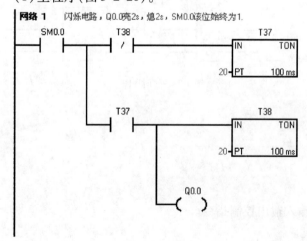

图 3-2-20

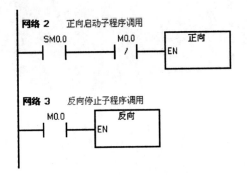

图 3-2-20 主程序

(2)正向启动子程序(图 3-2-21)。

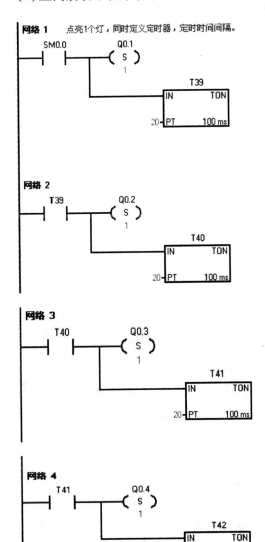

图 3-2-21

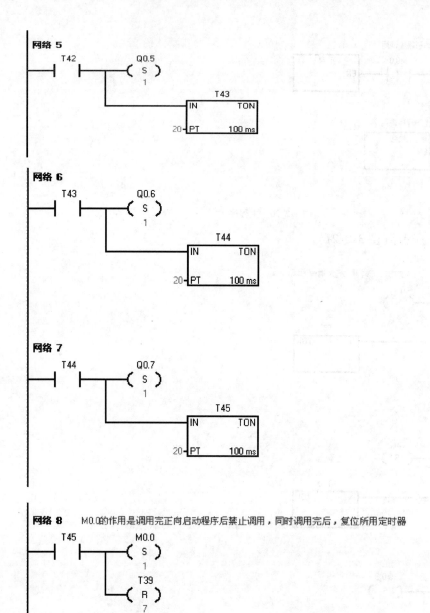

图 3-2-21　正向启动子程序

(3)反向停止子程序(图 3-2-22)。

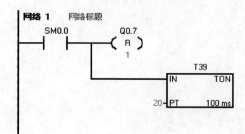

图　3-2-22

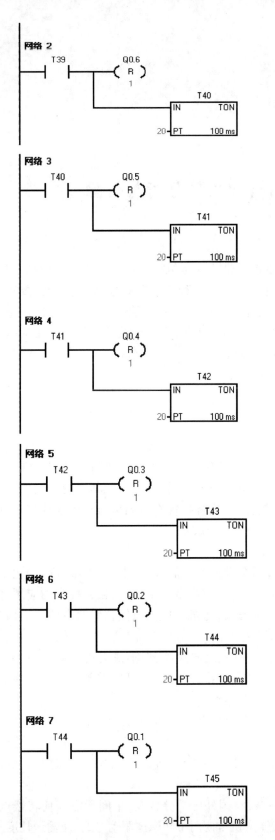

图 3-2-22

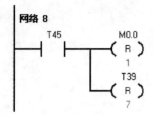

图 3-2-22　反向停止子程序

## 任务三　顺序启动机构故障分析与排除

**任务描述**

利用 PLC 设计外围电路并编写程序实现港口带式输送机控制系统,其启动过程类似于起升机构的电阻切换顺序,此任务就将带式输送机工作过程代替启动电阻工作过程,要求在启动过程中采用逆向启动方式防止货物堆积;通过编程并实现。停止过程采用正向停止方式防止货物残留;当带式输送机运行过程中,某处出现故障,则出现故障前的所有驱动电机都必须停止,所有以后的电机都必须开启,防止残留。

**相关知识**

### 一、简介

带式输送机是以胶带、钢带、钢纤维带、塑料带和化纤带作为传送物料和牵引工件的输送机械。其特点是输送带既是承载部件也是传递动力的牵引部件,这与其他输送机械有显著的区别。承载带在托辊上运行,也可用气垫、磁垫代替托辊作为无阻力支撑承载带运行。它在港口连续式输送机械中是应用最广泛的一种,且以胶带为主。

1. 带式输送机特点

带式输送机自 1795 年被发明以来,经过两个世纪的发展,已被电力、冶金、煤炭、化工、矿山、港口等各行各业广泛采用。特别是第三次工业革命带来了新材料、新技术的应用、使带式输送机的发展步入了一个新纪元。当今,带式输送机已成为散体物料的主要的运输工具之一,成为各国争先发展的行业;它具有以下特点:

(1)结构简单。带式输送机的结构由传动滚筒、改向滚筒、托辊或无辊式部件、驱动装置、输送带等几大件组成,仅有十多种部件,能进行标准化生产,并可按需要进行组合装配,结构十分简单。

(2)输送物料范围广泛。带式输送机的输送带具有抗磨、耐酸碱、耐油、阻燃等各种性能,并耐高、低温,可按需要进行制造,因而能输送各种散料、块料、化学品、生熟料和混凝土。

(3)输送量大。运量可从每小时几千克到几千吨,而且是连续不间断运送,这是其他运输工具所达不到的。

(4)运距长。单机长度可达十几公里一条,在国外已十分普及,中间无需任何转载点。德国单机 60km 一条已经出现。越野的带式输送机常使用中间摩擦驱动方式,使输送长度不受输送带强度的限制。

(5)对线路适应性强。现代的带式输送机在越野敷设时,已从槽形发展到圆管形,它可在水平及垂直面上转弯,打破了槽形带式输送机不能转弯的限制,因而能沿地形而走,可节省大量修隧道、桥梁的基建投资。

(6)装卸料十分方便。带式输送机可根据工艺流程需要,在任何点上进行装、卸料。圆管式带式输送机也是如此。还可以在回程段上装、卸料,进行反向运输。

(7)可靠性高。由于结构简单,运动部件质量轻,只要输送带不被撕破,寿命可长达10年之久,而金属结构部件,只要防锈好,几十年也不坏。

(8)营运费低廉。带式输送机的磨损件仅为托辊和滚筒,输送带寿命长,自动化程度高,使用人员很少,平均每公里不到1人,消耗的机油和电力也很少。

(9)基建投资省。带式输送机一般可在20°以上,如用圆管式90°都能上去。又能水平转弯,大大节省了因坡度而增加的基建投资。

另外,通过合理设计也可大量节约基建投资。随着化学工业的发展,输送带成本将进一步下降。

(10)能耗低、效率高。由于运动部件质量轻,无效运量少,在所有连续式和非连续式运输中,带式输送机耗能最低、效率最高。

(11)维修费少。带式输送机运动部件仅是滚筒和托辊,输送带又十分耐磨。相比之下,火车、汽车磨损部件要多得多,且更换磨损件也较为频繁。

(12)应用领域广阔,市场巨大。根据调查,我国现有带式输送机约200万台,其中,锅炉上煤约40万台;煤矿120万台;火力发电厂167座,每厂约3km,折合1万台;建材厂和水泥厂6千个,平均每厂50台。共计30万台;港口码头约1万台.不包括卸船机和散货装船机等、而当作环保机械的圆管式带式输送机在火力发电厂中的除灰系统的潜力更大。

综上所述,带式输送机的优越性已十分明显,它是国民经济中不可缺少的关键设备。随着国际互联网络化的实现,大大缩短了带式输送机的设计、开发、制造、销售的周期,使它更加具有竞争力。

2. 带式输送机的分类

按外形分,带式输送机可分为:

(1)平形和槽形带式输送机。我国现行标准是DTⅡ和DT-75型带式输送机,有固定式和移动式两大类。越野型的带式输送机又分直线型和弯曲型两大类,槽形带式输送机如图3-3-1所示。

(2)夹带式带式输送机。该机实际上是两个槽形带式输送机相扣在一起,即在普通槽型带式输送机再加上一条压带,各有一套驱动装置驱动,或者共用一套。压带可使用泡沫塑料带、绳带和橡胶带输送带。一般可达到大倾角和垂直90°提升的需要。夹带式带式输送机如图3-3-2所示。

(3)波纹挡边斗式输送机。在平形橡胶带两边冷粘或硫化上波纹挡边.中间隔一段用橡胶隔板分开成斗形。在转弯处用压轮压住波纹挡边外缘,它能垂直提升、适用于散料、干料,如料湿便会卸不干净,故机头处装有振打器。波纹挡边斗式输送机如图3-3-3所示。

(4)波纹挡边袋式输送机。实际上是用许多橡胶袋串连在一起,袋口向内翻,外形如波纹挡边输送机。

(5)吊装式蛋管形带式输送机。物料装入输送带后,输送带两边合拢成立式椭圆形,将输送带两边吊挂于小滑车上,滑车装在工字纵梁上,用钢丝绳牵引滑车拖动输送带运动、在机头和机尾处均设有大转盘,使输送带打开或合拢,有如上山缆车装置。驱动装置也装在机头。由于使用滑车和工字钢,造价昂贵,沿途还要设置立柱以便吊挂工字钢纵梁。

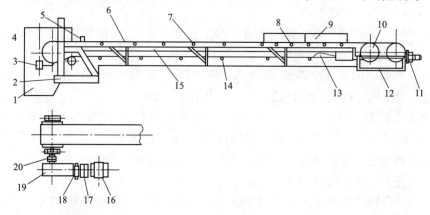

图 3-3-1 槽形带式输送机

1-头部漏斗;2-机架;3-头部清扫器;4-传动滚筒;5-防跑偏安全装置或调心托辊;6-输送带;7-承载托辊;8-缓冲托辊;9-导料槽;10-改向滚筒;11-螺旋拉紧装置;12-尾架;13-直段清扫器;14-回程托辊;15-中间架;16-电动机;17-液力偶合器;18-制动器;19-减速器;20-联轴器

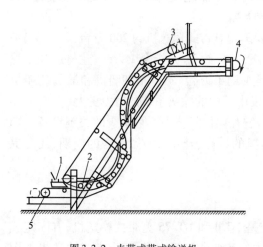 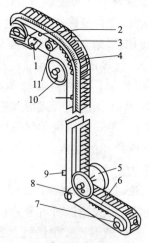

图 3-3-2 夹带式带式输送机

1-加料斗;2-压带;3-压带的驱动滚筒;4-承载带的驱动滚筒;5-机尾改向滚筒

图 3-3-3 波纹挡边斗式输送机

1-驱动装置;2-平托辊;3-波纹挡边输送带;4-转弯托辊;5-转弯压轮;6-承载带托辊;7-机尾滚筒;8-回程带;9-平托辊;10-回程带转弯滚筒;11-振打器

(6)固定式圆管形带式输送机。该机输送带卷成圆管型运料,可在托辊上运行,也可在磁辊上运行,所以称为固定式。托辊成六角形安装,有的用 6 个,有的用 4 个、3 个,而我国一般只用 2 个托辊承载。

按驱动方式分,带式输送机又可分为 3 大类:

(1)有辊式。输送带全由托辊支撑运转。

(2)无辊式。输送带靠气垫、磁垫、水垫支撑运转。无辊式没有有辊式的阻力,但它们都用传动滚筒驱动。20 世纪 70 年代中期出现了中间摩擦驱动方式,即在带式输送机中部再加若干个短带式输送机,靠输送带之间的摩擦力驱动输送带运转,因而承载带的拉力被几台中间摩擦驱动机分担,但仍要托辊支撑。

(3)直线驱动方式。将电动机驱动变为直线电动机驱动方式,转子线圈放在带内,定子线圈放在带外,当转子运转时输送带随之运动。

3. 工作原理

胶带输送机主要由胶带、托辊与机架、传动装置、拉紧装置、清扫装置、制动装置等组成。如图3-3-4所示。

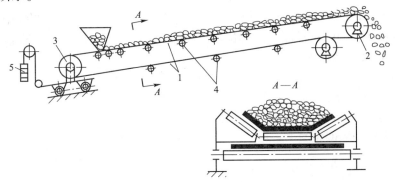

图3-3-4 胶带输送机工作原理图
1-胶带;2-主动滚筒;3-机尾换向托辊;4-托辊;5-拉紧装置

4. 带式输送机的典型运用

带式输送机的典型运用,如图3-3-5a)、b)、c)、d)所示。

图3-3-5 带式输送机的典型运用
a)带式输送机在港口装卸上的应用;b)简单带式输送机的应用;c)带有倾角和转向的带式输送机;d)长距离运输的带式输送机

## 二、带式输送机控制注意事项

1. 带式输送机控制要点

(1) 对于距离较长的带式输送机要采用多段驱动的方式。
(2) 启动顺序是带式输送机的工作要领。
(3) 若带式输送机上某处货物堆积要有检测机构进行信号采集,有控制核心 PLC 处理。
(4) 信号检测机构的设置都在带式输送机的驱动端尤其是带有转向的带式输送机。

2. 带式输送机启动过程

采用逆序启动方式——防止货物的堆积事故。

3. 带式输送机停止过程

采用正序停止——防止货物遗留。

## 三、带式输送机对货物堆积的检测

货物堆积集中反映就是带式输送机某处的质量超过一定的极限值,需要对带式输送机特定部位进行质量检测,我们分析可知,在带式输送机工作过程中,在一个完整的驱动段中,托辊和皮带的运行是整一性的不可能在某处出现货物的堆积,出现这个故障只能是在带式输送机的某个驱动段的两端,所以对堆积的检测其实就是在带式输送机的端侧加装质量检测装置。

SIEMENS 公司在连接 S7-200 中有个 SIWAREX-MS 称载模块,原理如图 3-3-6 所示。

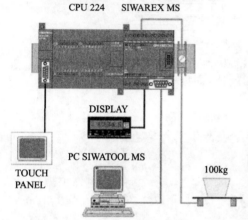

图 3-3-6 质量检测原理图

# 相关训练

## 一、训练目标与要求

1. 通过实践体会 PLC 控制系统与继电器接触器控制系统的区别。
2. 实践中逐步熟悉 PLC 的子程序编写过程。
3. 提升编程软件的使用熟悉程度。
4. 体会子程序使用的便利之处。
5. 在实践中体会程序和外围硬件电路的联系。

## 二、训练设备

SIEMENS S7-200 PLC,基本指令训练控制板,港口电气实训台,万用表,测电笔,导线,接线工具箱,编程电脑等。

## 三、训练步骤

1. 任务分析

由上述知识内容可知,PLC 没有足够容量可以直接驱动电动机,只能通过交流接触器间接驱动,所以在设计电路过程中 PLC 实际驱动输出元件是交流接触器的线圈。

根据提出的安全措施和控制要求编写 PLC 程序。

2. 任务实施

(1) 电路设计。在实际工作过程中外围驱动电路只有执行电机和指示灯,驱动电路单一,控制设计方便。但在我们实训室中,要使用 LED 灯代替电机,同时在输入电路方面,输入信号有启动信号和停止信号,同时还有故障信号,假设暂定 4 个故障信号。本来故障信号来自称载模块对外围工作皮带输送机的检测,我们利用故障按钮的方式模拟了故障信号。如图 3-3-7 所示。

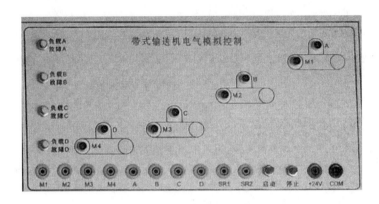

图 3-3-7 带式输送机电气模拟控制实训板

(2) 程序设计思路。在程序设计过程中,由于模拟故障较多,同时在带式输送机启动和停止过程的特殊性,需要使用较多的定时器设计程序实现过程,在设计程序过程中一般都要采用子程序的方式解决同类元件使用过多和过频的情况,但是在使用子程序实现带式输送机的程序设计时,要注意子程序实现过程中可以实现子程序的重复调用问题。

由于本程序设计过程中要设计多个子程序,要根据实际情况分析子程序调用的层次结构,同时要注意子程序间的互锁关系。

(3) 程序设计。地址输入输出分配表见表 3-3-1。

地 址 分 配 表　　　　　　　　　　　表 3-3-1

| 输　入 | 注　释 | 输　出 | 注　释 |
| --- | --- | --- | --- |
| I0.0 | 启动 | Q0.1 | 电动机 1 |
| I1.0 | 停止 | Q0.2 | 电动机 2 |
| I0.2 | 故障 A | Q0.3 | 电动机 3 |
| I0.3 | 故障 B | Q0.4 | 电动机 4 |
| I0.4 | 故障 C | | |
| I0.5 | 故障 D | | |

①主程序设计见图3-3-8。

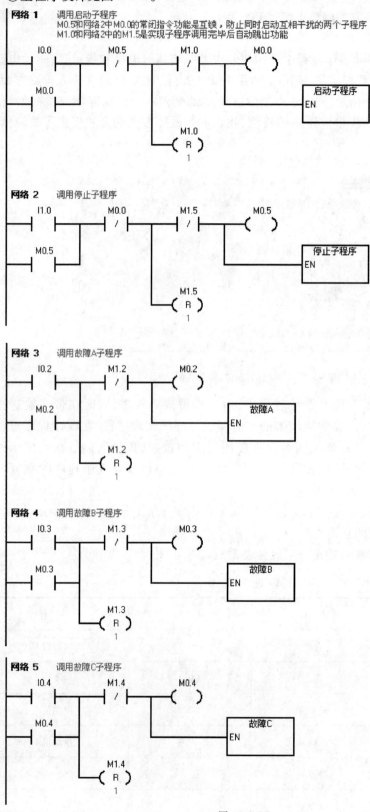

图 3-3-8

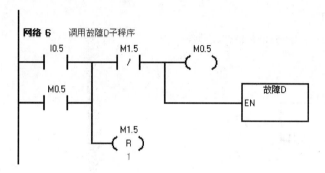

图 3-3-8 主程序

②启动子程序设计见图 3-3-9。

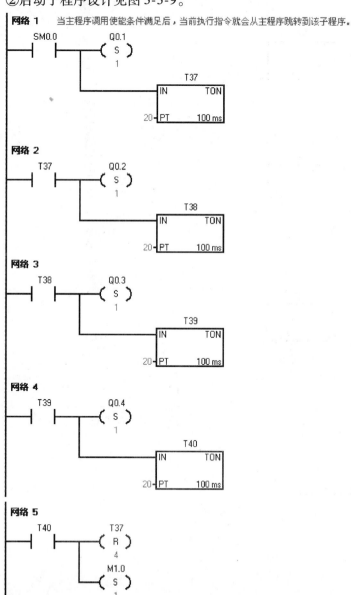

图 3-3-9 启动子程序

③停止子程序设计见图3-3-10。

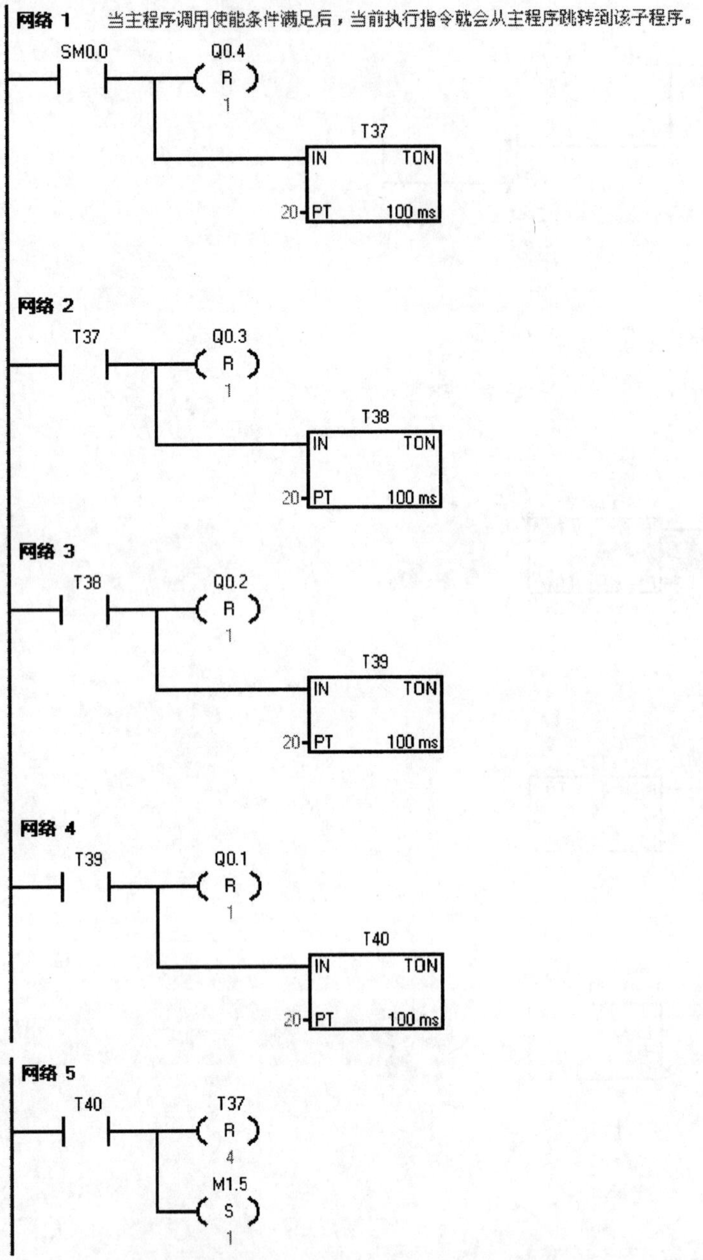

**网络 1** 当主程序调用使能条件满足后,当前执行指令就会从主程序跳转到该子程序。

```
SM0.0    Q0.4
─┤ ├─────( R )
          1
              T37
          ─IN    TON
        20─PT    100 ms
```

**网络 2**
```
T37      Q0.3
─┤ ├─────( R )
          1
              T38
          ─IN    TON
        20─PT    100 ms
```

**网络 3**
```
T38      Q0.2
─┤ ├─────( R )
          1
              T39
          ─IN    TON
        20─PT    100 ms
```

**网络 4**
```
T39      Q0.1
─┤ ├─────( R )
          1
              T40
          ─IN    TON
        20─PT    100 ms
```

**网络 5**
```
T40      T37
─┤ ├─────( R )
          4
         M1.5
         ( S )
          1
```

图 3-3-10  停止子程序

④故障 A 处理子程序见图 3-3-11。

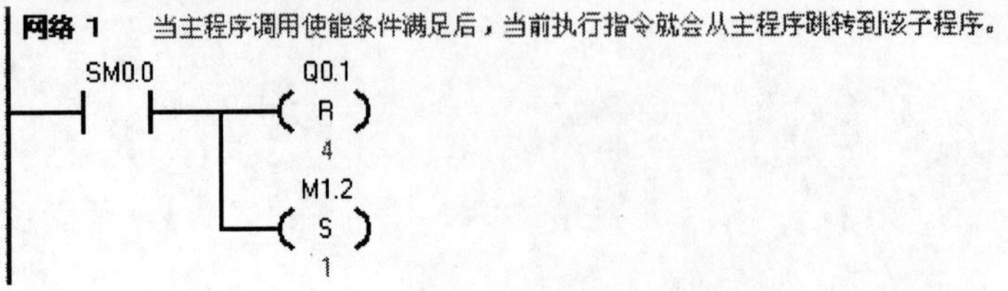

**网络 1** 当主程序调用使能条件满足后,当前执行指令就会从主程序跳转到该子程序。

```
SM0.0    Q0.1
─┤ ├─────( R )
          4
         M1.2
         ( S )
          1
```

图 3-3-11  故障 A 处理子程序

⑤故障 B 处理子程序见图 3-3-12。

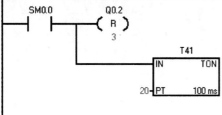

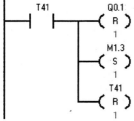

图 3-3-12　故障 B 处理子程序

⑥故障 C 处理子程序见图 3-3-13。

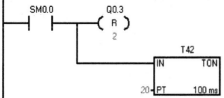

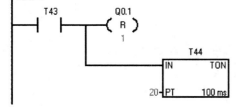

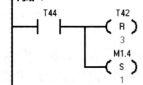

图 3-3-13　故障 C 处理子程序

⑦故障 D 处理子程序见图 3-3-14。

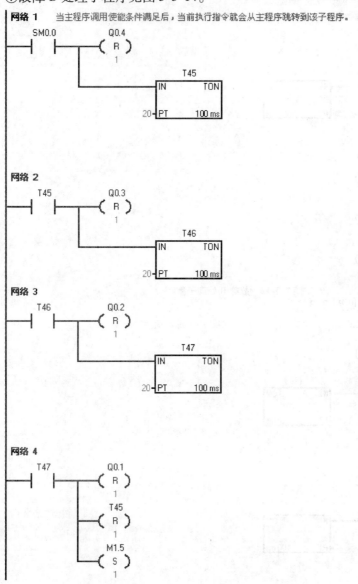

图 3-3-14　故障 D 处理子程序

## 任务四　起升机构作业计数统计

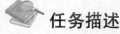 **任务描述**

在港口装卸过程中,承担装卸的港口管理方面往往希望知道这一批次的货柜中超载货柜的数量,以便对顾客更好的服务和管理,改进自己的港机安全系数。

利用 PLC 设计外围电路并编写程序实现港口装卸过程中的计数及数据监视工作,港机启动过程中有一个警示灯,闪烁 5 次并发出 5 次警报后,灯一直亮并作为整个港机工作的指示灯,警报停止。Q0.0 作为闪烁灯,Q0.1 作为警报喇叭,I0.0 作为港机上电工作输入。

港机开始装卸货物,统计超载货物的装卸次数(C1)。当货物超载但在允许的极限范围内计数统计(C2),并提示(Q0.2)但港机还可以继续工作。当货物超出极限立刻停止港机工作。

## 相关知识

### 一、PLC 称载模块

和 SIEMENS 公司 S7-200 类型的 PLC 配合使用的称载模块是 SIWAREX-MS,对于各个型号的 CPU 而言所能连接的称载模块的数量不同,CPU224CN 型号的 PLC 最大可以连接 7 个称载模块。其工作原理上节已经详细表述。

### 二、PLC 计数器指令

S7-200 计数器分 3 类:增计数器、减计数器和增减计数器。

#### 1. 增计数器

每次向上计数输入 CU 输入信号有上升沿时,向上计数(CTU)指令从当前值向上计数,当前值加 1。当前值(Cxxx)大于或等于预设值(PV)时,计数器位(Cxxx)打开。复原(R)输入打开或执行"复原"指令时,计数器被复原。达到最大值(32,767)时,计数器停止计数,如图 3-4-1 所示。

增计数器的典型电路分析,如图 3-4-2 所示。

在 I0.0 的输入有上升沿时,上升沿检测指令就会检测到,CU 输入端就被使能,C1 当前值加 1,在当前值大于等于设定值 PV=2 时,C1 的计数器位常开触点就会接通,Q0.0 输出。

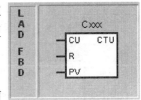

图 3-4-1 增计数器

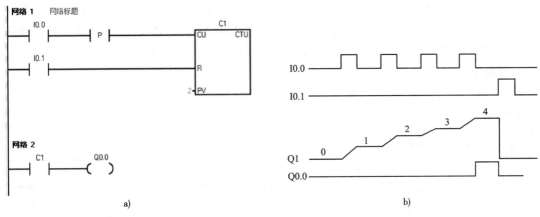

图 3-4-2 电路原理图和时序图
a)电路原理图;b)时序图

#### 2. 减计数器(见图 3-4-3)

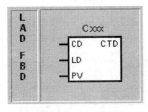

图 3-4-3 减计数器

每次向下计数输入光盘从关闭向打开转换时,向下计数(CTD)指令从当前值向下计数。当前值 Cxxx 等于 0 时,计数器位(Cxxx)打开。载入输入(LD)打开时,计数器复原计数器位(Cxxx)并用预设值(PV)载入当前值。达到零时,向下计数器停止计数,计数器位 Cxxx 打开。

计数器范围:Cxxx = C0 ~ C255。

典型程序分析,如图 3-4-4 所示。

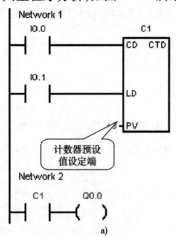
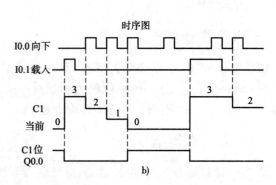

图 3-4-4 减计数器典型电路和时序图
a) 典型电路;b) 时序图

## 3. 增减计数器(见图 3-4-5)

增减计数器工作原理:每次向上计数输入 CU 从关闭向打开转换时,向上/向下计时(CTUD)指令向上计数,每次向下计数输入光盘从关闭向打开转换时,向下计数。计数器的当前值 Cxx 保持当前计数。每次执行计数器指令时,预设值 PV 与当前值进行比较。达到最大值(32,767),位于向上计数输入位置的下一个上升沿使当前值返转为最小值(-32,768)。在达到最小值(-32,768)时,位于向下计数输入位置的下一个上升沿使当前计数返转为最大值(32,767)。当当前值 Cxx 大于或等于预设值 PV 时,计数器位 Cxx 打开。否则,计数器位关闭。当"复原"(R)输入打开或执行"复原"指令时,计数器被复原。达到 PV 时,CTUD 计数器停止计数。

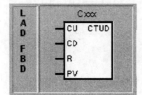

图 3-4-5 增减计数器

计数器范围:Cxxx = C0 ~ C255

典型程序分析,如图 3-4-6 所示。

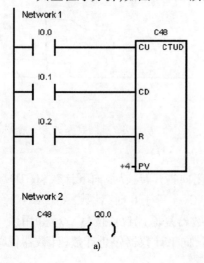
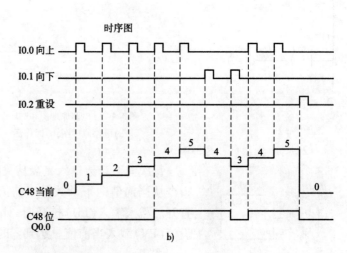

图 3-4-6 增减计数器典型电路和时序图
a) 典型电路;b) 时序图

4. 组态王监控介绍

组态王是我国生产的上位机监控产品，近些年使用较为广泛。图3-4-7是组态王开发项目的窗口。

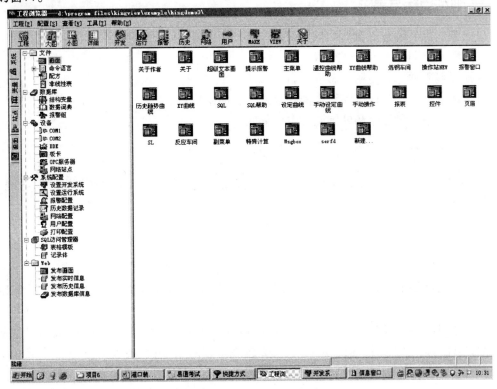

图3-4-7  组态王项目开发窗口

组态王以项目为单位进行项目开发。

启动项目工程管理器→新建→输入项目存储路径→输入工程名称和描述→完成

安装程序后，直接启动程序即可打开工程管理器，这里显示的都是以往和新建工程项目的信息，还可以删除和修复工程见图3-4-8。

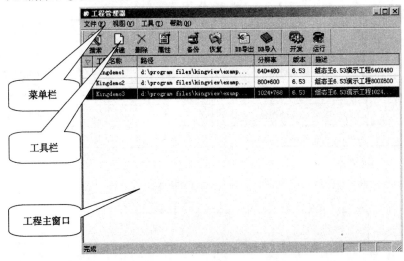

图3-4-8  组态王项目管理窗口

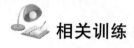

## 相关训练

### 一、训练目标与要求

1. 熟悉上位机组态王软件的使用与基本开发。
2. 熟悉 PLC 计数器指令的使用。
3. 提升编程软件的使用熟悉程度。
4. 熟练掌握定时器指令和计数器指令的配合使用技巧。
5. 在实践中体会程序和外围硬件电路的联系。

### 二、训练设备

SIEMENS S7-200 PLC,基本指令训练控制板,港口电气实训台,万用表,测电笔,导线,接线工具箱,编程电脑等。

### 三、训练步骤

**1. 任务分析**

根据项目中提出的要求,我们应当设计一个闪烁电路做为港机启动过程中的报警和电源指示。

在计数过程中,我们经过上面的学习可以知道要使用加计数器比较简单,要求计数的 3 个参数是:①作业过程中操作的货柜数量;②超载货柜的数量;③超极限货柜的数量。我们可以根据使能条件的不同,分别驱动 3 个计数器,完成以上计数监视工作。

在实训过程中,我们不可能将货物的质量通过称载模块实现,我们可以根据实际情况模拟,我们使用输入端信号的通断实现内部变量的传递和模拟,比如 I0.0 为 0 时,VB100 = 0;当 I0.0 为 1 时,VB100 = 8;

**2. 任务实施**

(1)软件地址分配。地址分配表,见表 3-4-1。

地址分配表　　　　　　　　　表 3-4-1

| 输 入 | 注 释 | 输 出 | 注 释 |
|---|---|---|---|
| I0.0 | 正常货柜 | Q0.0 | 电源指示灯 |
| I0.1 | 超重货柜 | Q0.1 | 喇叭报警输出 |
| I0.2 | 超极限货柜 | C1 | 正常货柜的数量 |
| I0.3 | 港机启动按钮 | C2 | 超重货柜数量 |
| I0.4 | 停止按钮 | C0 | 完整工作量 |

(2)程序编写,见图 3-4-9。

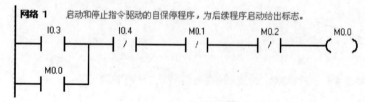

图 3-4-9

**网络 2**　开机启动闪烁电路，实现功能Q0.0亮5此后，一直亮做为电源指示
　　　　　Q0.1响5次后，停止工作。

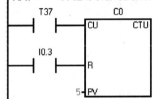

**网络 3**　每次启动时将开机闪烁计数清零，防止出错。

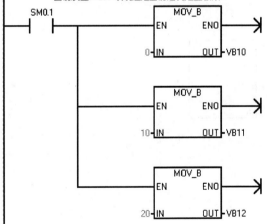

**网络 4**　传送港机起重标准，0<当前质量<10，正常质量；
　　　　　10<=当前质量<20，属超载质量；
　　　　　当前质量>=20，表明超过当前港机起重极限。

**网络 5**　模拟正常起重质量。

图 3-4-9

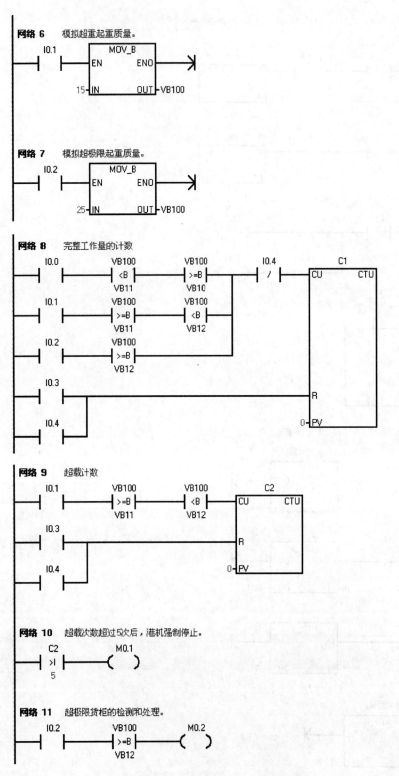

图 3-4-9　程序编写

# 任务五  起升机构控制监控系统设计

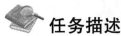 **任务描述**

利用组态王组态王 6.53 和 S7-200 通信并监控 PLC 内部数据,实现 PLC 的内部数据变化时,组态王的动态画面作出相应动作。

要求:在 PLC 内部组建一个闪烁电路,并建立一个变量,实现每秒加 1 的功能,当该变量数值等于 100 时,触发 Q0.5 亮,指示 PLC 内部信息,同时在组态王中能看到闪烁灯的动作,还能实时监控变量的变化。

 **相关知识**

## 一、组态王 6.53 安装

组态王是上位机监控产品,它开放性好、易于扩展、经济、开发周期短。通常可以把这样的系统划分为控制层、监控层、管理层 3 个层次结构。其中监控层对下连接控制层,对上连接管理层,它不但实现对现场的实时监测与控制,且在自动控制系统中完成上传下达、组态开发的重要作用。尤其考虑 3 方面问题:画面、数据、动画。

通过对监控系统要求及实现功能的分析,采用组态王对监控系统进行设计。组态软件也为试验者提供了可视化监控画面,有利于试验者实时现场监控。而且,它能充分利用 Windows 的图形编辑功能,方便地构成监控画面,并以动画方式显示控制设备的状态,具有报警窗口、实时趋势曲线等,可便利的生成各种报表。它还具有丰富的设备驱动程序和灵活的组态方式、数据链接功能。

第一步:将安装光盘放入光驱后会自动提示如图 3-5-1 所示。

图 3-5-1  安装组态王提示信息

该安装界面左侧有一列按钮,将鼠标移动到按钮各个位置上时,会在右侧图片位置上显示各按钮中安装内容提示。图 3-5-1 中左侧各个按钮作用分别为:

"安装阅读"按钮:安装前阅读,用户可以获取到关于版本更新信息、授权信息、服务和支持信息等。

"安装组态王程序"按钮:安装组态王程序。
"安装组态王驱动程序"按钮:安装组态王IO设备驱动程序。
"安装加密锁驱动程序"按钮:安装授权加密锁驱动程序。

第二步:依照提示一直向下走,最终出现如图3-5-2所示。

安装组态王驱动程序:选中该项,点击"完成"按钮系统会自动按照组态王的安装路径安装组态王的IO设备驱动程序,如果不选该项点击结束,可以以后再安装。

安装加密锁驱动程序:选择该项,点击"完成"按钮后系统会自动启动加密锁驱动安装程序。如果不选择上述两项,点击"完成"按钮后,系统弹出"重启计算机"对话框,完成安装。

## 二、组态王建立工程

组态王提供新建工程向导之一。利用向导新建工程,使用户操作更便捷、简单。单击菜单栏"文件\新建工程"命令或工具条"新建"按钮或快捷菜单"新建工程"命令后,弹出"新建工程向导"对话框,如图3-5-3所示。

图3-5-2 安装结束　　　　　　　　　图3-5-3 新建工程向导

单击"取消"退出新建工程向导。

单击"下一步"继续新建工程。弹出"新建工程向导之二"对话框,如图3-5-4所示。

在对话框的文本框中输入新建工程的路径,如果输入的路径不存在,系统将自动提示用户。或单击"浏览"按钮,从弹出的路径选择对话框中选择工程路径(可在弹出的路径选择对话框中直接输入路径)。

单击"上一步"返回上一页向导对话框。

单击"取消"退出新建工程向导。

单击"下一步"进入新建工程向导之三,如图3-5-5所示。

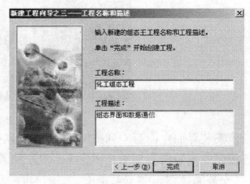

图3-5-4 指定存储目录　　　　　　　图3-5-5 工程名称和工程描述

在"工程名称"文本框中输入新建工程的名称,名称有效长度小于 32 个字符。在"工程描述"中输入对新建工程的描述文本,描述文本有效长度小于 40 个字符。

单击"上一步"返回向导的上一页。

单击"取消"退出新建工程向导。

单击"完成"确认新建的工程,完成新建工程操作。

新建工程的路径是向导之二中指定的路径,在该路径下会以工程名称为目录建立一个文件夹。完成后弹出"是否将新建的工程设为组态王当前工程"对话框,如图 3-5-6 所示。

单击"是"将新建的工程设置为组态王的当前工程;单击"否"不改变当前工程的设置。

完成以上操作就可以新建一个组态王工程的工程信息了。此处新建的工程,在实际上并未真正创建工程,只是在用户给定的工程路径下设置了工程信息,当用户将此工程作为当前工程,并且切换到组态王开发环境时才真正创建工程。

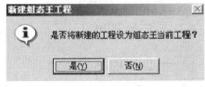

图 3-5-6　对话框

## 三、组态王开发环境—工程浏览器

组态王工程浏览器的结构如图 3-5-7 所示。工程浏览器左侧是"工程目录显示区",主要展示工程的各个组成部分。主要包括"系统"、"变量"、"站点"和"画面"4 部分,这 4 部分的切换是通过工程浏览器最左侧的 Tab 标签实现的。

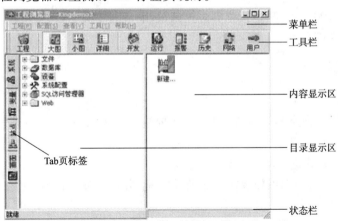

图 3-5-7　组态王工程浏览器

"系统"部分共有"Web"、"文件"、"数据库"、"设备"、"系统配置"和"SQL 访问管理器"等 6 大项。

"Web"为组态王 For Internet 功能画面发布工具。

"文件"主要包括:"画面"、"命令语言"、"配方"和"非线性表"。其中命令语言又包括"应用程序命令语言"、"数据改变命令语言"、"事件命令语言"、"热键命令语言"和"自定义函数命令语言"。

"数据库"主要包括:"结构变量"、"数据词典"和"报警组"。

"设备"主要包括:"串口 1(COM1)"、"串口 2(COM2)"、"DDE 设备"、"板卡"、"OPC 服务器"和"网络站点"。

"系统配置"主要包括:"设置开发系统"、"设置运行系统"、"报警配置"、"历史数据记录"、"网络配置"、"用户配置"和"打印配置"。

"SQL 访问管理器"主要包括:"表格模板"和"记录体"。

"变量"部分主要为变量管理,包括变量组。

"站点"部分显示定义的远程站点的详细信息。

"画面"部分用于对画面进行分组管理,创建和管理画面组。

右侧是"目录内容显示区",将显示每个工程组成部分的详细内容,同时对工程提供必要的编辑修改功能。

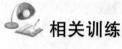

## 相关训练

### 一、训练目标与要求

1. 了解开发软件环境的配置。
2. 重点掌握组态王组建的建立和使用。
3. 提升编程软件的使用熟悉程度。
4. 体会上位机监控程序和 PLC 的连接关系。
5. 提高使用上位机监控软件建设监控系统的能力。

### 二、训练设备

SIEMENS S7-200 PLC,基本指令训练控制板,港口电气实训台,万用表,测电笔,导线,接线工具箱,编程电脑等。

### 三、训练步骤

1. 任务分析

在上位机程序中监控 PLC 内部数据,就需要进行 PLC 和上位机的通信设置,同时要将监控的变量和 PLC 内部变量进行一一对应,在组态王内部,可将变量和项目要求中的相应动作根据程序设计的方式进行动画和动作连接。

在 PLC 编写程序,根据项目要求产生所需变量,并记下变量的地址,在组态王组态时要一一对应。

组态王中组态画面,画面组态的原则是尽可能简单,可以实现所需功能即可,切不可一味华丽,导致画面调用和刷新时间延长。

2. 任务实施

PLC 程序编写见图 3-5-8。

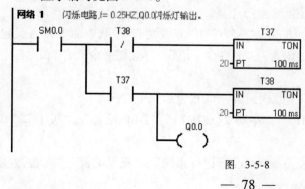

图 3-5-8

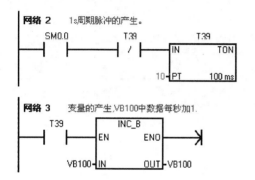

图 3-5-8　PLC 程序编写

3. 组态王设备连接

(1)配置\设置串口。此菜单命令用于配置串口通讯参数及对 Modem 拨号的设置。单击工程浏览器"工程目录显示区"中"设备"上"COM1"或"COM2",然后单击"配置\设置串口"菜单;或是直接双击"COM1"或"COM2"。弹出"设置串口"画面,如图 3-5-9 所示。

(2)新建设备。在工程浏览器设备标签下点击 COM1,工程浏览窗口会出现一个新建当前工程连接设备的图表,双击会弹出新建设备窗口,如图 3-5-10。

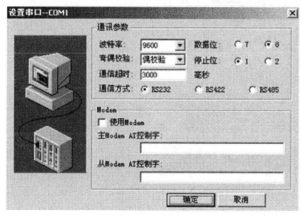

图 3-5-9　设置串口

图 3-5-10　设置串口

在设备驱动栏我们选择我们实际应用的设备进行连接配置。我们选择的 PLC,SIE-MENS S7-200,然后按照向导进行逐步配置,在配置设备的过程中,需要选择串口,这要根据我们上位机设备连接的串口。比如,我们连接串口 COM1,就要选择 COM1。同时在配置设备的过程中,要为设备设定指定地址,实际就是设备的 PPI 地址 0~31,PLC 作为上位机的通信从机,一定要配置成 2 才能完成通信,最后点击完成。

(3)组态画面。在工程浏览器中点击画面,为工程项目组态画面,在工程浏览显示窗口中,新建画面,就可以为工程项目组建组态画面。使用工程管理器新建一个组态王工程后,进入组态王工程浏览器,新建组态王画面。在"系统"标签页的"画面"选项下新建画面。单击工程浏览器左侧"工程目录显示区"中"画面"项,右侧"目录内容显示区"中显示"新建"图标,鼠标双击该图标,弹出"新画面"对话框。或者右键单击"新建"画面图标,弹出快捷菜单,选择"新建 画面"命令,弹出"新画面"对话框。如图 3-5-11 所示是我们项目组建的画面。

(4)建立变量。点击数据库中数据词典标签,开启变量定义窗口。如新建一个当前数据变量,如图3-5-12。

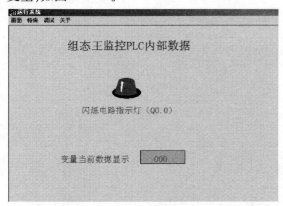
图3-5-11 运行中的组态王画面

图3-5-12 组态王中建立变量

(5)为动作显示赋值变量。为闪烁灯赋值变量,将我们建好的变量赋值给画面中组态好的闪烁灯,如图3-5-13所示。

图3-5-13 画面连接变量

## 任务六 起升机构控制系统总体设计与应用

**任务描述**

利用PLC及外围驱动电路相关元件组建港口起重机械起升机构模拟控制系统设计,并在实训室的环境下实践控制过程。

当操作员按下启动按钮后,PLC输出指令工作,驱动外围执行机构,电机正转,货物上升,由于电机自身的原因,要求在上升开始阶段一定要串接电阻,以便限制启动电流。但随着转速的上升需要逐步切除电阻。

下降过程要求所有电阻都要保留,以便保护电机。

**相关知识**

一、港口起重机械简介

港口起重机械较多,但较为常见的是岸边集装箱装卸桥,简称"岸桥",门座起重机,场桥等。港口起重机机械属大型机械,安全性能要求高,控制系统复杂,机构繁多。如图3-6-1和图3-6-2所示。

图3-6-1 岸边桥式起重机

图3-6-2 岸边桥式起重机起升机构卷筒

## 二、起升机构与动作执行过程

起升机构是起重机械中最重要、最基本的机构,其作用是提升或下降货物。

起升机构主要由取物装置、钢丝绳卷绕系统、制动装置、减速传动装置、驱动装置等组成。此外,起升机构还包括电气及液压等传动和操纵设备,支撑台架和安全装置等辅助装置。起升机构就是在电气控制系统驱动下各个机构配合完成起升动作,实现起升货物目的。动作过程复杂繁琐,同时,安全机构和安全措施众多,我们重点在于控制系统的设计,秩序将其基本的起升和安全措施考虑设计在我们的起升机构的控制程序中,如图3-6-3所示。

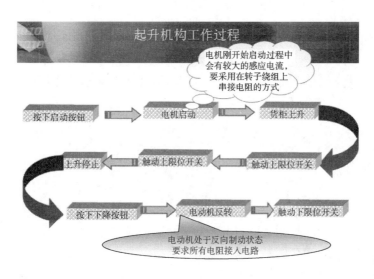

图3-6-3 起升机构工作过程

## 三、起升机构模拟实训设备

起升机构如图3-6-4,在起升机构主电路的模拟控制实验板上,将主电路的基本功能电路描述较清楚,主要是电动机的正反转和制动器,启动电阻等元件。控制起升机构的主电路的设备是行程开关(一)、行程开关(二)和十字开关(摇杆)。

1. 行程开关

行程开关种类较多,按动作形式分可分为直动式和转动式,按复位情况分,可分为自动复位式和非自动复位式,如图3-6-5所示。

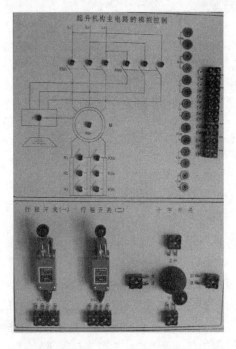

图3-6-4 起升机构实训板

图3-6-5 行程开关

2. 主电路和摇杆

主电路的组成是利用LED发光二极管模拟主电路中交流接触器、制动器、电动机和启动电阻。

摇杆的实际功能就是开关,只是较为形象的做成了手动摇柄的作用。上、下、左、右4个方向分别是4个开关,实现不同的功能,在PLC分配地址过程中,可以根据实际情况实现相应的功能。

## 相关训练

### 一、训练目标与要求

1. 通过实践体会PLC控制系统与继电器接触器控制系统的区别。
2. 实践中逐步熟悉PLC的基本输入输出控制指令。
3. 提升编程软件的使用熟悉程度。
4. 体会PLC的接线电路与常规电路的区别。
5. 在实践中体会程序和外围硬件电路的联系。

### 二、训练设备

SIEMENS S7-200 PLC,基本指令训练控制板,港口电气实训台,万用表,测电笔,导线,接线工具箱,编程电脑等。

## 三、训练步骤

### 1. 任务分析

根据控制要求,整个控制过程会比较容易实现。但要注意的是,在点动机启动过程中,启动电流较大,若不采用特殊处理措施,电机容易损坏,所以要考虑启动电阻的问题,但是启动电阻较大时会限制启动时的最大转矩,不能实现电动机正常启动。但随着电动机转速上升,启动电流会逐渐下降,转矩也随之下降,这时候就需要以切除电阻的方式提升启动电流,增大启动转矩,进一步提升速度。

### 2. 任务实施

(1)PLC 地址分配表,见表 3-6-1。

PLC 地址分配表      表 3-6-1

| 输 入 | 功 能 | 输 出 | 功 能 |
| --- | --- | --- | --- |
| I0.0 | 上升 | Q0.0 | 电动机 |
| I0.1 | 上升限位开关 | Q0.1 | KM1 |
| I0.2 | 下降 | Q0.2 | KM2 |
| I0.3 | 下降限位开关 | Q0.3 | KM3 |
|  |  | Q0.4 | KM4 |
|  |  | Q0.5 | KM5 |
|  |  | Q0.6 | 电磁抱闸 Y |

(2)控制电路初步设计,见图 3-6-6。

根据上述分配表指定电路中控制元件的连接关系。

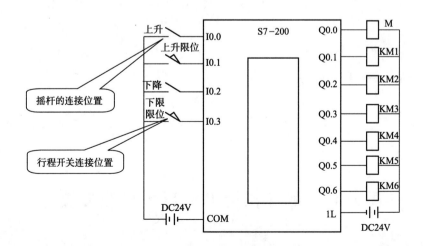

图 3-6-6 控制电路

(3)程序设计,见图3-6-7。

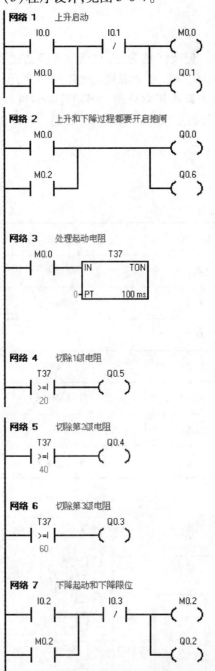

图3-6-7 程序设计

## 任务七 起升机构电动机平均速度统计

 任务描述

利用S7-200 PLC的表指令实现最近某段时间内的电机平均速度计算,同时本项目也介

绍了怎样计算电机在一段时间内的累计速度。

 **相关知识**

FILL_N 和 MOV 指令的实例讲解,见图 3-7-1~图 3-7-4。

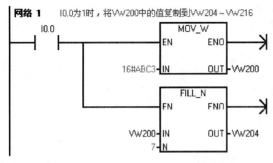

图 3-7-1 主程序

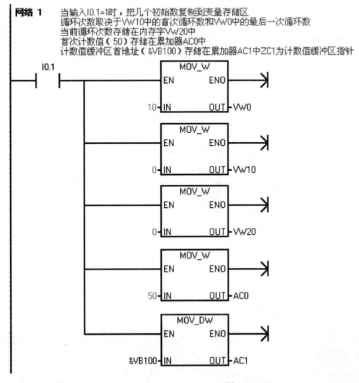

图 3-7-2 子程序 0

图 3-7-3

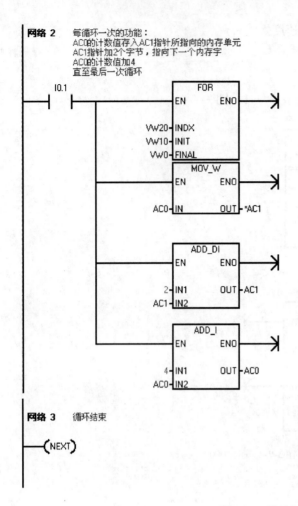

图 3-7-3  子程序 1

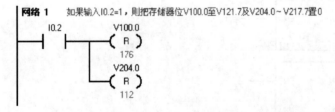

图 3-7-4  子程序 2

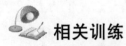 相关训练

## 一、训练目标与要求

1. 通过实践体会 PLC 高级运算指令。
2. 实践中逐步熟悉 PLC 在数据处理上的特点。
3. 提升编程软件的使用熟悉程度。
4. 体会电动机运行速度的算法。
5. 在实践中体会程序编写技巧。

## 二、训练设备

SIEMENS S7-200 PLC,基本指令训练控制板,港口电气实训台,万用表,测电笔,导线,接线工具箱,编程电脑等。

## 三、训练步骤

### 1. 任务分析

本项目中设定的采样周期为 1min,通过定义一个包括 60 个元素的表格来存放每分钟采样获得的最新转速值。

FIFO 指令将最旧的速度值从表格删除,ATT 指令将最新的速度值写入表格中。使用 FOR……NEXT 循环指令将表格中的 60 个元素进行相加得到最近一段时间的累计速度值。

若想获得其他时间段的速度累计值,可通过修改采样周期和表格元素实现。

### 2. 任务实施

本项目中使用的表格累计的思路还可以应用在需要软件滤波的场合,如计算几个采样值的累计和平均值,进行 PID 计算等过程。

在港机运行过程中需要时刻关注起升电机,旋转电机,变幅电机,行走电机的转速,对速度的反馈和速度的监控统计对港机运行至关重要。

在本项目中进行速度采集的时候,需要借助模拟量输入模块,采集港口现场速度值。或者使用具有 PROFIBUS 通信功能的数字量旋转编码器取得当前的速度数值。

(1)电路设计。主电路采用实训控制台上模拟电路,运用程序设计过程代替中间动作过程,利用上位机监控输出状态。

(2)程序设计,见图 3-7-5。

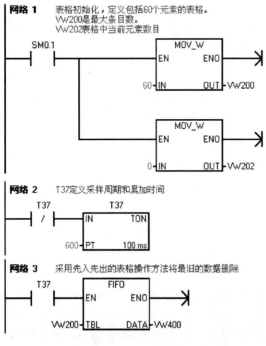

图 3-7-5

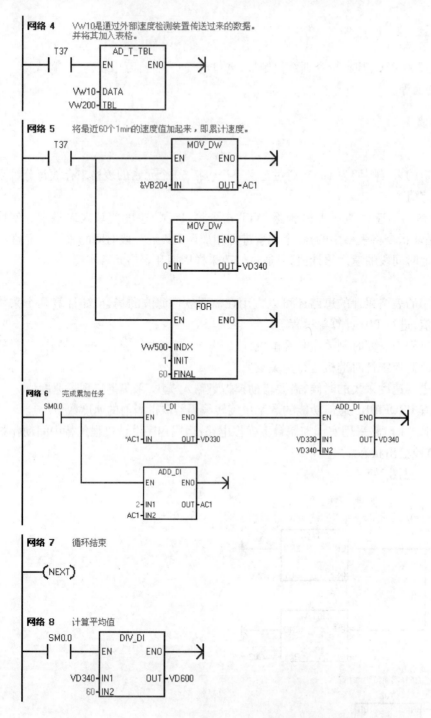

图 3-7-5 项目程序清单及注释

（3）经验总结。本项目中使用的表格累计的思路还可以应用在需要软件滤波的场合，如计算几个采样值的累计和平均值，进行 PID 计算等过程。

在港机运行过程中需要时刻关注起升电机，旋转电机，变幅电机，行走电机的转速，对速度的反馈和速度的监控统计对港机运行至关重要。

在本项目中进行速度采集的时候，需要借助模拟量输入模块，采集港口现场速度值。或者使用具有 PROFIBUS 通信功能的数字量旋转编码器取得当前的速度数值。

# 任务八  起升机构电动机运行时间统计

 **任务描述**

记录一台港机内部设备(如电磁抱闸、旋转编码器和电机等)运行时间。当设备运行时,输入 I0.0 为高电平,当设备不工作时 I0.0 为低电平。

利用 PLC 自带模拟电位器的功能设定工作环境。

 **相关知识**

在港机控制系统中,由于执行机构繁多,安全性能要求高,不可避免的会使用大量的定时器实现不同的控制功能。但随着控制系统的功能改变和可操作性的提升,一台港口机械的控制系统内部核心程序也会随之更新,每次都要重新对定时器赋予新值,不仅工作量大,还要通过大量的实践经验验证新的定时器设定值。

S7-200 CPU 上的模拟电位器可以随心所欲的为定时器更改设定值,模拟电位器的位置转换为 0~255 的数字,起重模拟电位器 0(POT0)转换后的值存放在特殊寄存器 SMB28 中,模拟电位器 1(POT1)的值存放在 SMB29 中。

模拟电位器根据使用场合不同,处理方式不同。港机类控制系统属于抖动较大一类,模拟电位器是机械旋动装置,所以,在使用过程中要注意。

利用模拟电位器实例介绍模拟电位器的使用过程:

主程序包括初始化程序和 3 个选项程序,程序清单见图 3-8-1~图 3-8-3。

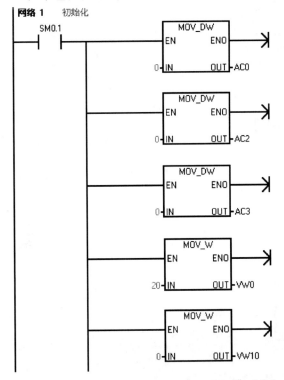

图 3-8-1

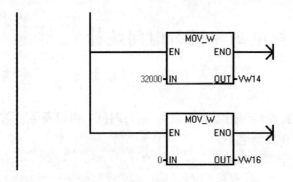

**网络 2**　选项1
每个扫描周期读取的模拟电位器的值由于抖动可能发生变化。
选项1用于每个周期捕捉POT0的规格化后的值，产生一个稳定的定时器。
选项1展示了一个模拟电位器作为一个定时器的精细调谐器；使用SMB28，通过程序中的偏移（200ms）进行粗调，再通过模拟电位器进行更精细的细调。

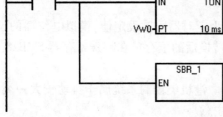

**网络 3**　定时器的循环次数在AC2中增加并显示到输出字节中。

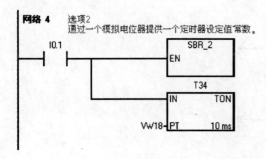

**网络 4**　选项2
通过一个模拟电位器提供一个定时器设定值常数。

图　3-8-1

网络 5    定时器的循环次数增加并显示在输出字节中。

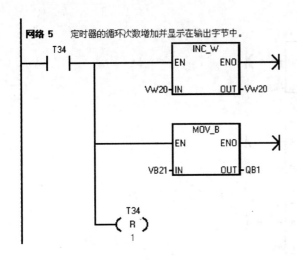

网络 6    选项3
         定时器定时值直接从模拟电位器装载。

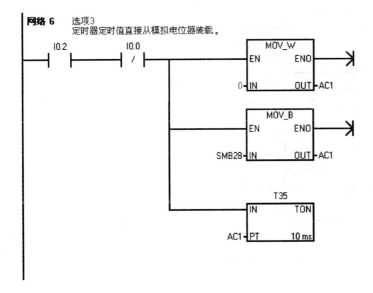

网络 7    循环次数显示在输出中

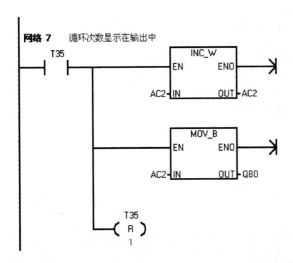

图 3-8-1  主程序

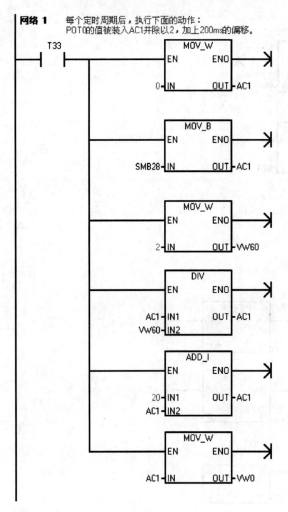

图 3-8-2 子程序 SBR_1

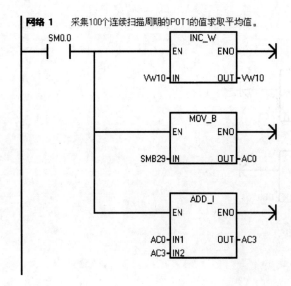

图 3-8-3

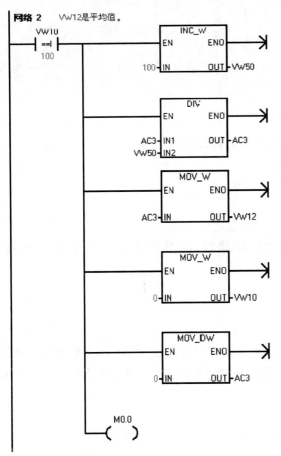
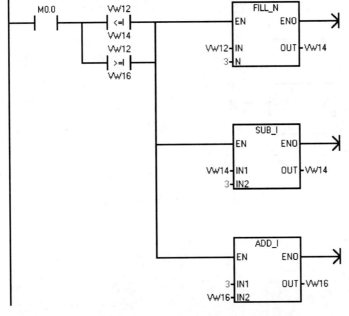

图 3-8-3　子程序 SBR_2

## 相关训练

### 一、训练目标与要求

1. 了解比较指令和填充指令。
2. 实践中逐步熟悉 PLC 的高级控制指令。
3. 熟悉运用子程序的编程方式,使程序编制更具有可读性。
4. 熟悉上位机环境在监控中如何设置。
5. 在实践中体会程序和外围硬件电路的联系。

### 二、训练设备

SIEMENS S7-200 PLC,基本指令训练控制板,港口电气实训台,万用表,测电笔,导线,接线工具箱,编程电脑等。

### 三、训练步骤

1. 任务分析

I0.0 为高时,开始测量时间;I0.0 为低时,中断时间的测量,直到 I0.0 重新为高继续测量。测量时间的小时数存在字 VW0 中,分钟数存在字 VW2 中,秒数存在 VW4 中,输出 QB0 的 LED 显示当前的秒数。

2. 任务实施

本项目程序包括主程序和子程序 SBR_1,见图 3-8-4 和图 3-8-5。

(始终调用子程序 SBR_1)

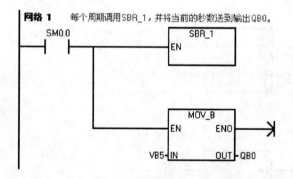

图 3-8-4  主程序

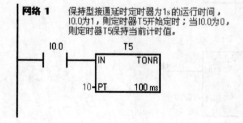

图 3-8-5

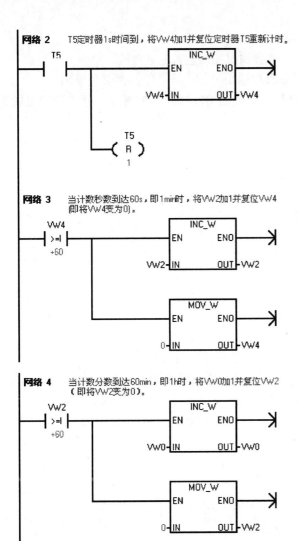

图 3-8-5　子程序 SBR_1

如果需要记录一台设备连续运行的时间,则应该如何处理?

**提示**:将子程序网络 1 的定时器类型给为接通延时定时器,且在 I0.0 的上升沿将 VW0,VW2 和 VW4 单位清零。

 **课后自测**

### 一、选择题

1. VW100 所占内存空间和下面哪种情况相同_____?
   A. VD200　　　　　　　B. VB100 及 VB101　　　　　　C. VB100

2. TON T36,K200 的定时时间与下列哪个定时器的定时时间相等_____?
   A. TON T100,K20　　　B. TON T33,K2　　　　　　　C. TON T40,K20

3. PLC 的基本工作原理为_____。
   A. 顺序执行　　　　　　B. 等待中断　　　　　　　　C. 循环扫描

4. 下面哪一个是属于电路块与操作指令_____?

  A. ALD      B. OLD      C. AND

 5. 直流或低频交流负载适合采用下面哪种输出类型_____?

  A. 继电器型输出    B. 晶体管型输出    C. 晶闸管型输出

 6. 已知 PLC 主机模块开关量输出点最大地址为 Q1.4,若再扩展一个开关量输出模块,则扩展模块的起始地址为_____?

  A. Q1.2      B. Q1.0      C. Q2.0

## 二、程序分析题

1. 读下面梯形图程序,并填写执行结果。

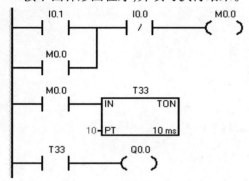

  若输入继电器 I0.1 得电,则经过_____ s 后,输出继电器 Q0.0 _____(得电或失电);若输入继电器 I0.0 得电,则输出继电器 Q0.0 _____(得电或失电)。

2. 根据梯形图分别画出 Q0.0、Q0.1 的时序图,其中 I0.0、I0.1、I0.2 已知。

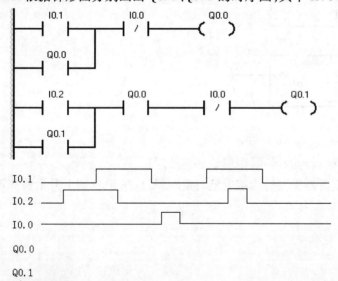

## 三、编程题

  把下图这个顺序控制线路图改成 PLC 梯形图程序,需要列出其输入输出的地址分配,其中 KR 为热继电器。

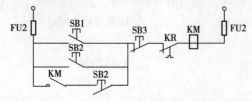

# 项目四　港口起重机平移机构控制系统设计与安装调试

## 项目描述

港口机械中平移机构比较普遍,如门机的行走机构,岸桥的大车和小车行走机构,电吊的行走机构等。行走机构属于横转矩控制系统,控制系统相对比较简单,但作为港口大型机械的运行机构来说,安全性能尤为突出,在设计、维护和维修平移机构时安全系统是重点考虑方面。

平移机构的驱动特性原理较为简单,主要是电动机的正反转控制。

作为 PLC 控制系统中的执行机构之一,平移机构在整个港口机械控制系统中占据比较重要的一个环节,主要集中在稳定和安全。

此项目中详细阐述生产一线平移机构控制系统的设计和检测,通过本项目学习,要达到:

### 一、知识要求
1. 了解 PLC 的中断处理系统。
2. 了解 PLC 如何处理外围传感器及安全装置采集信号。
3. 了解上位机监控系统组建的重要作用。
4. 掌握高级 PLC 控制指令。
5. 掌握上位机监控的程序步骤和方法。
6. 掌握基本的 PLC 程序编程技巧。

### 二、能力要求
1. 能运用中断系统实现信号采集频率的设定。
2. 可以灵活使用中断服务程序和子程序完成平移机构控制系统的程序编制。
3. 能利用上位机监控程序监控 PLC 的运行状态。
4. 能运用基本的编程技巧完成程序的编制工作。

### 三、素质要求
1. 培养自己在科技道路上追寻的兴趣,不断探索的精神。
2. 培养自己坚持不懈,独立思考的品性。

## 项目实施

# 任务一　小车运行机构监控系统设计

**任务描述**

港口起重机械中作为集装箱装卸起重机械的岸边桥式起重机控制机构复杂,其中,一个重要运行机构是小车运行机构,安全性能要求较高,其涉及起升机构。

利用 S7-200 编写程序实现小车运行机构的控制过程。利用上位机监控软件监控小车运行机构中小车的位置,小车的限位开关信号,起动信号和停止信号等。

小车运行中,在组态软件中组态动画画面时刻显示 PLC 内部小车位置。

**相关知识**

## 一、小车位置检测

图 4-1-1　旋转编码器

时下港口岸桥小车运行机构检测小车位置的传感器普遍采用数字式旋转编码器(图 4-1-1)。

怎样测出小车目前位置?
(1)旋转编码器的轴和滚筒的轴是同位轴。
(2)滚筒的旋转角度和圈数与编码器的选择角度和圈数相同。
(3)我们只需要知道滚筒的旋转圈数和滚筒的半径就可以计算出它的直线位移。

## 二、怎样进行上位机监控

旋转编码器内部有数字电路,它可以将旋转的角度转换为 64 数字量,比如旋转编码器每转动一度,数字量加 1,根据数字量就可以将我们滚筒的旋转圈数算出来,进而算出小车位移。同时它具有通信线(RS-485),将测得的数据传送到 PLC 内部处理,最后显示在上位机上。

## 三、实验方案

由于没有旋转编码器,只能找到一个代替它的变化的量,这样就可以实现小车监控系统的组建。

### 1. 中断的描述

PLC 运行过程中经常会产生不同的工作速度,比如 CPU 运行速度和外围执行器件速度存在差异,CPU 对程序的处理和外围执行器件的执行速度之间存在差异,这个时候就要用到中断的处理。同时还有我们希望 CPU 在运行主程序的时候定时执行一定的功能,这时要用到定时中断的功能。

在实训室的环境下若没有旋转编码器,可以自己在 PLC 内部利用中断重新建立一个变量,来模拟小车位置的变化,变量的产生和时间中断时间的长短和中断的频率来决定中断次数,在中断中,我们可以利用程序内整数计算指令来完成变量的增加和减少,在组态程序中,根据变量的变化,反映在组态画面中像素的改变。

S7-200 的定时中断的情况如表 4-1-1 所示。

**S7-200 的定时中断情况表**　　　　　　　　　　　　　　　　　表 4-1-1

| 事件 | | 优先级别 | 优先级别 | 受 CPU 支持 | | | |
|---|---|---|---|---|---|---|---|
| 号码 | 中断说明 | 群组 | 组别 | 221 | 222 | 224 | 224XP 226 226 XM |
| 18 | HSC2 外部复原 | | 18 | | | ✓ | ✓ |
| 32 | HSC3 CV = PV | | 19 | ✓ | ✓ | ✓ | ✓ |
| 29 | HSC4 CV = PV | | 20 | ✓ | ✓ | ✓ | ✓ |
| 30 | HSC1 方向改变 | | 21 | ✓ | ✓ | ✓ | ✓ |
| 31 | HSC1 外部复原/Zphase | | 22 | ✓ | ✓ | ✓ | ✓ |
| 33 | HSC2 CV = PV | | 23 | | | ✓ | ✓ |
| 10 | 定时中断 0 | 定时 | 0 | ✓ | ✓ | ✓ | ✓ |
| 11 | 定时中断 1 | (最低) | 1 | ✓ | ✓ | ✓ | ✓ |
| 21 | 定时器 T32 CT = PT 中断 | | 2 | ✓ | ✓ | ✓ | ✓ |
| 22 | 定时器 T96 CT = PT 中断 | | 3 | ✓ | ✓ | ✓ | ✓ |

2. S7-200 支持的中断类型

S7-200 支持以下中断例行程序类型:

通信端口中断:S7-200 生成允许程序控制通信端口的事件。

I/O 中断:S7-200 生成用于各种 I/O 状态不同变化的事件。这些事件允许程序对高速计数器、脉冲输出或输入的升高或降低状态做出应答。

时间基准中断:S7-200 生成允许程序按照具体间隔做出应答的事件。

3. 时间基准中断

时间基准中断包括定时中断和定时器 T32/T96 中断。您可以使用定时中断基于循环指定需要采取的措施。循环时间被设为 1~255ms,每 1ms 递增一次。

4. SMB34 和 SMB35

Time_0_IntrvlSMB34 定时中断 0:时间间隔数值(1~255ms,以 1ms 为增量)。

Time_1_IntrvlSMB35 定时中断 1:时间间隔数值(1~255ms,以 1ms 为增量)。

 相关训练

一、训练目标与要求

1. 通过实践体会 PLC 中断服务在 PLC 程序设计中的重要地位。
2. 实践中逐步熟悉 PLC 的信号采集过程及原理。
3. 提升编程软件的使用熟悉程度。
4. 熟悉子程序在 PLC 程序设计中的地位。
5. 在实践中体会程序和外围硬件电路的联系。

## 二、训练设备

训练设备包括:SIEMENS S7-200 PLC、基本指令训练控制板、港口电气实训台、万用表、测电笔、导线、接线工具箱和编程电脑等。

## 三、训练步骤

### 1.任务分析

中断服务程序主要是为了小车位置信号的采集和产生,在真实港机控制系统中,往往利用中断服务程序完成外围信号的采集和预处理,作为PLC控制系统中的重要方法和手段,中断服务程序在信号采集中表现突出。

为了拿到有时间间隔的中断处理结构,我们可以利用子程序的方式完成信号处理后数据的使用和处理过程。

### 2.任务实施

主程序清单及注释如图4-1-2所示,中断程序清单及注释如图4-1-3所示,小车运行监控系统组态画面如图4-1-4所示。

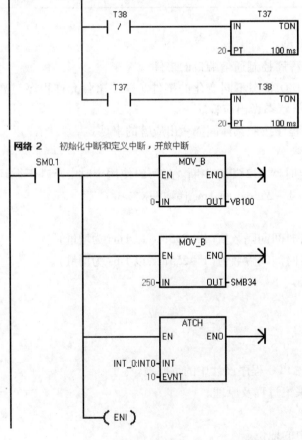

图4-1-2 主程序清单及注释

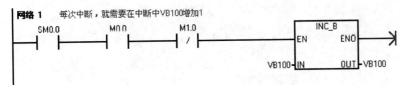
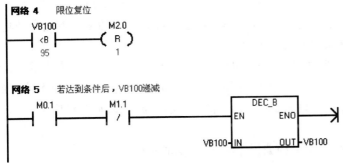
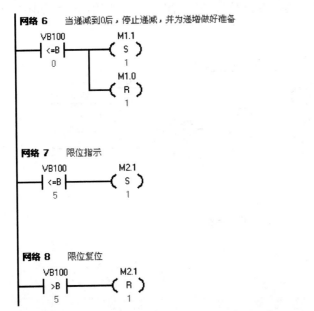

图 4-1-3 中断程序清单及注释

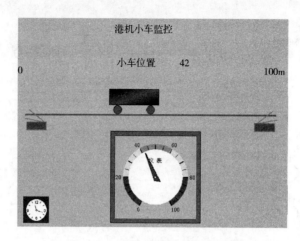

图 4-1-4　小车运行监控系统组态画面

# 任务二　利用顺序功能图设计交通信号灯控制系统

任务描述

在港口控制港机控制系统中,有很多程序的编制过程中都有一定的编写方法和技巧,其中大车行走机构、小车运行机构、起升机构等控制过程都有一定的编写方法和技巧。

以前,我们编程使用的是经验法:即,根据实际工作过程来实现程序的一步步编写,程序实现过程都没有固定模式遵循。程序的实用性强,但可读性不是很好,往往别人编写的程序,我们要试读很长时间,在没有地址表的情况下,我们真的不能辨识别人程序的工作过程和输入输出的意义。

借助信号灯的典型案例,来介绍一种编程方法:顺序功能图法。

利用顺序功能图编程方法实现十字路口交通信号等控制程序。输入输出地址如图 4-2-1 所示。

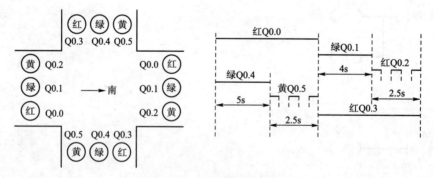

图 4-2-1　十字路口交通灯

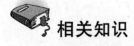相关知识

## 一、顺序功能图基本概念

顺序控制指令是 PLC 生产厂家为用户提供的可使功能图编程简单化和规范化的指令。

顺序功能图 SFC(Sequential Function Chart)又称功能流程图或功能图,它是描述控制系统的控制过程、功能和特性的一种图形,也是设计 PLC 的顺序控制程序的工具。

顺序设计法或步进梯形图设计的概念是在继电器控制系统中形成的,步进梯形图是用有触点的步进式选线器(或鼓形控制器)来实现的。但是由于触点的磨损和接触不良,工作很不可靠。20 世纪 70 年代出现的控制器主要由分立元件和中小规模集成电路组成。因为其功能有限,可靠性不高,已经基本上被 PC 替代。可编程序控制器的设计者们继承了前者的思想,为控制程序的编制提供了大量通用和专用的编程元件和指令,开发了供编制步进控制程序用的功能表图语言,使这种先进的设计方法成为当前 PC 梯形图设计的主要方法。

功能图主要由"状态""转移"及有向线段等元素组成。如果适当运用组成元素,就可得到控制系统的静态表示方法,再根据转移触发规则模拟系统的运行,就可以得到控制系统的动态过程。

1. 步(状态)

步也就是状态,是控制系统中一个相对不变的性质,对应于一个稳定的情形。可以将一个控制系统划分为被控系统和施控系统。例如在数控车床系统中,数控装置是施控系统,而车床是被控系统。对于被控系统,在某一步中要完成某些"动作"(action),对于施控系统,在某一步中则要向被控系统发出某些"命令"(command)。步的符号如图 4-2-2 所示。矩形框中可写上该状态的编号或代码。

(1)初始状态。初始状态是功能图运行的起点,一个控制系统至少要有一个初始状态。初始状态的图形符号为双线的矩形框,如图 4-2-2a)所示。在实际使用时,有时也是画单线矩形框,有时画一条横线表示功能图的开始。

(2)工作状态。工作状态是控制系统正常运行时的状态,如图 4-2-2b)所示。根据系统是否运行,状态可分为动态和静态两种。动状态是指当前正在运行的状态,静状态是没有运行的状态。不管控制程序中包括多少个工作状态,在一个状态序列中同一时刻最多只有一个工作状态在运行中,即该状态被激活。

(3)与状态对应的动作。在每个稳定的状态下,可能会有相应的动作。动作的表示方法如图 4-2-2b)所示。

2. 转移

为了说明从一个状态到另一个状态的变化,要用转移概念,即用一个有向线段来表示转移的方向,连接前后两个状态。如果转移是从上向下的(或顺向的),则有向线段上的方向箭头可省略。两个状态之间的有向线段上再用一段横线表示这一转移。转移的符号如图 4-2-2c)所示。

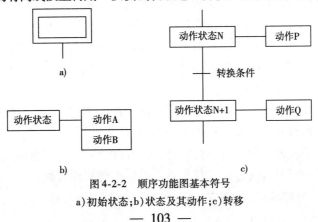

图 4-2-2 顺序功能图基本符号

a)初始状态;b)状态及其动作;c)转移

转移是一种条件,当此条件成立,称为转移使能。该转移如果能够使状态发生转移,则称为触发。一个转移能够触发必须满足:状态为动状态及转移使能。转移条件是指使系统从一个状态向另一个状态转移的必要条件,通常用文字、逻辑方程及符号来表示。

## 二、顺序功能图的设计步骤

(1)首先根据系统的工作过程中状态的变化,将控制过程划分为若干个阶段。这些阶段称为步(Step)。步是根据 PC 输出量的状态划分的。只要系统的输出量的通/断状态发生了变化,系统就从原来的步进入新的步。在各步内,各输出量的状态应保持不变,如图 4-2-3 所示。

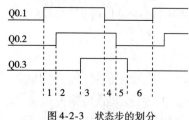

图 4-2-3 状态步的划分

(2)各相邻步之间的转换条件。转换条件使系统从当前步进入下一步。常见的转换条件有限位开关的通/断,定时器、计数器常开触点的接通等。转换条件也可能是若干个信号的与、或逻辑组合。

(3)画出顺序功能图或列出状态表。

(4)根据顺序功能图或状态表,采用某种编程方式,设计出系统的梯形图程序。

## 三、顺序控制指令

顺序控制指令是 PLC 生产厂家为用户提供的可使功能图编程简单化和规范化的指令。S7-200 PLC 提供了三条顺序控制指令,它们的 STL 形式、LAD 形式和功能,如表 4-2-1 所示。

顺序控制指令的形式及功能　　　　　表 4-2-1

| STL | LAD | 功　能 | 操作对象 |
|---|---|---|---|
| LSCR bit | bit ⊢SCR | 顺序状态开始 | S(位) |
| SCRT bit | bit ——(SCRT) | 顺序状态转移 | S(位) |
| SCRE | ——(SCRE) | 顺序状态结束 | 无 |
| CSCRE |  | 条件顺序状态结束 | 无 |

从表 4-2-1 中可以看出,顺序控制指令的操作对象为顺控继电器 S,也把 S 称为状态器,每一个 S 的位都表示功能图中的一种状态。S 的范围为:即 S0.0~S31.7。

从 LSCR 指令开始到 SCRE 指令结束的所有指令组成一个顺序控制继电器(SCR)段。LSCR 指令标记一个 SCR 段的开始,当该段的状态器置位时,允许该 SCR 段工作。SCR 段必须用 SCRE 指令结束。当 SCRT 指令的输入端有效时,一方面置位下一个 SCR 段的状态器 S,以便使下一个 SCR 段工作;另一方面又同时使该段的状态器复位,使该段停止工作。由此可以总结出每一个 SCR 程序段一般有三种功能:

(1)驱动处理:即在该段状态器有效时,处理相应的工作;有时也可能不做任何工作;

(2)指定转移条件和目标:即满足什么条件后状态转移到何处;

(3)转移源自动复位功能:状态发生转移后,置位下一个状态的同时,自动复位原状态。

 相关训练

## 一、训练目标与要求

1. 体会顺序功能图在程序编写过程中的优势。
2. 实践中逐步熟悉 PLC 的顺序功能控制指令。
3. 提升编程软件的使用熟悉程度。
4. 体会顺序功能图的应用范围。
5. 在实践中体会程序和外围硬件电路的联系。

## 二、训练设备

训练设备包括：SIEMENS S7-200 PLC、基本指令训练控制板、港口电气实训台、万用表、测电笔、导线、接线工具箱和编程电脑等。

## 三、训练步骤

1. 任务分析

本任务目标有南北和东西两个并行序列分支，这种顺序功能图编程方式称为并行序列顺序功能图。

根据划分步的情况顺序功能图如图 4-2-4 所示。

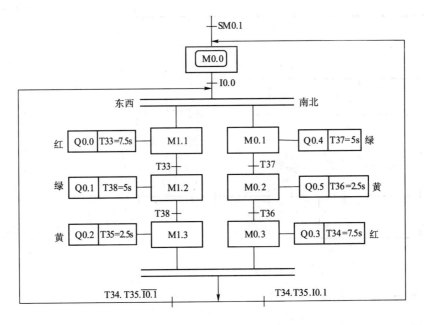

图 4-2-4　十字路口交通灯顺序功能图

I0.0 为启动按钮；

I0.1 为停止按钮。

可以采用自保停的编程方式实现顺序功能控制。同时还可以采用 S7-200 顺序功能编程方式。

## 2. 任务实施

采用自保停的方式编程如图 4-2-5 所示。

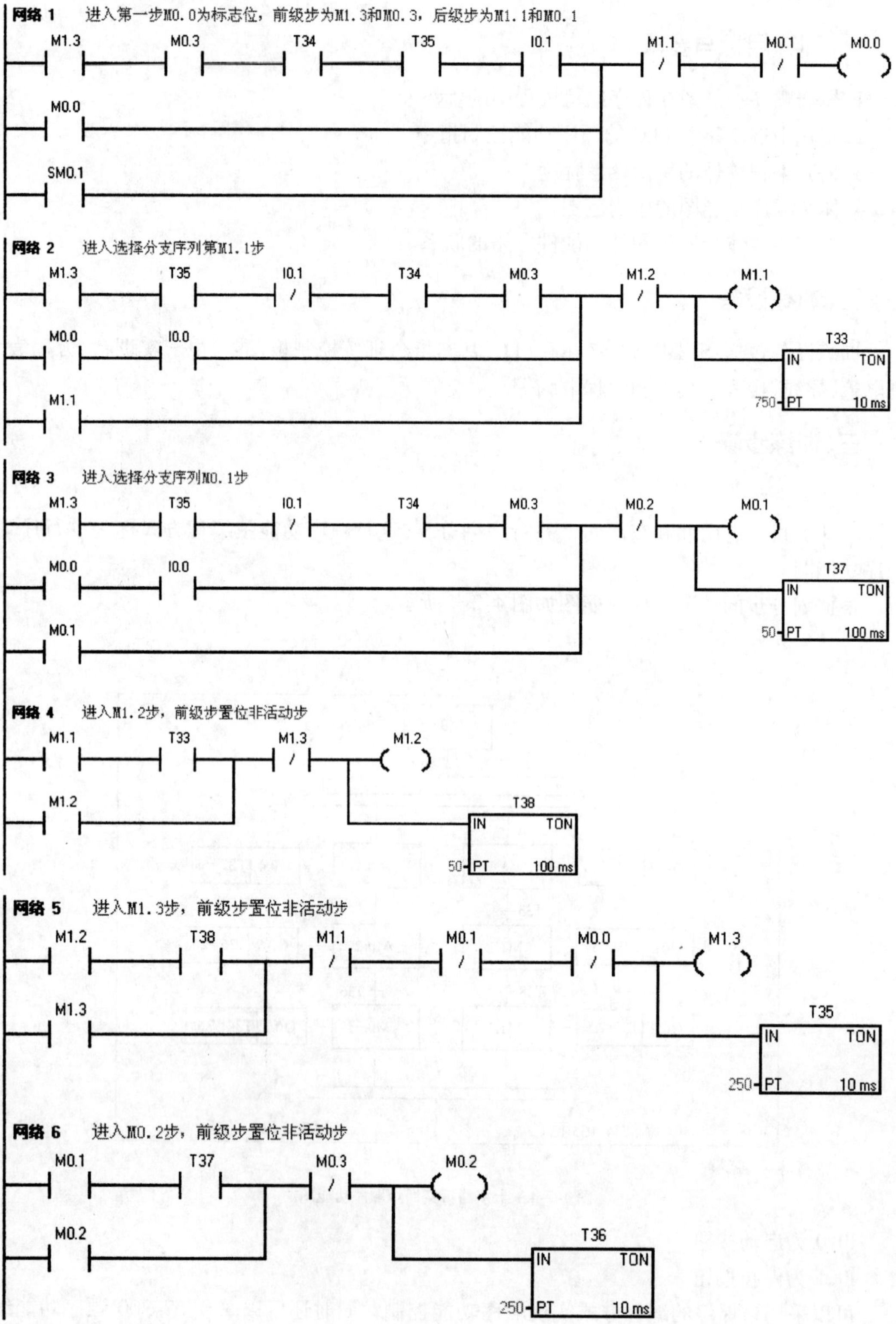

**网络 1** 进入第一步M0.0为标志位，前级步为M1.3和M0.3，后级步为M1.1和M0.1

```
M1.3──M0.3──T34──T35──I0.1──┬──M1.1/──M0.1/──(M0.0)
M0.0────────────────────────┤
SM0.1───────────────────────┘
```

**网络 2** 进入选择分支序列第M1.1步

```
M1.3──T35/──┬──I0.1──T34──M0.3──M1.2/──(M1.1)
M0.0──I0.0──┤                          │
M1.1────────┘                          └──[T33 TON, 750 PT, 10ms]
```

**网络 3** 进入选择分支序列M0.1步

```
M1.3──T35──┬──I0.1/──T34──M0.3──M0.2/──(M0.1)
M0.0──I0.0─┤                           │
M0.1───────┘                           └──[T37 TON, 50 PT, 100ms]
```

**网络 4** 进入M1.2步，前级步置位非活动步

```
M1.1──T33──M1.3/──(M1.2)
M1.2─┘             │
                   └──[T38 TON, 50 PT, 100ms]
```

**网络 5** 进入M1.3步，前级步置位非活动步

```
M1.2──T38──M1.1/──M0.1/──M0.0/──(M1.3)
M1.3─┘                           │
                                 └──[T35 TON, 250 PT, 10ms]
```

**网络 6** 进入M0.2步，前级步置位非活动步

```
M0.1──T37──M0.3/──(M0.2)
M0.2─┘             │
                   └──[T36 TON, 250 PT, 10ms]
```

图 4-2-5

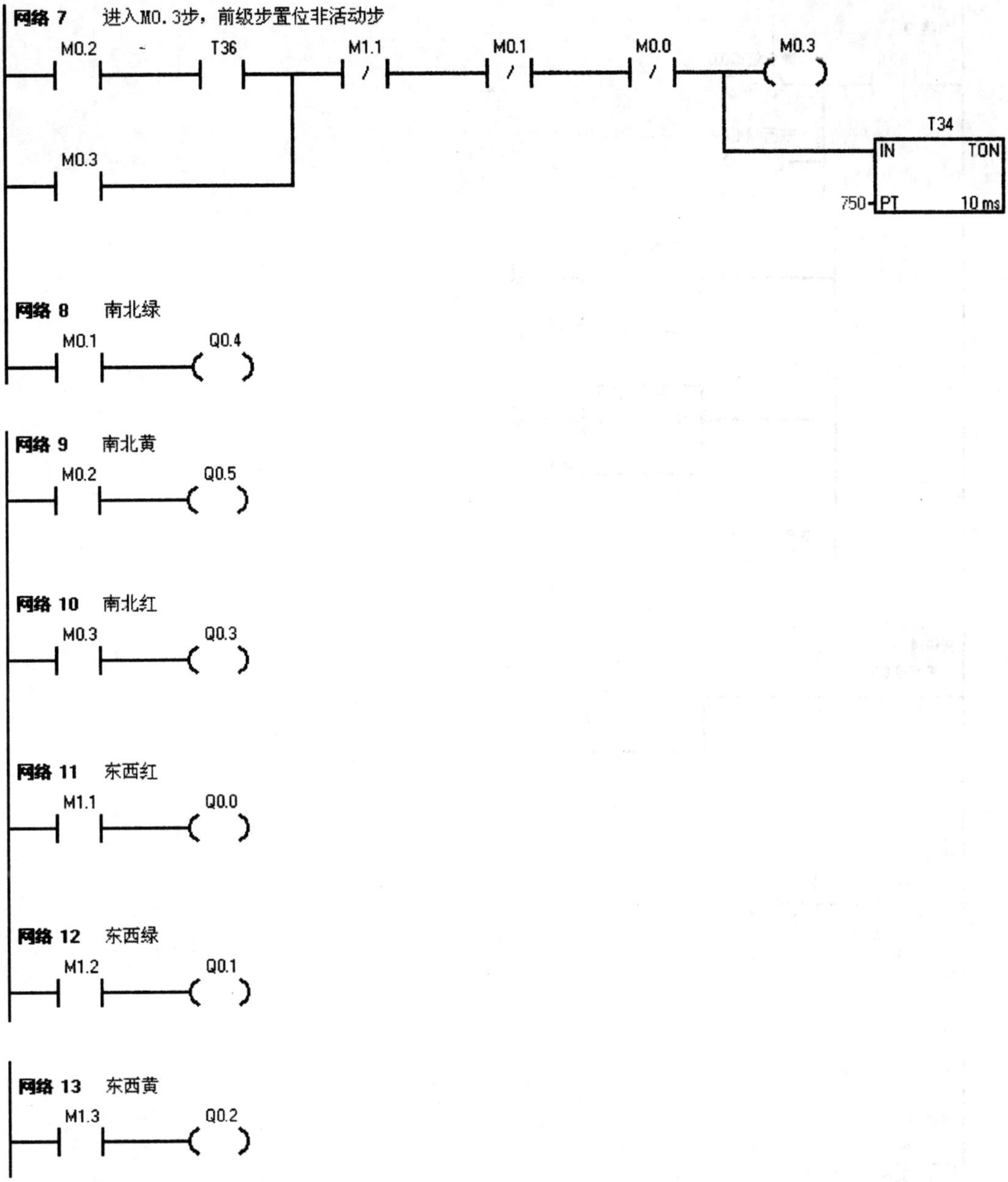

网络 7 进入M0.3步，前级步置位非活动步
M0.2
T36
M1.1
M0.1
M0.0
M0.3
T34
IN
TON
M0.3
750
PT
10 ms
网络 8 南北绿
M0.1
Q0.4
网络 9 南北黄
M0.2
Q0.5
网络 10 南北红
M0.3
Q0.3
网络 11 东西红
M1.1
Q0.0
网络 12 东西绿
M1.2
Q0.1
网络 13 东西黄
M1.3
Q0.2

图 4-2-5 自保停的编程方式

采用 S7-200PLC 程序控制指令来实现十字路口交通灯程序，程序清单及注释如图 4-2-6 所示。

网络 1 网络标题
SM0.1
S0.0
S
1
网络 2 状态S0.0开始
S0.0
SCR

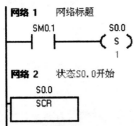

图 4-2-6

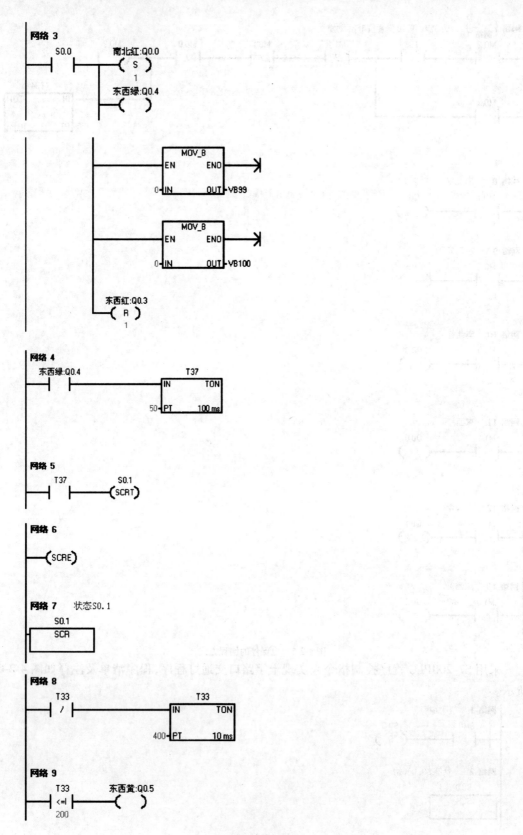

图 4-2-6

网络 10  VB99存着数

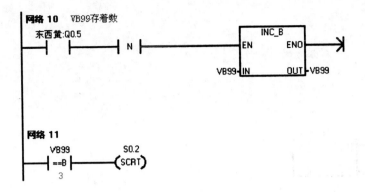

网络 11

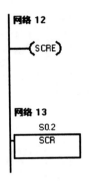

网络 12

─(SCRE)

网络 13

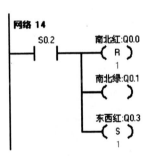

网络 14

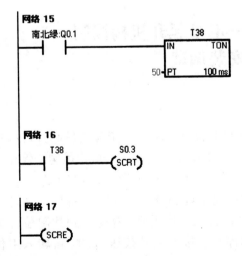

网络 15

南北绿:Q0.1            T38
──┤├────────────┤IN   TON├
                  50─┤PT  100 ms│

网络 16

  T38     S0.3
──┤├─────(SCRT)

网络 17

──(SCRE)

图 4-2-6

— 109 —

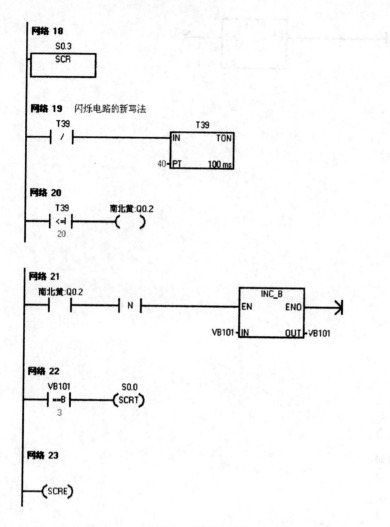

图 4-2-6 采用 S7-200PLC 程序控制指令的程序清单及注释

# 任务三 港口起重机——电吊起升机构控制系统设计与安装调试

## 任务描述

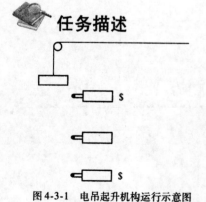

图 4-3-1 电吊起升机构运行示意图

使用顺序控制设计方法设计实现电吊起升机构控制系统,如图 4-3-1 所示。途中起升机构吊钩悬停在最上上限位处,由限位开关 I0.3 指示,当按下起动按钮 I0.0 后,吊钩快速下降(Q0.0 和 Q0.1 控制),到达限位开关 I0.1 后,转入工作下降(慢速),到达限位开关 I0.2 后,下降停止。按下上升按钮 I1.0 后,转入工作上升(Q0.2 控制),到达上限位开关 I0.3 后停止,系统回归原点。

 **相关知识**

### 一、顺序控制

按照生产工艺预先规定的顺序,在各个输入信号的作用下,根据内部状态和时间的顺序,在生产过程各个执行机构自动地有秩序地进行操作。

### 二、步

顺序控制设计的基本思想就是把系统的一个工作周期划分为若干个顺序相连的阶段,阶段就称步。

### 三、例子讲解

以绕线异步电动机的启动为例。

按下启动按钮 I0.0 后,风机先启动,延时 5s 后,电动机启动,按下停止按钮 I0.1 后,电机先停,风扇 5s 后停。

**1. 画时序图**

时序图如图 4-3-2 所示。

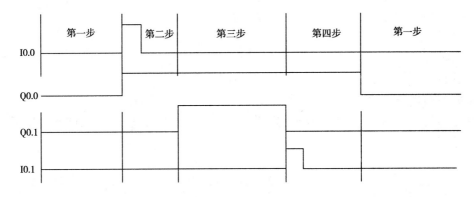

图 4-3-2 时序图

**2. 分步**

分步依据是输出继电器当前状态的变化,在时序图上反映出来就是输出 Q0.0 和 Q0.1 状态的变化。分步结果如图 4-3-2 所示。

**3. 画顺序功能图**

将时序图中的每步分别用标志位表示,每步的时序关系和时序图的关系相对应,采用有向线段指向时序流程,每步对应的动作分别附属在每步动作后面。

每步之间的转换条件就是我们画时序图的时候每步之间的转换条件,同时,转换条件之间一定要间隔一个执行步,每两个执行步之间,一定要有转换条件。

每个顺序功能图,都有其入口,本程序入口是 SM0.1,如图 4-3-3 所示。

初始步:系统初始状态对应的步;

活动步:当前正在执行的步就为活动步;

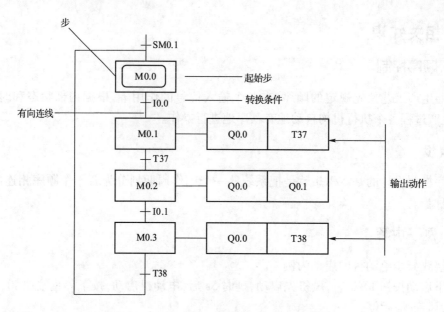

图 4-3-3 控制顺序功能图

非活动步:当前不在执行的步就为非活动步;

有向连线:步的发展关系连线;

转换条件:就是步与步之间转换的条件关系;

动作输出:每步执行的输出动作。

4. 根据顺序功能图编程

原则1:转换前级步为活动步,后级为非活动步;

原则2:转换条件满足;

原则3:转换后,后续步变为当前执行步,前级步变为非活动步。(只能有一个活动步,不绝对);

原则4:输出集中处理。

5. 程序编制

程序清单如图4-3-4所示。

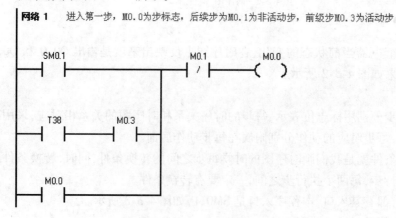

图 4-3-4

网络 2  启动条件I0.0满足进入第二步M0.1,同时前级步M0.0变为非活动步

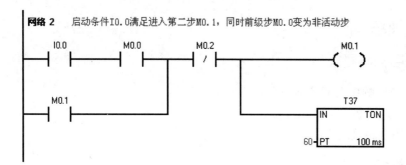

网络 3  启动条件T37满足进入第三步M0.2,同时前级步M0.1变为非活动步

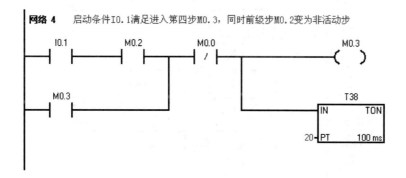

网络 4  启动条件I0.1满足进入第四步M0.3,同时前级步M0.2变为非活动步

网络 5  集中处理输出

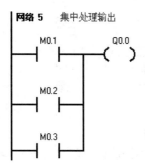

网络 6  输出集中处理

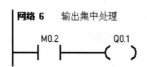

图 4-3-4  程序清单图

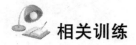
## 相关训练

### 一、训练目标与要求

1. 熟悉 PLC 的顺序功能控制指令。
2. 熟悉电吊起升机构的控制过程。
3. 熟悉外围电路接线方法。

### 二、训练设备

训练设备包括：SIEMENS S7-200 PLC、基本指令训练控制板、港口电气实训台、万用表、测电笔、导线、接线工具箱和编程电脑等。

### 三、训练步骤

1. 任务分析

由图 4-3-1 描述的动作过程可以看出，电吊起升机构动作过程是典型的单序列顺序控制过程，按照其工作过程可以绘制其顺序功能图，如图 4-3-5 所示。

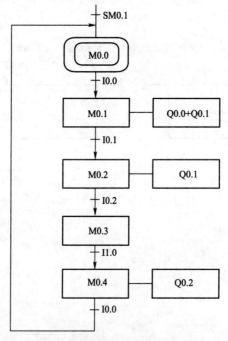

图 4-3-5　电吊起升机构顺序功能图

在图 4-3-5 中，用 M0.0～M0.4 描述电吊动作的四个不同阶段，成为步，不同步之间的输出是不完全相同的；在每步的旁边标注了该步动作，如 M0.1 描述的步的动作为 Q0.0 + Q0.1 输出；通过转换条件描述步与步之间的转换，如由 M0.0 步转换到 M0.1 步的条件为 I0.0 为 1。当某一步序标志为 1 时，表示该步为活动步，其动作有效；转换条件到来，则下一步变为活动步，此步变为非活动步。

2. 任务实施

对于图 4-3-5 所示的单序列顺序功能图，可以采用三种编程方式实现。其中，采用启保停方法实现的梯形图程序清单如图4-3-6所示。

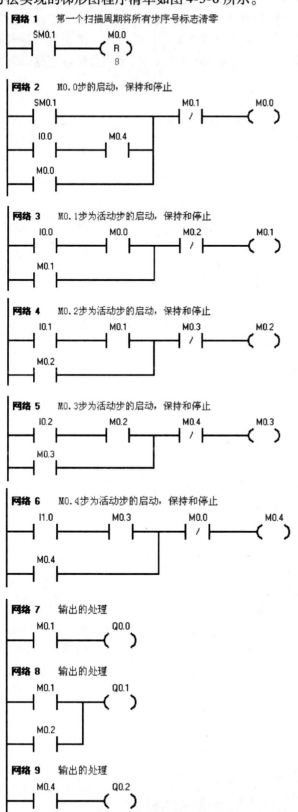

图 4-3-6　采用启保停方法实现的梯形图程序清单

由上述编程可知,梯形图是根据转换条件实现步序标志的转换。由图 4-3-5 可知,M0.0 变为活动步的条件是上电运行的第一个扫描周期(SM0.1)或者 M0.4 为活动步且转换条件 I1.0 满足,故 M0.0 的启动条件为两个,即 SM0.1 和 M0.4 + I1.0;由于这两个信号是瞬间时起作用,需要 M0.0 来自锁;当 M0.0 的停止条件为:M0.1 为 1 时,采用启保停电路即可实现顺序功能图中 M0.0 的控制。

同理,其他步序的编程也是以次类推。

对于图 4-3-5 所示的单序列顺序功能图,还可以采用置位复位方法编写梯形图程序,程序清单及注释如图 4-3-7 所示。

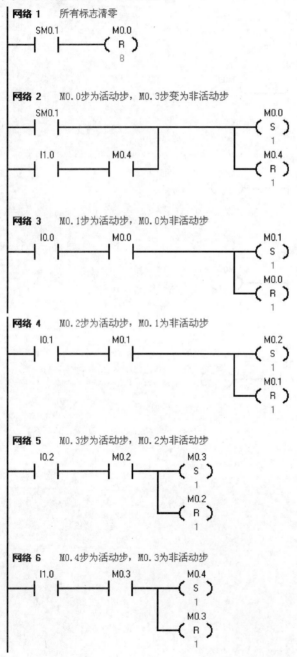

图 4-3-7

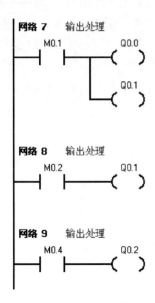

图 4-3-7 采用置位复位方法编写梯形图程序清单及注释

作为顺序功能图的编程，还有一种简单的方式，如图 4-3-8 所示。采用顺序功能图指令的方式来编写 PLC 的控制程序，程序清单及注释如图 4-3-9 所示。

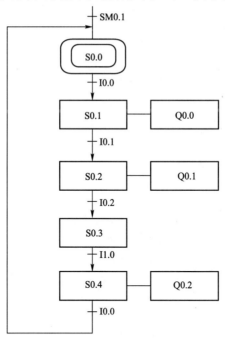

图 4-3-8 顺序功能图

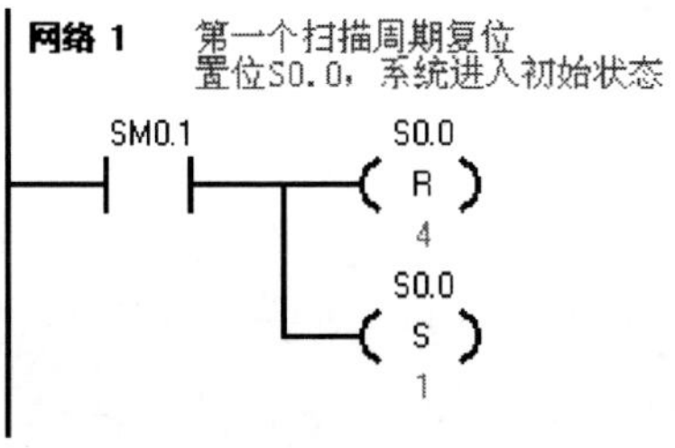

图 4-3-9

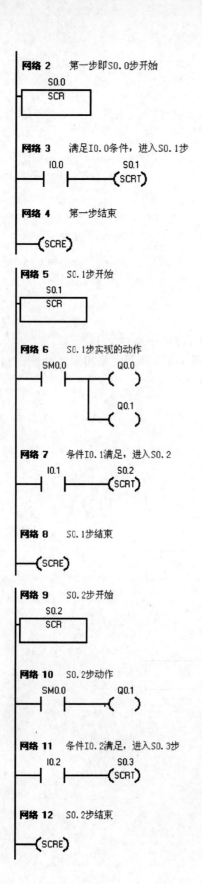

图 4-3-9

网络 13　S0.3步开始
```
    S0.3
   ┌─────┐
───┤ SCR │
   └─────┘
```

网络 14　S0.3步动作
```
  SM0.0          1
───┤ ├───┌─────┐
         │ NOP │
         └─────┘
```

网络 15　条件I1.0满足,进入S0.4步
```
  I1.0        S0.4
───┤ ├────────(SCRT)
```

网络 16　S0.3步结束
```
───(SCRE)
```

网络 17　进入S0.4步
```
    S0.4
   ┌─────┐
───┤ SCR │
   └─────┘
```

网络 18　S0.4步执行动作
```
  SM0.0        Q0.2
───┤ ├────────(  )
```

网络 19　条件I0.0满足后，进入S0.0步
```
  I0.0         S0.0
───┤ ├────────(SCRT)
```

网络 20　S0.4步结束
```
───(SCRE)
```

图 4-3-9　采用顺序功能图指令的方式编写的程序清单及注释

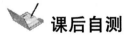

## 课后自测

### 一、填空题

1. PLC 的一般结构：＿＿＿＿＿、＿＿＿＿＿、＿＿＿＿＿、＿＿＿＿＿。
2. PLC 的工作方式：＿＿＿＿＿＿＿＿。
3. PLC 程序梯形图执行原则：＿＿＿＿＿＿＿＿＿＿。
4. 工业自动化三大支柱：＿＿＿＿＿、＿＿＿＿＿、＿＿＿＿＿。
5. IEC 规定的 5 种编程语言：＿＿＿＿＿、＿＿＿＿＿、＿＿＿＿＿、＿＿＿＿＿。
6. S7-200PLC 支持的三种语言：＿＿＿＿＿、＿＿＿＿＿、＿＿＿＿＿。

7. 三种输出方式：_____、_____、_____。继电器能控制_____。晶体管输出方式只能控制_____,晶闸管只能控制_____。

8. 计算机数据通信分为_____和_____。串行通信又分为_____和_____。

9. S7-200 最重要的通信方式为_____。自由口通信指由用户程序控制的通信接口。

## 二、简答题

1. 简述 PLC 的主要特点。

2. 简述 PLC 的工作原理。

3. 简述 PLC 日常维护的主要内容

4. 简述顺序功能图。

5. 简述划分步的基本原则。

6. PLC 的输入输出端子接线时应注意什么问题？

7. 比较 RS232C、RS485、RS422 的优缺点。

8. PLC 在驱动电感性负载时应采取什么措施？

9. 比较 PLC 微机与传统微机的区别。

# 项目五  港口起重机变幅机构控制系统设计与安装调试

 **项目描述**

港口起重机械变幅机构的驱动部分和平移机构的驱动部分类似,其控制原理大致相同,变幅机构中主要是角度和力矩限制器信号的处理过程比较复杂,集中在模拟信号的处理和运算。

其驱动环节的程序编写过程就不赘述,此项目主要针对模拟信号的处理。

通过本项目的学习和训练,应要达到以下要求:

一、知识要求

1. 了解 PLC 对模拟信号的处理过程和原理。
2. 掌握 PLC 如何处理外围传感器及安全装置采集信号。
3. 了解上位机监控系统组建的重要作用。
4. 熟练掌握高级 PLC 控制指令。
5. 熟悉掌握利用上位机监控技术监控 PLC 内部数据。
6. 掌握基本的 PLC 程序编程技巧。

二、能力要求

1. 可以组建模拟量采集通道,连接模块,组建硬件环境。
2. 可以完成模拟量处理程序的编写。
3. 熟练使用模拟量处理指令编写程序。
4. 能运用基本的编程技巧完成程序的编制工作。

三、素质要求

1. 培养自己在科技道路上追寻的兴趣,不断探索的精神。
2. 培养自己坚持不懈,独立思考的品性。

 **项目实施**

## 任务一  变幅机构调速控制系统与安装调试

 **任务描述**

利用 PLC 和触摸屏监控港机交流电动机驱动器变频器的当前频率和这段时间工作的平均频率。

在港机控制中,都存在高速、中速和低速运行阶段,比如空载和重载状态,都要实现电动机的调速。在港口控制过程中,电机的速度是如何通过 PLC 控制核心调速的。

前面我们学过电动机启动过程中串接电阻的方式避免了电机启动电流过大而保护电动机的电路及系统设计,同时它也是一个应用了很长时间的调速电路,称为串接电阻调速。

它的优点是,电路简单,维修方便

它的缺点很多,速度调节的范围很小,电能的利用效率不高,电动机处于弱磁调速状态,不可能长期工作。

现在港口正在使用的调速系统是利用 PLC 驱动变频器(整流柜 + 逆变柜)来实现电动机调速控制。

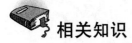 相关知识

## 一、PLC 扩展模块

S7-200CPU 的扩展模块分为数字量扩展模块、模拟量扩展模块和功能模块,见表 5-1-1。

PLC 扩展模块    表 5-1-1

| 数字量扩展模块 | EM221(8I)、EM222(8Q)、EM223(4I/4Q)、EM223(8I/8Q)、EM223(16I/16Q) |
|---|---|
| 模拟量扩展模块 | EM231(4I*12b)、EM232(2Q*12b)、EM235(4I/1Q*12b) |
| 功能模块 | 称重模块、自增量模块等很多 |

## 二、模拟量输入模块

通用模拟量模块的通用性体现在输入或输出的电压是 0～5V、0～10V 或电流是 4～20mA。通用模拟量模块在实际港口使用中很多。

通用模拟量输入输出模块在选用过程中注意位置卡的选择,在位置卡位置选择过程中,要注意位置卡槽和端子排组合旋钮配合过程中要位置对应,否则会出现卡槽位置选择过程错误。

模拟量输入输出模块输入地址表示 AIWX。

输出地址表示为 AQWX。

模拟量输入模块采集外围信号要配合使用传感器和变送器,传感器负责将外围的模拟信号采集过来,同时传送给变送器,变送器负责将非标准信号转换成 PLC 的标准信号,标准信号传送到 PLC 的模拟量输入输出模块,输入模块实际就是模拟量信号转换成数字量信号供 CPU 来处理,如图 5-1-1 所示。

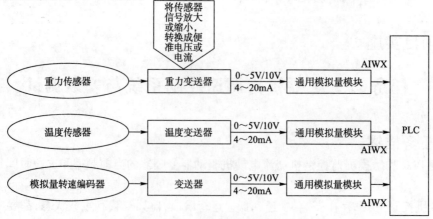

图 5-1-1　模拟量输入模块信号采集过程

## 三、模拟量输出模块

模拟量输出模块在输出模拟量信号时,实际是经过模块的自身数模转换的,将 PLC 的 CPU 处理好的数字信号,传送给 PLC 模拟量输出模块,输出模块自身就是一块 D/A,将数字量信号转换成模拟量模块,对外围执行器进行输出,如图 5-1-2 所示。

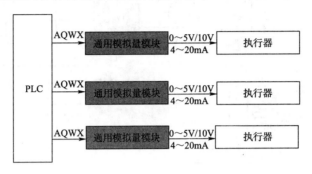

图 5-1-2　模拟量输出模块信号执行过程

## 四、模拟量输入输出模块的典型应用

模拟量输入模块在港口机械上应用非常广泛,电动机转速的确定、各个执行机构位置量的确定、温度和压力的确定等都要使用模拟量模块。

模拟量输出模块在电位计和液压控制系统中应用广泛,同时在容量较小的变频器的当前频率给定也要使用到模拟量输出模块,如图 5-1-3 所示。

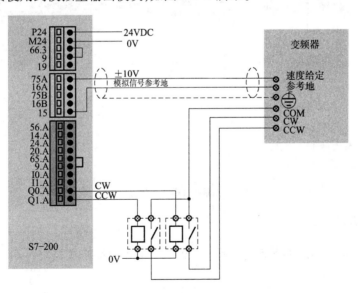

图 5-1-3　模拟量输出模块给定变频器速度

模拟量输出模块的工作原理如图 5-1-4 所示。

在 CPU 运算后,将控制的结果进行输出,通过背部总线传送至 D/A 数模转换器,将其转换成对应的模拟量,模拟量表现形式有电压和电流两种,最终输出的电压和电流取决于输出模块的设定(可通过软件设定)。

图中,$S_+$和$S_-$是对模拟量输出模块对外输出过程中的参考电位,在进行电流输出过程中不再需要。

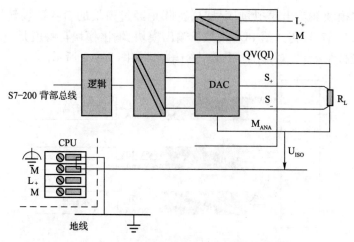

图 5-1-4  模拟量输出模块工作原理

### 五、模拟量输入输出模块扩展地址分配

地址扩展一般选用默认的地址,如图 5-1-5 所示,在数字量输入地址槽 1 中,扩展 8 位量的时候,如果所插模块的点数不能满足要求,只能按所需实际点数来确定,多余点数只能空置,在槽位 2 上如果再插上模块的时候,地址只能从规定槽位地址开始。

| CPU 224 | 4输入/4输出 | 8输入 | 4模拟输入<br>1模拟输出 | 8输出 | 4模拟输入<br>1模拟输出 |
|---|---|---|---|---|---|
| 模块0 | 模块1 | 模块2 | 模块3 | 模块4 | |
| I0.0  Q0.0 | I2.0  Q2.0 | I3.0 | AIW0  AQW0 | Q3.0 | AIW8  AQW4 |
| I0.1  Q0.1 | I2.1  Q2.1 | I3.1 | AIW2  *AQW2* | Q3.1 | AIW10  *AQW6* |
| I0.2  Q0.2 | I2.2  Q2.2 | I3.2 | AIW4 | Q3.2 | AIW12 |
| I0.3  Q0.3 | I2.3  Q2.3 | I3.3 | AIW6 | Q3.3 | AIW14 |
| I0.4  Q0.4 | I2.4  Q2.4 | I3.4 | | Q3.4 | |
| I0.5  Q0.5 | I2.5  Q2.5 | I3.5 | | Q3.5 | |
| I0.6  Q0.6 | I2.6  Q2.6 | I3.6 | | Q3.6 | |
| I0.7  Q0.7 | I2.7  Q2.7 | I3.7 | | Q3.7 | |
| I1.0  Q1.0 | 扩展I/O | | | | |
| I1.1  Q1.1 | | | | | |
| I1.2  Q1.2 | | | | | |
| I1.3  Q1.3 | | | | | |
| I1.4  Q1.4 | | | | | |
| I1.5  Q1.5 | | | | | |
| I1.6  Q1.6 | | | | | |
| I1.7  Q1.7 | | | | | |
| 局部I/O | | | | | |

图 5-1-5  模拟量扩展模块连接后的地址分配

### 六、模拟量数据格式

模拟量输入地址格式如图 5-1-6 所示。模拟量输出地址格式如图 5-1-7 所示。

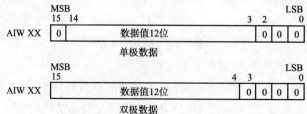

图 5-1-6  模拟量输入地址格式

图 5-1-7 模拟量输出地址格式

### 七、模拟量输入模块参数举例

输入模块 EM235 的输入参数见表 5-1-2。

输入模块 EM235 的输入参数　　　　　　　　　表 5-1-2

| 模拟量输入特性 | |
|---|---|
| 模拟量输入点数 | 4 |
| 输入范围 | 电压(单极性):0~10V、0~5V、0~1V、0~500mV、0~100mV、0~50mV |
| | 电压(双极性):±10V、±5V、±2.5V、±1V、±500mV、±250mV、±100mV、±50mV、±25mV |
| | 电流:0~20mA |
| 数据字格式 | 双极性:全量程范围 -32000~+32000 |
| | 单极性:全量程范围 0~32000 |
| 分辨率 | 12 位 A/D 转换器 |
| 模拟量输出特性 | |
| 模拟量输出点数 | 1 |
| 信号范围 | 电压输出±10V;电流输出 0~20mA |
| 数据字格式 | 电压 -32000~+32000;电流 0~32000 |
| 分辨率电流 | 电压 12 位;电流 11 位 |

相关训练

### 一、训练目标与要求

1. 通过实践体会 PLC 模拟量在控制系统中的作用。
2. 会配置模拟量输入输出通道。
3. 了解模拟量处理过程。
4. 认识模拟量的处理指令。
5. 在实践中体会程序和外围硬件电路的联系。

### 二、训练设备

训练设备包括:SIEMENS S7-200 PLC、基本指令训练控制板、SC-2 型 PLC 训练台、万用表、测电笔、导线、接线工具箱和编程电脑等。

### 三、训练步骤

1. 任务分析

模拟量的采集和处理主要由硬件电路完成,我们需要做的工作是熟悉模拟量的处理过

程和模拟量的通道配置。

在程序中,主要表现在模拟量处理指令和配置向导。

2. 任务实施

主程序清单及注释如图 5-1-8 所示,中断程序清单及注释如图 5-1-9 所示。

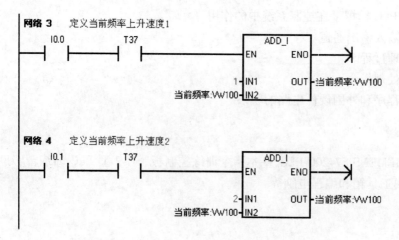

图 5-1-8

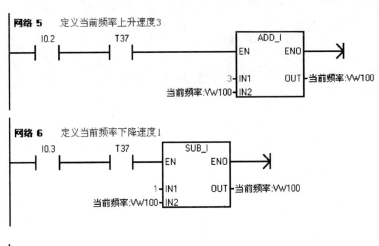

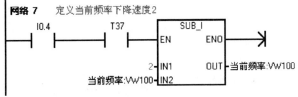

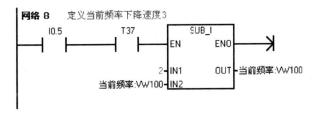

图 5-1-8  主程序清单及注释

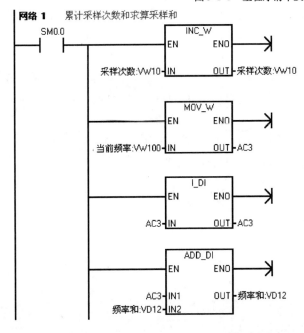

图 5-1-9

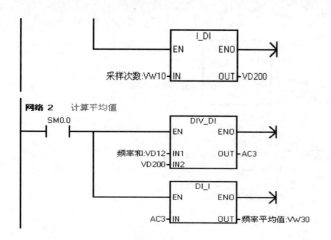

图 5-1-9 中断程序清单及注释

## 任务二 模拟量转换与处理

###  任务描述

此任务目的是将采集的模拟量数值进行转换处理,得到对应的工程量。由于模拟量的计算需要根据一定的计算方式和规则,无论什么厂商的 PLC,在处理模拟量时,都在关注精度,所以此项目只针对模拟的转换和处理过程。

###  相关知识

使用一个 0~20mA 模拟信号输入,在 S7-200CPU 内部,0~20mA 模拟电流信号对应的数值范围为 0~32000;对于 4~20mA 的信号,对应的内部数值为 6400~32000。如果有两个传感器,量程都是 0~16MPa。但是一个是 0~20mA 输出,另一个是 4~20mA 输出,在相同的压力下,变送的模拟量电流大小是不同的,在 S7-200 内部的数值表示也不相同。

读取模拟量的目的不是在 S7-200 CPU 中得到一个 0~32000 之类的数值,而是希望得到具体的物理量的数值(如压力值、流量值等)或对应的物理量占量程的百分数值等。这就是模拟量转换的意义。

现有一个 Pt100 温度传感器,通过一个 500Ω 的电阻将 4~20mA 的电流转换成 2~10V 的电压信号送 PLC 的模拟量输入,对应的温度范围为 0~100℃,则转换公式为:

$$T = \frac{AIW0 - 6400}{32000 - 6400} \times (100 - 0) + 0$$

###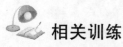

#### 一、训练目标与要求

1. 实践中体会运用 16 位减法指令。
2. 实践中体会运用 16 位数据转换指令。
3. 实践中体会运用 16 位加法指令。

4. 实践中体会运用16位除法指令。
5. 实践中体会运用32位实数指令。

## 二、训练设备

训练设备包括:SIEMENS S7-200 PLC、基本指令训练控制板、港口电气实训台、万用表、测电笔、导线、接线工具箱和编程电脑等。

## 三、训练步骤

1. 任务分析

任务完成的关键在于在数据转换和处理过程中保持数据的精度。

2. 任务实施

模拟输入量参考程序如图5-2-1所示。

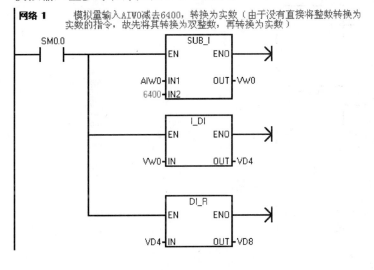

图 5-2-1

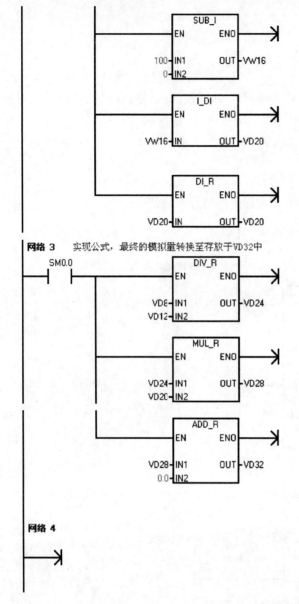

图 5-2-1 模拟输入量参考程序

进行 S7-200 的数据处理时,要正确使用转换指令和运算指令。注意运算指令分为整数运算指令和实数运算指令,两者在西门子编程运用中完全不同。

课后自测

一、填空题

1. PLC 的输入模块一般使用＿＿＿＿＿＿＿来隔离内部电路和外部电路。
2. 如果系统负载变化频繁,则最好选用＿＿＿＿＿＿＿型输出的 PLC。
3. S7-200PLC 定时器有通电延时型、＿＿＿＿＿＿和＿＿＿＿＿＿三种类型。
4. 对于系统输出的变化不是很频繁,建议优先选用＿＿＿＿＿＿＿型输出模块。
5. PLC 的最基本的应用是用它来取代传统的＿＿＿＿＿＿进行＿＿＿＿＿＿控制。

6.S7-200型PLC编译程序时,如显示错误信息为:0 ERR,则表示有_____错误发生。

7.可编程控制器采用一种可编程序的存储器,在其内部存储执行逻辑运算、_____、定时、计数和算术运算等操作的指令,通过数字式和模拟式的_____来控制各种类型的机械设备和生产过程。

## 二、选择题

1.请从下列语句表选项中选择错误的一个。(　　)
　　A.SWAP　VD10　　B.-I　AC0,VW4　　C.TOF　T35,6　　D.=　M0.0

2.请从下列语句表选项中选择错误的一个。(　　)
　　A.LDNI　SM5.4　　B.INVD　SMD10　　C.DECW　AC1　　D.SQRT　VD0,AC3

3.指出下列正确的指令。(　　)
　　A.LDNI　M0.0　　B.LDN　M0.0　　C.SI　M0.0　1　　D.S　Q0.0

4.PLC执行下列程序,当I0.0位为1后多久Q0.0得电。(　　)
　　LD　I0.0
　　AN　M0.0
　　TON　T37,20
　　LD　T37
　　=　M0.0
　　LD　M0.0
　　LDN　I0.0
　　CTU　C0,60
　　LD　C0
　　=　Q0.0
　　A.20s　　　　　　B.80s　　　　　　C.120s　　　　　　D.60s

5.执行下面一段程序后,计数器C0的当前值_____,C0的位为_____。(　　)
　　A.7,0　　　　　　B.4,1　　　　　　C.3,0　　　　　　D.3,1

## 三、程序分析题

1.用实时时钟指令控制路灯的定时接通和断开,20:00时开灯,07:00时关灯,请设计出程序。

2.设计灯的闪烁程序,具体要求是当I0.0闭合,由Q0.0输出负载上的灯开始以10s的周期(占空比为1∶1)闪烁。试设计出相关的梯形图。

3.下列程序是将VB100每隔100ms加1,当其等于100时停止,请你分析程序后将间隔时间修改为300ms(定时器T32、T96中断事件号分别为21、22)。

　　//主程序
　　LD　　SM0.1
　　MOVB　0,VB100
　　MOVB　100,SMB34
　　ATCH　INT-0,10
　　ENI
　　//中断程序

```
INT-0
LD      SM0.0
INCB    VB100
LDB =   100,VB0
DTCH    10
```

4. 将下列语句转换为梯形图,并简要说明其逻辑结构。

```
LD      I0.1
AN      I0.0
LPS
AN      I0.2
LPS
A       I0.4
=       Q2.1
LPP
A       I4.6
R       Q0.3,1
LRD
A       I0.5
=       M3.6
LPP
AN      I0.4
TON     T37,25
```

## 四、程序改错题

1. 下列语句表有语法错误,请改正后将正确的梯形图画在空白处。

```
LDNI    I0.0
TON     T37,100
LD      T37
=       Q0.0
LD      I0.0
AI      T37
O       M0.0
AN      I0.1
=       M0.0
LD      M0.0
=       Q0.0
```

2. 下列程序是将变量存储器 VD200 加 1,并将结果放入累加器 AC1 中。请判断程序的正误,如果错误请改正并说明原因。

```
LD      I0.0
INCB    VD200
MOVB    VD200,AC1
```

# 项目六　港口机械 PLC 控制综合应用

 **项目描述**

　　港口起重机械种类繁多,随着高新技术在港口机械控制领域的不断应用,港口机械控制系统向数字化、集成化方向发展。因此,需要在开发港口机械控制系统过程中考虑外围的借口和数据通信,港机与港机之间的数据联系,港机和监视控制中心间的联系问题。本项目的目的是扩展 PLC 的内部资源开发,发挥 PLC 的通信和数据采集与处理能力。

　　通过本项目的学习和训练,应达到以下要求:

**一、知识要求**

1. 了解 PLC 库文件的作用与组建过程。
2. 了解 PLC 高速脉冲和 PWM 控制技术。
3. 了解 PLC 的配方数据功能。
4. 了解 PLC 数据通信能力和组建通信网络。
5. 了解 PLC 的内部模拟量 PID 处理功能。
6. 掌握基本的 PLC 程序编程技巧。

**二、能力要求**

1. 可以组建基本通信网络。
2. 能利用 PLC 的数据处理能力开发适合港口机械控制的控制系统。
3. 能使用 PLC 配方数据功能,完成 PLC 和外围数据采集设备同步。
4. 能运用基本的编程技巧完成程序的编制工作。

**三、素质要求**

1. 培养坚定科技服务社会信念,努力拼搏,实现人生价值。
2. 培养自己坚持不懈,独立思考的品性。

 **项目实施**

## 任务一　建立库文件

 **任务描述**

　　实际港口工程中会有多个模拟量,可以建立一个通用的子程序作为库文件在其他项目中进行调用。

## 相关知识

除了标准安装版的 TOOLBOX STEP7 Micro/WIN 32 Instruction Library,标准库文件包括:

(1) Modbus Master Port0(V1.2);
(2) Modbus Master Port1(V1.2);
(3) Modbus Slave Port0(V1.0);
(4) USS Protocal Port0(V2.3);
(5) USS Protocal Port1(V2.3)。

除此之外,需要自己建立实用的库文件。

库文件的添加,将你的库文件完全解压开放到西门子的安装文件夹程序里面,就是每次用程序打开时西门子默认打开的文件夹下,如果无法找到,安装一个 S7-200 库安装文件,查看 MODbus 库的程序存放在哪里,把你的库文件(变频器的库)也放到该位置。另外一种方法:自己制作库文件,参考 F1。自己试制一个,懂了原理以后把自己需要库文件自己存放。

## 相关训练

### 一、训练目标与要求

熟悉创建和添加自己的库文件。

### 二、训练设备

训练设备包括:SIEMENS S7-200 PLC、基本指令训练控制板、港口电气实训台、万用表、测电笔、导线、接线工具箱和编程电脑等。

### 三、训练步骤

**1. 任务分析**

建立一个通用子程序首先要定义通用子程序的形式参数。如图 6-1-1 所示,在通用子程序 AI_SCALING 的声明表中定义输入(IN)类型的形式变量 AI_IN、HI_LIMIT 和 LO_LIMIT,定义输出(OUT)类型的形式变量 REL_VALUE,其含义如图 6-1-1 相应注释所示。

| | 符号 | 变量类型 | 数据类型 | 注释 |
|---|---|---|---|---|
| | EN | IN | BOOL | |
| LW0 | AI_IN | IN | INT | 模拟输入 |
| LD2 | HI_LIMIT | IN | REAL | 模拟输入对应的实际工程量的上限 |
| LD6 | LO_LIMIT | IN | REAL | 模拟输入对应的实际工程量的下限 |
| | | IN | | |
| | | IN_OUT | | |
| LD10 | REL_VALUE | OUT | REAL | 转换后的实际工程值 |
| | | OUT | | |

图 6-1-1 定义形式参数

**2. 任务实施**

定义好形式参数,接着需要编写通用的子程序,由于子程序是通用子程序,所以尽量不要使用全局变量或全局地址,而应该使用局部变量和临时变量等。通用子程序的清单及注释如图 6-1-2 所示。

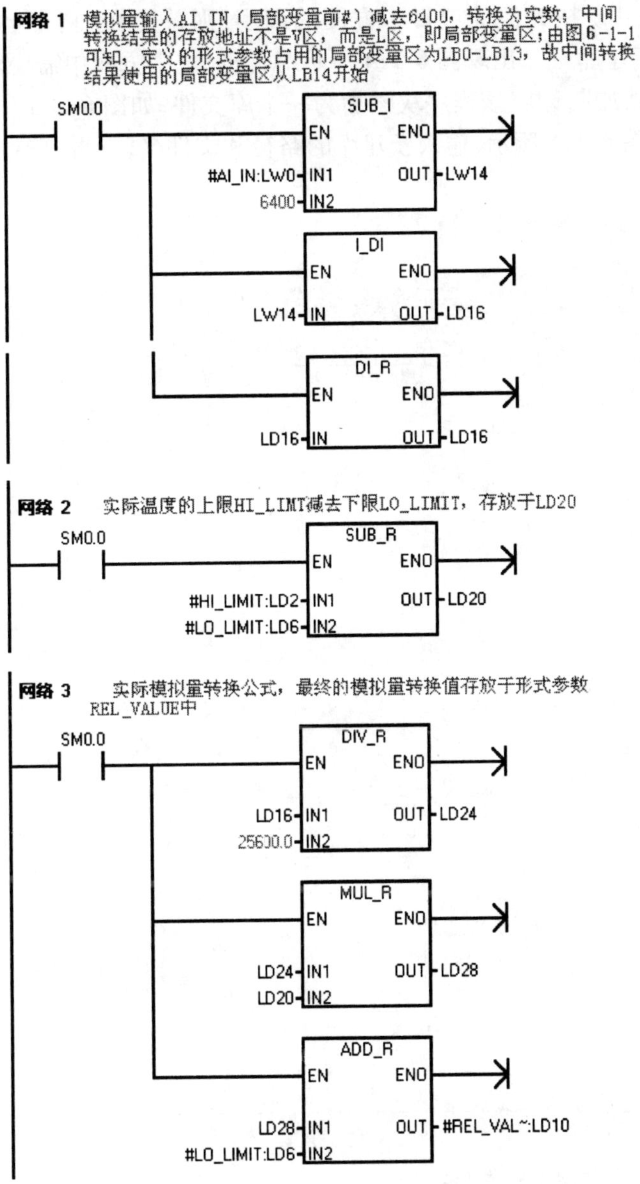

**网络 1** 模拟量输入 AI_IN（局部变量前#）减去6400，转换为实数；中间转换结果的存放地址不是V区，而是L区，即局部变量区；由图6-1-1可知，定义的形式参数占用的局部变量区为LB0-LB13，故中间转换结果使用的局部变量区从LB14开始

```
SM0.0         SUB_I
──┤├──────────┤EN  ENO├──
    #AI_IN:LW0─┤IN1 OUT├─LW14
          6400─┤IN2

              I_DI
        ──────┤EN  ENO├──
         LW14─┤IN  OUT├─LD16

              DI_R
        ──────┤EN  ENO├──
         LD16─┤IN  OUT├─LD16
```

**网络 2** 实际温度的上限HI_LIMT减去下限LO_LIMIT，存放于LD20

```
SM0.0              SUB_R
──┤├──────────────┤EN  ENO├──
     #HI_LIMIT:LD2─┤IN1 OUT├─LD20
     #LO_LIMIT:LD6─┤IN2
```

**网络 3** 实际模拟量转换公式，最终的模拟量转换值存放于形式参数REL_VALUE中

```
SM0.0            DIV_R
──┤├────────────┤EN  ENO├──
           LD16─┤IN1 OUT├─LD24
        25600.0─┤IN2

                 MUL_R
          ──────┤EN  ENO├──
           LD24─┤IN1 OUT├─LD28
           LD20─┤IN2

                 ADD_R
          ──────┤EN  ENO├──
           LD28─┤IN1 OUT├─#REL_VAL~:LD10
  #LO_LIMIT:LD6─┤IN2
```

图6-1-2　通用子程序的清单及注释

最后，在主程序中调用通用子程序，并对形式参数赋值相应的实际参数，如图6-1-3所示。

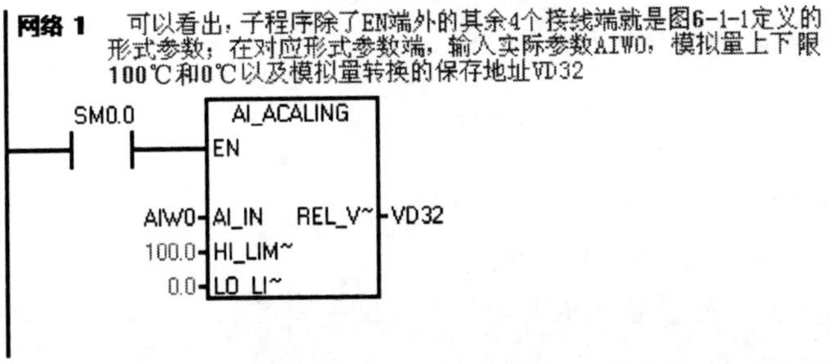

**网络 1** 可以看出，子程序除了EN端外的其余4个接线端就是图6-1-1定义的形式参数；在对应形式参数端，输入实际参数AIW0，模拟量上下限100℃和0℃以及模拟量转换的保存地址VD32

```
SM0.0      AI_ACALING
──┤├──────┤EN
     AIW0─┤AI_IN  REL_V~├─VD32
    100.0─┤HI_LIM~
      0.0─┤LO_LI~
```

图6-1-3　主程序中调用通用子程序

如果将子程序生成库文件,以便在其他的项目中方便的调用,则首先在"指令数"的"库"对象点击鼠标右键,选择"新建库…",出现图 6-1-4 所示对话框,选中方框中需要转换为库文件的程序块。然后点击"添加",即将该程序块添加为一个库文件,如图 6-1-5 所示;此时还要点击"属性"选项卡,如图 6-1-6 所示,输入新建库的路径和文件名,点击"确定"即完成库文件的建立。

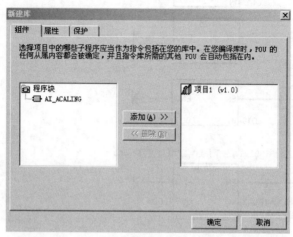

图 6-1-4 "新建库…"对话框

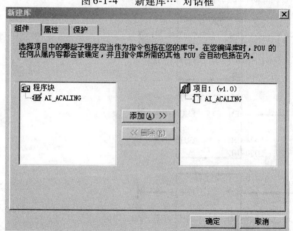

图 6-1-5 添加程序块

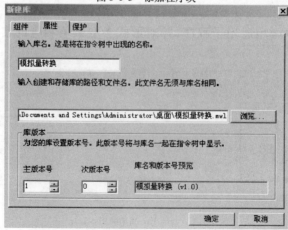

图 6-1-6 "新建库…"对话框的"属性"选项卡

接着重新打开一个项目,在"指令树"的库对象点击鼠标右键,选择"添加/删除库…",出现图 6-1-7 所示对话框,单击添加,选择相应的新建库文件实现库文件的添加。

库的使用:打开一个新项目,在库对象点击右键,选择"添加/删除库…"出现图 6-1-7 所示对话框,单击"添加…"按钮,选择相应的新建库文件即实现了库文件的添加。

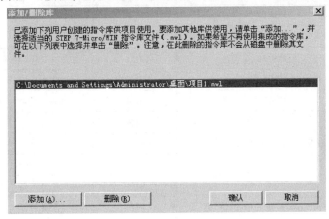

图 6-1-7 "添加/删除库"对话框

S7-200 PLC 的模拟量处理已经有现成的库文件。另外,西门子公司还提供了各种各样功能的库文件,按照上述步骤添加到 STEP7 Micro/WIN 软件中,使用库文件将会给编程带来很大方便。

## 任务二　使用高速脉冲输出

 **任务描述**

通过 S7-200 的输出口实现脉冲序列输出斜波。

 **相关知识**

高速计数器使用的输入

| | |
|---|---|
| HSC0 | I0.0, I0.1, 0.2 |
| HSC1 | I0.6, I0.7, I1.0, I1.1 |
| HSC2 | I1.2, I1.3, I1.4, I1.5 |
| HSC3 | I0.1 |
| HSC4 | I0.3, I0.4, I0.5 |
| HSC5 | I0.4 |

有些高速计数器和边缘中断的输入点赋值存在某些重叠。同一个输入不能用于两种不同的功能;但是高速计数器当前模式未使用的任何输入均可用于其他目的。例如,如果在模式 2 中使用 HSC0,模式 2 使用 I0.0 和 I0.2,则 I0.1 可用于边缘中断或用于 HSC3。HSC 模式说明见表 6-2-1。

如果所用的 HSC0 模式不使用输入 I0.1,则该输入可用于 HSC3 或边缘中断。与此相似,如果所选的 HSC0 模式不使用 I0.2,则该输入可用于边缘中断;如果所选 HSC4 模式不使用 I0.4，则该输入可用于 HSC5。

HSC 模式说明　　　　　　　　　表 6-2-1

| HSC 模式 | 说明（中断描述） | 输入点 | | | |
|---|---|---|---|---|---|
| | HSC0 | I0.0 | I0.1 | I0.2 | — |
| | HSC1 | I0.6 | I0.7 | I1.0 | I1.1 |
| | HSC2 | I1.2 | I1.3 | I1.4 | I1.5 |
| | HSC3 | I0.1 | — | — | — |
| | HSC4 | I0.3 | I0.4 | I0.5 | |
| | HSC5 | I0.4 | — | — | — |
| 0 | 具有内部方向控制的单相计数器 | 时钟 | | | |
| 1 | | 时钟 | | 复位 | |
| 2 | | 时钟 | | 复位 | 启动 |
| 3 | 具有外部方向控制的单相计数器 | 时钟 | 方向 | | |
| 4 | | 时钟 | 方向 | 复位 | |
| 5 | | 时钟 | 方向 | 复位 | 启动 |
| 6 | 具有两个时钟输入的双向计数器 | 增计数脉冲 | 减计数脉冲 | | |
| 7 | | 增计数脉冲 | 减计数脉冲 | 复位 | |
| 8 | | 增计数脉冲 | 减计数脉冲 | 复位 | 启动 |
| 9 | A/B 相正交计数器 | 时钟脉冲 A | 时钟脉冲 B | | |
| 10 | | 时钟脉冲 A | 时钟脉冲 B | 复位 | |
| 11 | | 时钟脉冲 A | 时钟脉冲 B | 复位 | 启动 |
| 12 | 仅 HSC0 和 HSC3 支持模式 12。HSC0 计数 Q0.0 输出的脉冲数。HSC3 计数 Q0.1 输出的脉冲数。 | — | — | — | — |

　　四台计数器有三个控制位，用于配置复原和起始输入的激活状态并选择 1x 或 4x 计数模式（仅限正交计数器），见表 6-2-2。这些控制位位于各自计数器的控制字节内，只在执行 HDEF 指令时使用。

　　执行 HDEF 指令之前，必须将这些控制位设为所需的状态，否则计数器采用所选计数器模式的默认配置。复原输入和起始输入的默认设置为现用水平高，正交计数速率为 4x（或 4 乘以输入时钟频率）。一旦执行了 HDEF 指令，就不能再改变计数器设置，除非首先将 CPU 设为 STOP（停止）模式。

复位和启动输入的有效电平以及 1x/4x 控制位　　　　表 6-2-2

| HSC0 | HSC1 | HSC2 | HSC4 | HDEF 控制位（仅在执行 HDEF 时使用）说明 |
|---|---|---|---|---|
| SM37.0 | SM47.0 | SM57.0 | SM147.0 | "复原"的有效控制位＊＊：<br>0 = 复原现用水平高；1 = 复原现用水平低 |
| — | SM47.1 | SM57.1 | — | 起动有效电平控制位＊＊：<br>0 = 起始现用水平高；1 = 起始现用水平低 |
| SM37.2 | SM47.2 | SM57.2 | SM147.2 | "正交"计数器的计数速率选项：<br>0 = 4x 计数速率；1 = 1x 计数速率 |

## 一、定义控制字节

一旦定义了计数器和计数器模式,您就可以为计数器动态参数编程。每台高速计数器均有一个控制字节(表6-2-3),允许完成以下作业:

(1)启用或禁止计数器;
(2)控制方向(仅限模式0、1和2)或初始化所有其他模式的计数方向;
(3)载入当前值。

控 制 位 说 明　　　　　　　　　　　表6-2-3

| HSC0 | HSC1 | HSC2 | HSC3 | HSC4 | HSC5 | 中 断 描 述 |
|---|---|---|---|---|---|---|
| SM37.3 | SM47.3 | SM57.3 | SM137.3 | SM147.3 | SM157.3 | 计数方向控制位:<br>0 = 减计数;1 = 增计数 |
| SM37.4 | SM47.4 | SM57.4 | SM137.4 | SM147.4 | SM157.4 | 向 HSC 中写入计数方向:<br>0 = 不更新;1 = 更新计数方向 |
| SM37.5 | SM47.5 | SM57.5 | SM137.5 | SM147.5 | SM157.5 | 向 HSC 中写入预置值:<br>0 = 不更新;1 = 更新预置值 |
| SM37.6 | SM47.6 | SM57.6 | SM137.6 | SM147.6 | SM157.6 | 向 HSC 中写入新的初始值:<br>0 = 不更新;1 = 更新初始值 |
| SM37.7 | SM47.7 | SM57.7 | SM137.7 | SM147.7 | SM157.7 | 启用 HSC:<br>0 = 禁用 HSC;1 = 启用 HSC |

## 二、设置当前值和预设值

每台高速计数器都有一个32位初始值和一个32位预设值,初始值和预设值均为带符号的整数值。欲向高速计数器载入新的初始值和预设值,您必须设置包含初始值和/或预设值的控制字节及特殊内存字节。然后您必须执行 HSC 指令,将新数值传输至高速计数器。表6-2-4 说明用于包含新当前值和预设值的特殊内存字节。

除控制字节以及新预设值和当前值保持字节外,还可以使用数据类型 HC(高速计数器当前值)加计数器号码(0、1、2、3、4或5)读取每台高速计数器的当前值。因此,读取操作可直接存取当前值,但只有用上述 HSC 指令才能执行写入操作。

设 置 预 设 值　　　　　　　　　　　表6-2-4

| 载入数值 | HSC0 | HSC1 | HSC2 | HSC3 | HSC4 | HSC5 |
|---|---|---|---|---|---|---|
| 新初始值 | SMD38 | SMD48 | SMD58 | SMD138 | SMD148 | SMD158 |
| 新预设值 | SMD42 | SMD52 | SMD62 | SMD142 | SMD152 | SMD162 |

## 三、指定中断

所指有定计中数断器模式都支持在 HSC 的当前值等于预设值时产生一个中断事件。使用外部复位端的计数模式支持外部复位中断。除去模式0、1和2之外,所有计数器模式支持计数方向改变中断。每种中断条件都可以分别使能或者禁止。

## 四、脉冲输出指令

脉冲输出(PLS)指令被用于控制在高速输出(Q0.0 和 Q0.1)中提供的"脉冲串输出"(PTO)和"脉宽调制"(PWM)功能。PTO 提供方波(50%占空比)输出,配备周期和脉冲数用户控制功能。PWM 提供连续性变量占空比输出,配备周期和脉宽用户控制功能。

S7-200 有两台 PTO/PWM 发生器,建立高速脉冲串或脉宽调节信号信号波形。一台发生器指定给数字输出点 Q0.0,另一台发生器指定给数字输出点 Q0.1。一个指定的特殊内存(SM)位置为每台发生器存储以下数据:一个控制字节(8 位值)、一个脉冲计数值(一个不带符号的 32 位值)和一个周期和脉宽值(一个不带符号的 16 位值)。

PTO/PWM 发生器和过程映像寄存器共用 Q0.0 和 Q0.1。PTO 或 PWM 功能在 Q0.0 或 Q0.1 位置现用时,PTO/PWM 发生器控制输出,并禁止输出点的正常使用。输出信号波形不受过程映像寄存器状态、点强迫数值、执行立即输出指令的影响。PTO/PWM 发生器非现用时,输出控制转交给过程映像寄存器。过程映像寄存器决定输出信号波形的初始和最终状态,使信号波形在高位或低位开始和结束。

## 五、脉冲串操作(PTO)

PTO 按照给定的脉冲个数和周期输出一串方波(占空比 50%)。PTO 可以产生单段脉冲串或者多段串(使用脉冲包络)。可以指定脉冲数和周期(以微秒或毫秒为增加量):

脉冲个数:1 到 4294967295;周期:10μs 到 65535μs 或者 2ms 到 65535ms。

如果为周期指定一个奇微秒数或毫秒数(例 75ms)将会引起占空比失真 PTO 功能的脉冲个数及周期见表 6-2-5。

**PTO 功能的脉冲个数及周期** 表 6-2-5

| 脉冲个数/周期 | 结 果 |
|---|---|
| 周期小于 2 个时间单位 | 将周期缺省地设定为 2 个时间单位 |
| 脉冲个数 = 0 | 将脉冲个数缺省地设定为 1 个脉冲 |

PTO 功能允许脉冲串"链接"或者"排队"。当当前脉冲串输出完成时,会立即开始输出一个新的脉冲串。这保证了多个输出脉冲串之间的连续性。

## 六、PTO 脉管冲的单段管线

在单段线串模式下,需要为下一个脉冲串更新特殊寄存器。一旦启动了起始 PTO 段,就必须按照第二个波形的要求改变特殊寄存器,并再次执行 PLS 指令。第二个脉冲串的属性在管线中一直保持到第一个脉冲串发送完成。在管线中一次只能存储一段脉冲串的属性。当第一个脉冲串发送完成时,接着输出第二个波形,此时管线可以用于下一个新的脉冲串。重复这个过程可以再次设定下一个脉冲串的特性。

除去以下两种情况之外,脉冲串之间可以做到平滑转换。

时间基准发生了变化或者在利用 PLS 指令捕捉到新脉冲之前,启动的脉冲串已经完成。

如果您在管线已满时尝试载入,状态寄存器(SM66.6 或 SM76.6)中的 PTO 溢出位被设置。进入 RUN(运行)模式时,该位被初始化为 0。如果您希望探测随后出现的溢出,则必须在探测到溢出之后以手动方式清除该位。

## 七、PTO 脉冲线串的多段管线

在多段脉管模式下，CPU 自动从 V 存储器区的包络表中读出每个脉冲串的特性。在该模式下，仅使用特殊存储器区的控制字节和状态字节。选择多段操作，必须装入包络表在 V 存储器中的起始地址偏移量（SMW168 或 SMW178）。时间基准可以选择微秒或者毫秒，但是，在包络表中的所有周期值必须使用同一个时间基准，而且在包络正在运行时不能改变。执行 PLS 指令来启动多段操作。

每段记录的长度为 8 个字节，由 16 位周期值、16 位周期增量值和 32 位脉冲个数值组成。您可以通过编程的方式使脉冲的周期自动增减。在周期增量处输入一个正值将增加周期；输入一个负值将减少周期；输入 0 将不改变周期。

如果您指定的周期增量在一定数量的脉冲后导致非法周期则会出现数学溢出条件。PTO 功能被终止，输出转换成映象寄存器控制。此外，状态字节（SM66.4 或 SM76.4）中的增量计算错误位被设为一。如果您以手动方式异常中止正在运行的 PTO 包络，状态字节（SM66.5 或 SM76.5）中的用户异常中止位则被设为一。

当 PTO 包络执行时，当前启动的段的编号保存在 SMB166（或 SMB176）中。

相关训练

### 一、训练目标与要求

通过实践训练体会高速脉冲输出功能的使用。

### 二、训练设备

训练设备包括：SIEMENS S7-200 PLC、基本指令训练控制板、港口电气实训台、万用表、测电笔、导线、接线工具箱和编程电脑等。

### 三、训练步骤

1. 任务分析

每个 S7-200 CPU 有两个 PTO/PWM（脉冲列/脉冲宽度调制器）发生器，分别通过两个数字量输出 Q0.0 和 Q0.1，输出特定数目的脉冲或周期的方波，即产生高速脉冲列或脉冲宽度可调的波形。

对于电动机来说，当给定信号使其速度发生突变时，容易损坏电动机。通过 PTO 斜波，减缓速度变化，可以避免或降低电动机出现故障的情况。

每个 PTO/PWM 发生器有一个 8 位的控制字节，一个 16 位无符号的周期值或脉冲宽度值以及一个 32 位无符号脉冲计数值。这些值全部存储在特定的特殊存储器（SM）区，它们被设置好后，通过执行脉冲输出指令 PLS 来启动操作。PLS 指令是 S7-200 读取 SM 区内的值，并对 PTO/PWM 发生器进行编程。

2. 任务实施

项目程序包括数据块 DB1（用于设定斜波轮廓表）和主程序。

主程序清单及注释如图 6-2-1 所示。

**网络1** 初始化PTO控制字节
该网络中,特殊存储字SMB67用来初始化Q0.0的脉冲输出功能。
在该字中的定义位如下:
SM67.3:该位用来选择时基,0为1μs。
SM67.4:该位用来选择修正方法,设定0为异步修定,1为同步修定。
SM67.5:该位用来选择PTO类型,1为多段操作,0为单段操作。
SM67.6:该位用来为Q0.0选择功能模式,0为PTO模式,1为PWM模式。
SM67.7:该位为Q0.0触发PTO或者PWM功能。

把16进制A0(二进制10100000)移到特殊寄存器SMB67,含义是设定时基为1μs,选择异步修正,选择多段操作,选择PTO模式,使能在可变寄存区读取斜波轮廓,使能输出Q0.0。
把常数500移入特殊寄存字SMW168,在V区选择Q0.0 PTO寄存区(Q0.0PTO斜波轮廓表开始于VB500)。
重新设置输出Q0.2,使能顺时针方向旋转。
设置输出Q0.3。

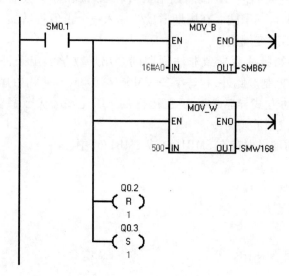

**网络2** 开始PTO输出
I0.0上升沿开始PTO输出

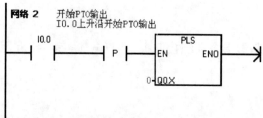

图6-2-1 主程序清单及注释

用户自定义数据块如下:
//
//输出 Q0.0 PTO 功能的斜波轮廓表:
VB500　3　　　　　　　　　　//段数为3
//第一段
VW501　500　　　　　　　　　//500ms 循环周期开始
VW503　-2　　　　　　　　　//每个脉冲降低2ms
VD505　200　　　　　　　　　//200 个脉冲
//第二段
VW509　100　　　　　　　　　//100ms(10kHz)的固定循环周期
VW511　0
VD513　3400　　　　　　　　//3400 个脉冲

— 142 —

//第三段
VW517    100            //100ms 循环周期
VW519    1              //每个脉冲增加 1ms(最终速度 =2kHz)
VD521    400            //400 个脉冲

3. 经验总结

每个 CPU 可以通过 Q0.0 和 Q0.1 输出高速脉冲,当不使用 PTO/PWM 时,Q0.0 和 Q0.1 作为普通数字量输出使用。建议在启动 PTO 或 PWM 操作之前,用 R 指令将 Q0.0 或 Q0.1 的映像寄存区置为 0。

## 任务三  利用高速脉冲输出控制电动机转速

**任务描述**

通过调整模拟电位器 0 的设置值来改变输出端 Q0.0 方波信号的脉冲宽度,从而调整电动机的转速。

**相关知识**

### 一、脉宽调制(PWM)

PWM 产生一个占空比变化周期固定的脉冲输出(图 6-3-1),您可以以微秒或者毫秒为单位指定其周期和脉冲宽度:

周期:10μs 到 65535μs 或者 2ms 到 65535ms;

脉宽:0μs 到 65535μs 或者 0ms 到 65535ms。

如表 6-3-1 所示,设定脉宽等于周期(使占空比为 100%),输出连续接通。设定脉宽等于 0(使占空比为 0%),输出断开。

图 6-3-1  PWM 脉冲输出

脉宽、周期和 PWM 功能                                         表 6-3-1

| 脉宽/周期 | 结 果 |
| --- | --- |
| 脉宽≥周期值 | 占空比为 100%:输出连续接通 |
| 脉宽 = 0 | 占空比为 0%:输出断开 |
| 周期 <2 个时间单位 | 将周期缺省地设定为 2 个时间单位 |

有两种改变 PWM 波形特性的方法:

同步更新:如果不需要改变时间基准,就可以进行同步更新。利用同步更新,波形特性的变化发生在周期边沿,提供平滑转换。

异步更新:PWM 的典型操作是当周期时间保持常数时变化脉冲宽度。所以,不需要改变时间基准。但是,如果需要改变 PTO/PWM 发生器的时间基准,就要使用异步更新。异步更新会造成 PTO/PWM 功能被瞬时禁止,与 PWM 波形不同步。这会引起被控设备的振动。由于这个原因,建议采用 PWM 同步更新。选择一个适合于所有周期时间的时间基准。

控制字节中的 PWM 更新方式位(SM67.4 或 SM77.4)用于指定更新方式。当 PLS 指令执行时,变化生效。

如果改变了时间基准,会产生一个异步更新,而与 PWM 更新方式位的状态无关。

## 二、使用 SM 来配置和控制 PTO/PWM 操作

PLS 指令会从特殊存储器 SM 中读取数据,使程序按照其存储值控制 PTO/PWM 发生器。SMB67 控制 PTO0 或者 PWM0,SMB77 控制 PTO1 或者 PWM1。用于控制 PTO/PWM 操作的存储器的描述如表 6-3-2 所示。您可以使用 PTO/PWM 控制字节参考表作为一个快速参考,用其中的数值作为 PTO/PWM 控制寄存器的值来实现需要的操作。

**PTO/PWM 控制寄存器的 SM 标志** 表 6-3-2

| Q0.0 | Q0.1 | 状态字节 | |
|---|---|---|---|
| SM66.4 | SM76.4 | PTO 包络由于增量计算错误而终止 | 0 = 无错误;1 = 终止 |
| SM66.5 | SM76.5 | PTO 包络由于用户命令而终止 | 0 = 无错误;1 = 终止 |
| SM66.6 | SM76.6 | PTO 管线上溢/下溢 | 0 = 无溢出;1 = 上溢/下溢 |
| SM66.7 | SM76.7 | PTO 空闲 | 0 = 执行中;1 = PTO 空闲 |
| Q0.0 | Q0.1 | 控制字节 | |
| SM67.0 | SM77.0 | PTO/PWM 更新周期值 | 0 = 不更新;1 = 更新周期值 |
| SM67.1 | SM77.1 | PWM 更新脉冲宽度值 | 0 = 不更新;1 = 脉冲宽度值 |
| SM67.2 | SM77.2 | PTO 更新脉冲数 | 0 = 不更新;1 = 更新脉冲数 |
| SM67.3 | SM77.3 | PTO/PWM 时间基准选择 | 0 = 1μs/格,1 = 1ms/格 |
| SM67.4 | SM77.4 | PWM 更新方法: | 0 = 异步更新;1 = 同步更新 |
| SM67.5 | SM77.5 | PTO 操作: | 0 = 单段操作;1 = 多段操作 |
| SM67.6 | SM77.6 | PTO/PWM 模式选择 | 0 = 选择 PTO;1 = 选择 PWM |
| SM67.7 | SM77.7 | PTO/PWM 允许 | 0 = 禁止;1 = 允许 |
| Q0.0 | Q0.1 | 其他 PTO/PWM 寄存器 | |
| SMW68 | SMW78 | PTO/PWM 周期值(范围:2 到 65535) | |
| SMW70 | SMW80 | PWM 脉冲宽度值(范围:0 到 65535) | |
| SMD72 | SMD82 | PTO 脉冲计数值(范围:1 到 4,294,967,295) | |
| SMB166 | SMB176 | 进行中的段数(仅用在多段 PTO 操作中) | |
| SMW168 | SMW178 | 包络表的起始位置,用从 V0 开始的字节偏移表示(仅用在多段 PTO 操作中) | |
| SMB170 | SMB180 | 线性包络状态字节 | |
| SMB171 | SMB181 | 线性包络结果寄存器 | |
| SMD172 | SMD182 | 手动模式频率寄存器 | |

您可以通过修改 SM 存储区(包括控制字节),然后执行 PLS 指令来改变 PTO 或 PWM 波形的特性。也可以在任意时刻禁止 PTO 或者 PWM 波形,方法为:首先将控制字节中的使能位(SM67.7 或者 SM77.7)清 0,然后执行 PLS 指令。

PTO 状态字节中的空闲位(SM66.7 或者 SM76.7)标志着脉冲串输出完成。另外,在脉冲串输出完成时,您可以执行一段中断服务程序。如果您使用多段操作,可以在整个包络表完成之后执行中断服务程序。

下列条件使 SM66.4(或 SM76.4)或 SM66.5(或 SM76.5)置位:

如果周期增量使 PTO 在许多脉冲后产生非法周期值,会产生一个算术溢出错误,这会终

止 PTO 功能并在状态字节中将增量计算错误位(SM66.4 或者 SM76.4)置 1,PLC 的输出变为由映象寄存器控制。

如果要手动终止一个正在进行中的 PTO 包络,要把状态字节中的用户终止位(SM66.5 或 SM76.5)置 1。

当管线满时,如果试图装载管线,状态存储器中的 PTO 溢出位(SM66.6 或者 SM76.6)置 1。如果想用该位检测序列的溢出,必须在检测到溢出后手动清除该位。当 CPU 切换至 RUN 模式时,该位被初始化为 0。

### 三、计算包络表的值

PTO/PWM 发生器的多段管线功能在许多应用中非常有用,尤其在步进电机控制中,PTO/PWM 控制字节参考见表 6-3-3。

**PTO/PWM 控制字节参考** 　　　　　　　　　　　　表 6-3-3

| 控制寄存器<br>(16 进制) | 允许 | 执行 PLS 指令的结果 | | | | | | |
|---|---|---|---|---|---|---|---|---|
| | | 模式选择 | PTO 段操作 | PWM 更新方法 | 时基 | 脉冲数 | 脉冲宽度 | 周期 |
| 16#81 | YES | PTO | 单段 | | 1μs/周期 | | | 装入 |
| 16#84 | YES | PTO | 单段 | | 1μs/周期 | 装入 | | |
| 16#85 | YES | PTO | 单段 | | 1μs/周期 | 装入 | | 装入 |
| 16#89 | YES | PTO | 单段 | | 1ms/周期 | | | 装入 |
| 16#8C | YES | PTO | 单段 | | 1ms/周期 | 装入 | | |
| 16#8D | YES | PTO | 单段 | | 1ms/周期 | 装入 | | 装入 |
| 16#A0 | YES | PTO | 多段 | | 1μs/周期 | | | |
| 16#A8 | YES | PTO | 多段 | | 1ms/周期 | | | |
| 16#D1 | YES | PWM | | 同步 | 1μs/周期 | | | 装入 |
| 16#D2 | YES | PWM | | 同步 | 1μs/周期 | | 装入 | |
| 16#D3 | YES | PWM | | 同步 | 1μs/周期 | | 装入 | 装入 |
| 16#D9 | YES | PWM | | 同步 | 1ms/周期 | | | 装入 |
| 16#DA | YES | PWM | | 同步 | 1ms/周期 | | 装入 | |
| 16#DB | YES | PWM | | 同步 | 1ms/周期 | | 装入 | 装入 |

例如:您可以用带有脉冲包络的 PTO 来控制一台步进电机,来实现一个简单的加速、匀速和减速过程或者一个由最多 255 段脉冲包络组成的复杂过程,而其中每一段包络都是加速、匀速或者减速操作。

包络表值要求产生一个输出波形包括三段:步进电机加速(第一段);步进电机匀速(第二段)和步进电机减速(第三段)。

对该例,假定需要 4000 个脉冲达到要求的电机转动数,启动和结束频率是 2kHz,最大脉冲频率是 10kHz。由于包络表中的值是用周期表示的,而不是用频率,需要把给定的频率值转换成周期值。所以,启动和结束的脉冲周期为 500μs,最高频率的对应周期为 100μs。在输出包络的加速部分,要求在 200 个脉冲左右达到最大脉冲频率。假定包络的减速部分,在 400 个脉冲完成。

在该例中,使用一个简单公式计算 PTO/PWM 发生器用来调整每个脉冲周期所使用的周期增量值：

$$\text{给定段的周期增量} = |ECT - ICT|/Q$$

式中：ECT——该段结束周期时间；
　　　ICT——该段初始化周期时间；
　　　$Q$——该段的脉冲数量。

　　利用这个公式，加速部分（第一段）的周期增量是 -2。由于第二段是恒速控制，因此，该段的周期增量是 0。相似地，减速部分（第三段）的周期增量是 1。

　　计算段的最后一个脉冲的周期在包络中不直接指定，但必须计算出来（除非周期增量是0）。如果在段之间需要平滑转换，知道段的最后一个脉冲的周期是有用的。计算段的最后一个脉冲周期的公式是：

$$\text{计算段段的最后一个脉冲周期} = ICT + [DEL \times (Q-1)]$$

式中：ICT——该段的初始化周期时间；
　　　DEL——该段的增量周期时间；
　　　$Q$——该段的脉冲数量。

　　作为介绍，上面的简例是有用的，实际应用可能需要更复杂的波形包络。记住：周期增量只能以微秒数或毫秒数指定，周期的修改在每个脉冲上进行。这两项的影响使对于一个段的周期增量的计算可能需要叠代方法。对于结束周期值或给定段的脉冲个数，可能需要作调整。

　　在确定校正包络表值的过程中，包络段的持续时间很有用。按照下面的公式可以计算完成一个包络段的时间长短：

$$\text{包络段的持续时间} = Q \times \{ICT + [(DEL/2) \times (Q-1)]\}$$

式中：$Q$——该段的脉冲数量；
　　　ICT——该段的初始化周期时间；
　　　DEL——该段的增量周期时间。

### 四、PTO/PWM 初始化和操作顺序

　　以下是初始化和操作顺序说明，能够帮助您更好地识别 PTO 和 PWM 功能操作。在整个顺序说明过程中，一直使用脉冲输出 Q0.0。初始化说明假定 S7-200 刚刚置入 RUN（运行）模式，因此首次扫描内存位为真实。如果不是如此或者如果必须对 PTO/PWM 功能重新初始化，您可以利用除首次扫描内存位之外的一个条件调用初始化例行程序。

### 五、PWM 初始化

　　以下 PWM 初始化和操作顺序说明建议使用"首次扫描"位（SM0.1）初始化脉冲输出。使用"首次扫描"位调用初始化子程序可降低扫描时间，因为随后的扫描无须调用该子程序。仅需在转换为 RUN（运行）模式后的首次扫描时设置"首次扫描"位。但是，您的应用程序可能有其他限制，要求您初始化（或重新初始化）脉冲输出。在此种情况下，您可以使用另一个条件调用初始化例行程序。

　　通常，用一个子程序为脉冲输出初始化 PWM，从主程序调用初始化子程序。使用首次扫描内存位（SM0.1）将脉冲输出初始化为 0，并调用子程序，执行初始化操作。当使用子程序调用时，随后的扫描不再调用该子程序，这样会降低扫描时间执行，并提供结构更严谨的

程序。

从主程序建立初始化子程序调用后,用以下步骤建立控制逻辑,用于在初始化子程序中配置脉冲输出 Q0.0:

(1)通过将以下一个值载入 SMB67:16#D3(选择 μs 递增)或 16#DB(选择 ms 递增)的方法配置控制字节。

两个数值均可启用 PTO/PWM 功能、选择 PWM 操作、设置更新脉宽和周期值以及选择(μs 或 ms)。

(2)在 SMW68 中载入一个周期的字尺寸值。

(3)在 SMW70 中载入脉宽的字尺寸值。

(4)执行 PLS 指令(以便 S7-200 为 PTO/PWM 发生器编程)。

(5)欲为随后的脉宽变化预载一个新控制字节数值(选项),在 SMB67:16#D2(μs)或 16#DA(ms)中载入下列数值之一。

(6)退出子程序。

## 六、为 PWM 输出更改脉宽

如果您用 16#D2 或 16#DA 预载 SMB67[请参阅"PWM 初始化"中第(5)步],您可以使用一个将脉宽改变为脉冲输出(Q0.0)的子程序。建立对该子程序的调用后,使用以下步骤建立改变脉宽的控制逻辑:

(1)在 SMW70 中载入新脉宽的字尺寸值。

(2)执行 PLS 指令,使 S7-200 为 PTO/PWM 发生器编程。

(3)退出子程序。

## 七、PTO 初始化—单段操作

以下 PWM 初始化和操作顺序说明建议使用"首次扫描"位(SM0.1)初始化脉冲输出。使用"首次扫描"位调用初始化子程序可降低扫描时间,因为随后的扫描无须调用该子程序。仅需在转换为 RUN(运行)模式后的首次扫描时设置"首次扫描"位。但是,您的应用程序可能有其他限制,要求您初始化(或重新初始化)脉冲输出。在此种情况下,您可以使用另一个条件调用初始化例行程序。

通常,用一个子程序为脉冲输出初始化 PWM,从主程序调用初始化子程序。使用首次扫描内存位(SM0.1)将脉冲输出初始化为 0,并调用子程序,执行初始化操作。当您使用子程序调用时,随后的扫描不再调用该子程序,这样会降低扫描时间执行,并提供结构更严谨的程序。

从主程序建立初始化子程序调用后,用以下步骤建立控制逻辑,用于在初始化子程序中配置脉冲输出 Q0.0。

## 八、改变 PTO 周期—单段操作

对于单段 PTO 操作,您可以使用中断例行程序或子程序改变周期。欲使用单段 PTO 操作更改中断例行程序或子程序中的 PTO 周期,请遵循下列步骤:

(1)设置控制字节(启用 PTO/PWM 功能、选择 PTO 操作、选择、设置更新周期值),方法是在 SMB67:16#81(用于 μs)或 16#89(用于 ms)中载入下列一个值。

(2)在SMW68中,载入新周期的一个字尺寸值。

(3)执行PLS指令,使S7-200为PTO/PWM发生器编程。更新脉冲计数信号波形输出开始之前,CPU必须完成所有进行中的PTO。

(4)退出中断例行程序或子程序。

### 九、改变PTO脉冲计数—单段操作

对于单段PTO操作,您可以使用中断例行程序或子程序改变脉冲计数。欲使用单段PTO操作在中断例行程序或子程序中改变PTO脉冲计数,请遵循下列步骤:

(1)设置控制字节(启用PTO/PWM功能、选择PTO操作、选择、设置更新周期值),方法是在SMB67:16#84(用于μs)或16#8C(用于ms)中载入一个值。

(2)在SMD72中,载入新脉冲计数的一个双字尺寸值。

(3)执行PLS指令(以便S7-200为PTO/PWM发生器编程),开始用更新脉冲计数生成信号波形之前,S7-200完成所有进行中的PTO。

(4)退出中断例行程序或子程序。

### 十、改变PTO周期和脉冲计数—单段操作

对于单段PTO操作,您可以使用中断例行程序或子程序改变周期和脉冲计数。欲使用单段PTO操作更改中断例行程序或子程序中的PTO周期和脉冲计数,请遵循下列步骤:

(1)设置控制字节(启用PTO/PWM功能、选择PTO操作、选择、设置更新周期和脉冲计数值),方法是在SMB67:16#85(用于μs)或16#8D(用于ms)中载入一个值。

(2)在SMW68中,载入新周期的一个字尺寸值。

(3)在SMC72中,载入新脉冲计数的一个双字尺寸值。

(4)执行PLS指令,使S7-200为PTO/PWM发生器编程。用更新脉冲计数和脉冲时间信号波形输出开始之前,CPU必须完成所有进行中的PTO。

(5)退出中断例行程序或子程序。

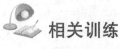

## 相关训练

### 一、训练目标与要求

完成PWM脉冲输出PLC内部寄存器配置。

### 二、训练设备

训练设备包括:SIEMENS S7-200 PLC、基本指令训练控制板、港口电气实训台、万用表、测电笔、导线、接线工具箱和编程电脑等。

### 三、训练步骤

**1. 任务分析**

每个S7-200 CPU有两个PTO/PWM(脉冲列/脉冲宽度调制器)发生器,分别通过两个数字量输出Q0.0和Q0.1,输出特定数目的脉冲或周期的方波,即产生高速脉冲列或脉冲宽度可调的波形。项目19给出了输出高速脉冲列的应用,本项目则为根据模拟电位器POT0

的设置来输出脉冲宽度可调的方波信号。

在程序的每次扫描过程中，模拟电位器 0 的值由特殊存储字节 SMB28 复制到内存字 MW0 的低字节 MB1 中。将模拟电位器 0 的值除以 8(即右移 3 位)作为脉宽，脉宽和脉冲周期的比率大致决定了电动机的转速。除以 8 的目的是去掉 SMB28 所存值的 3 个最低有效位(由于抖动等原因模拟电位器的值每个周期都有可能发生变化)，从而使程序更稳定。如果模拟电位器的值发生变化，则将重新初始化输出端 Q0.0 的脉宽调制，而模拟电位器的新值将被变换成脉宽的毫秒值。

例如，模拟电位器 0 的值 SMB28 = 80，除以 8 即 80/8 = 10，则可以得出：

10/25(脉宽/周期) = 40%(电压时间比) = 40% 最大转速

本项目的流程图如图 6-3-2 所示。

开始主程序
第一个扫描周期
清楚MW0
保留旧的POT
值读取新值
新值等于旧值
是
否
初始化脉宽调制
接受新值作脉宽
主程序结束

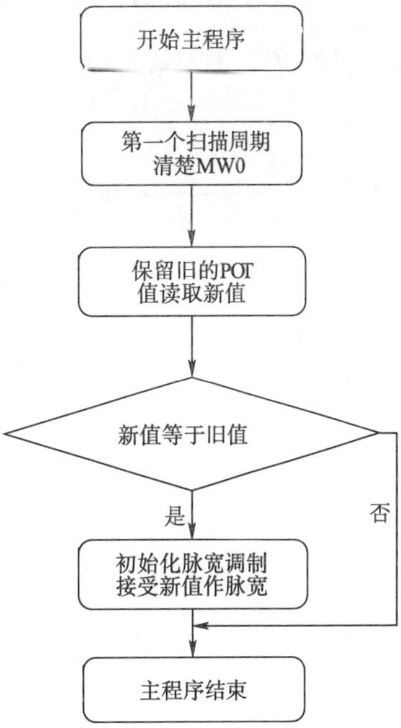

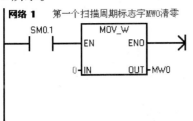

图 6-3-2 流程图

2. 任务实施

根据工艺要求和流程图编写的程序清单及注释如图 6-3-3 所示。

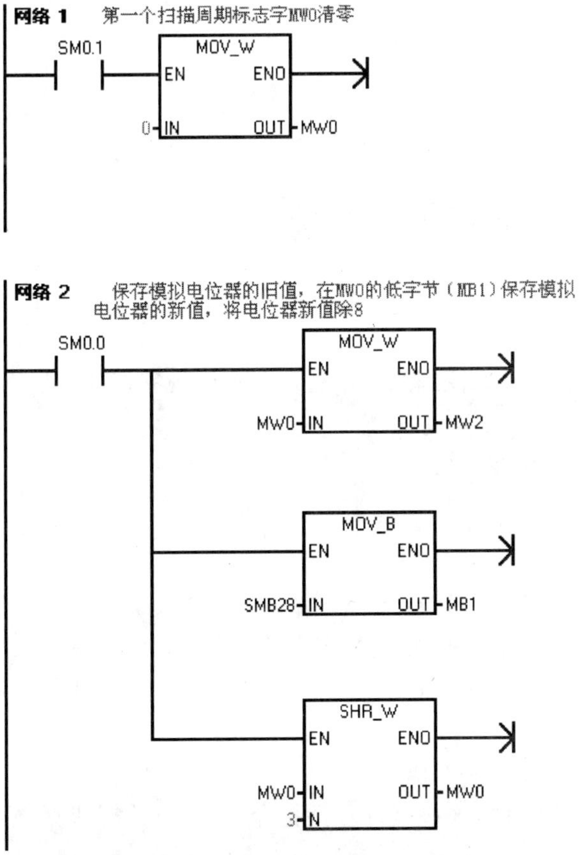

网络 1 第一个扫描周期标志字MW0清零
SM0.1
MOV_W
EN
ENO
0
IN
OUT
MW0
网络 2 保存模拟电位器的旧值，在MW0的低字节（MB1）保存模拟
电位器的新值，将电位器新值除8
SM0.0
MOV_W
EN
ENO
MW0
IN
OUT
MW2
MOV_B
EN
ENO
SMB28
IN
OUT
MB1
SHR_W
EN
ENO
MW0
IN
OUT
MW0
3
N

图 6-3-3

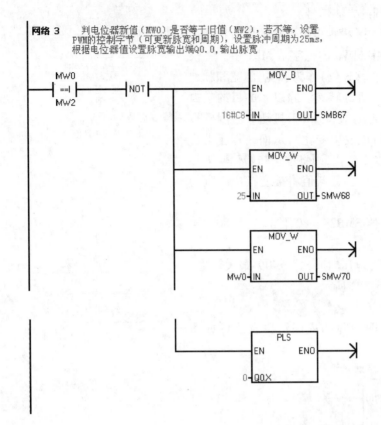

图 6-3-3　主程序清单及注释

## 任务四　使用配方功能

**任务描述**

在 S7-200 中使用配方功能,是在港口机械控制系统中普遍存在的现象,它提供了港机动作过程所需要的参数和配置信息。

本项目拟实现在 S7-200 中使用配方功能。

**相关知识**

新型的 S7-200 支持配方功能,通过 STEP7 Micro/WIN 软件中提供的配方向导可以组织和定义配方。所有配方都存在存储卡中,因此,要使用配方功能,需要在 PLC 中插入一张 64kB 或者 256kB 的存储卡。当用户程序处理一条配方时,该配方被读入到 PLC 的存储区中。

为正确理解配方的配置,先解释以下定义和术语:

配方结构是由配方向导生成的一套组件,这些组件包括指令子程序、数据块标签和符号表。

配方集是指一个配方的集合,它们拥有相同的参数集合,但是依赖于配方参数的数值各不相同。

一条配方是一组参数值,它提供了生产一种产品和控制一个过程所需要的信息。

在港机控制过程中,通常使用 PID 闭环控制来实现特定的上升下降功能,PID 参数的配置配方中又包含了不同的配方,如快速强力矩、低速强力矩、低速平衡力矩和高速平衡力矩等。每种控制方式都对应不同的域和值,如表 6-4-1 所示。

**PID 参数配方集中不同功能配方举例**　　　　　　　　　表 6-4-1

| 域 | 数据类型 | 快速强力矩 | 低速平衡力矩 | 注　释 |
|---|---|---|---|---|
| 设备允许范围上限 | BYTE | 100 | 60 | N·m |
| 设备允许范围下限 | BYTE | 0 | 40 | N·m |
| 比例增益(1) | BYTE | 1.0 | 0.6 | 100% |
| 积分时间(min) | BYTE | 10 | 8 | |
| 微分时间(min) | BYTE | 0 | 7 | |
| 采样周期(ms) | BYTE | 50 | 40 | |
| 极性 | BOOL | TURE(双极性) | FULSE | |

## 相关训练

### 一、训练目标与要求

了解 S7-200 配方功能的使用。

### 二、训练设备

训练设备包括:SIEMENS S7-200 PLC、基本指令训练控制板、港口电气实训台、万用表、测电笔、导线、接线工具箱和编程电脑等。

### 三、训练步骤

1. 任务分析

使用向导完成配方功能定义设置。

2. 任务实施

利用配方向导创建表 6-4-1 所示的配方。启动 STEP7 Micro/WIN 软件,在指令树中,单击向导/配方,打开配方向导,如图 6-4-1 所示。

单击图 6-4-1 中的"下一步"按钮,如果已经存在配方,则进入图 6-4-2 所示的"现存配置"对话框,再次可以修改一个已有的配方集或增加一个新配方集,如果没有存在配方集,则由图 6-4-1 进入"配方定义"对话框,如图 6-4-3 所示,在此定义一个配方集的数据域名(每个域名都会成为项目中的一个符号名),选择数据类型,为每个名字输入默认值和注释,在该配方集中的所有新配方将使用这些默认值作为初始值。

S7-200 中最多可以配置 4 个配方集。

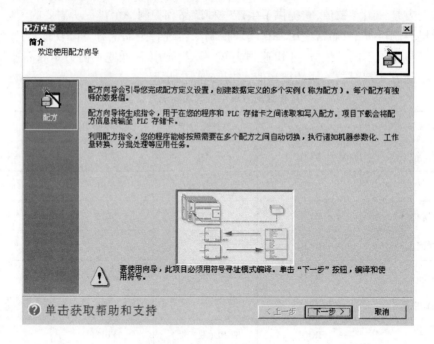

图 6-4-1 启动配方向导

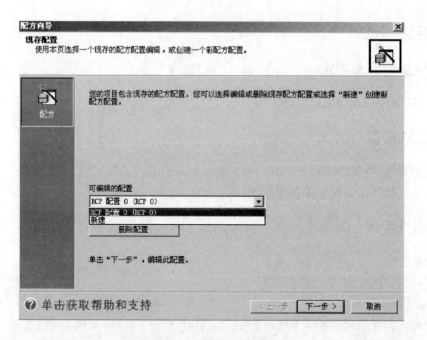

图 6-4-2 "现存配置"对话框

单击图 6-4-3 中的"下一步"按钮,进入"创建和编辑配方"对话框,如图 6-4-4 所示,在此创建单条配方并为这些配方分配数值。每一个可编辑的列都表示一个独立配方,单击"增加配方"可以创建新的配方。每个配方会将创建配方集所指定的默认值作为初始值。也可以选中某一配方,单击鼠标右键赋值和粘贴配方。新的列将被插入在当前光标位置的左侧。根据配方集和配方号,每条新的配方将被给予一个默认的名字为 DEFx_RCPy,修改本例分别为"快速强力矩"和"低速平衡力矩",并输入不同配方各域的值,如图 6-4-4 所示。

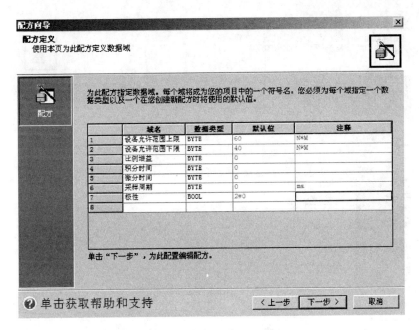

图 6-4-3 "配方定义"对话框

图 6-4-4 "创建和编辑配方"对话框

单击图 6-4-4 中的"下一步"按钮,进入"分配存储区"对话框,如图 6-4-5 所示,选择"建议地址"。

单击图 6-4-5 中的"下一步"按钮,使用默认配置名称 0,完成配方向导的组态配置,系统自动生成"快速大力矩"和"低速平衡力矩"两个子程序,分别用于将指定的配方从存储卡中读取到 V 区和将 V 区的配方值写入存储卡。

编写的程序清单及注释如图 6-4-6 所示。

在数据块中选择向导下的"RCPx_DATA"标志可找到数据所在的 V 存储区位置,如图 6-4-7 所示。

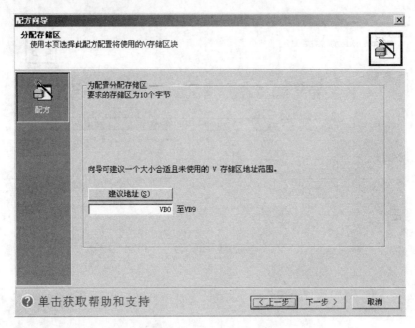

图 6-4-5 "分配存储区"对话框

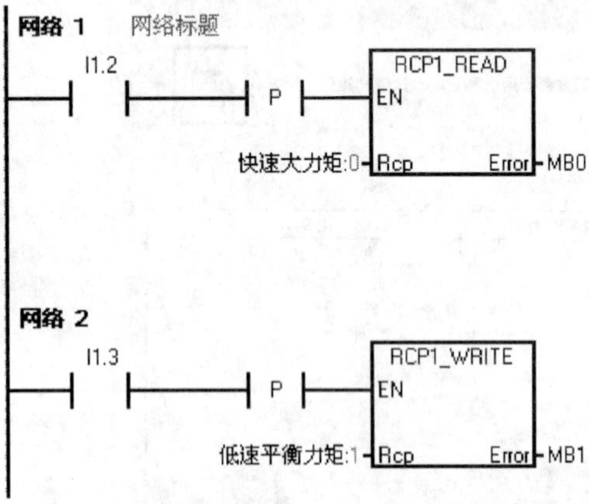

图 6-4-6 编写的程序清单及注释图

图 6-4-7 数据块中的配方相关信息

**注意**：只能写入新值到一个已存在的配方集或者通过再次运行向导来增加新配方集。配方的使用，大大简化了配置参数的繁琐步骤，在改写配方数据的时候只需要改写相对应的配方集便可。

PID 闭环控制在港口机械控制系统中应用范围广泛，不止一个运行机构需要 PID 控制的加入，一套港机控制系统是一个整体，系统中每个运行机构之间相互关联，PID 参数的配置相当繁琐，使用配方数据的方式可以简化调试过程。

# 任务五 使用数据记录功能

 **任务描述**

在港机控制系统中，各种各样的参数的当前值和历史值都是评估一台港机运行的重要指标，采集数据更是控制系统和监控系统的一个重要任务。

用 S7-200 数据记录生成的数据并将数据导入到 Microsoft Excel 中。

 **相关知识**

数据记录功能支持将具有日期和时间戳的过程值保存到存储卡中，将它们下载到 PC 并在 Excel 中进行编辑。附带的截屏画面通过一个温度按要求归档的实例，逐步骤地显示了如何进行 Data_Log 功能编程以及如何使用 S7-200 Explorer 下载数据。

 **相关训练**

### 一、训练目标与要求

了解 S7-200 数据记录功能。

### 二、训练设备

训练设备包括：SIEMENS S7-200 PLC、基本指令训练控制板、港口电气实训台、万用表、测电笔、导线、接线工具箱和编程电脑等。

### 三、训练步骤

1. 任务分析

数据记录通常是指按照日期时间排序的一组有意义数据，每条记录都是具体过程事件的一套过程数据。这些记录可以包括时间及日期标签。可以通过程序控制永久保存过程数据记录到存储卡中，也就是说要使用数据记录功能，必须在 PLC 上插一张 64kB 或 256kB 的存储卡。记录数据存储在存储卡中，可以节约 S7-200 的 V 存储区，因为这些数据以前需要存储在 V 存储区，占用了很大的数据区空间。

数据记录的功能通过 Micro/WIN 软件中的数据记录向导来完成配置。使用数据记录向导可以最多生成 4 个独立的数据记录（每个数据记录可以拥有不同的数据结构）。同一数据记录的数据结构相同。

S7-200 可以通过编程将数据写入存储卡中，但写入到存储卡中的数据不能再读回到 S7-200 中。

数据记录在存储卡中可存储的数据记录的数目没有限制（65535 条），数据记录是一个环形队列，当归档记录满时，一条新的记录将代替第一条记录。

数据记录上载通过 S7-200 资源管理器(S7-200 Explorer)完成,上载的文件可以直接用 Excel 软件打开,也可以利用 Windows 的计划任务工具(Scheduling Task)将数据归档记录设定为在某一时刻自动上载到上位机。

2. 任务实施

要实现本项目要求,第一步:要利用 STEP7 Micro/WIN 软件的数据记录向导创建数据归档。启动 STEP7 Micro/WIN 软件,在指令树中,单击"向导/数据记录",打开数据记录向导,如图 6-5-1 所示。

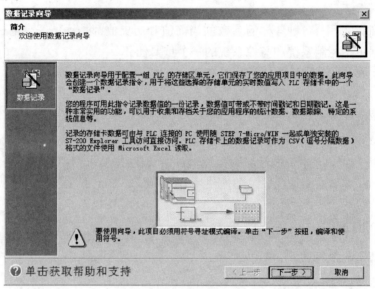

图 6-5-1　启动数据记录向导

单击图 6-5-1 中的"下一步"按钮,进入"数据记录选项"对话框,如图 6-5-2 所示,在此可以开启数据归档记录的时间戳记,开启数据记录归档的时间戳记,指定是否在上载归档数据之后将其删除,指定需要的记录个数。

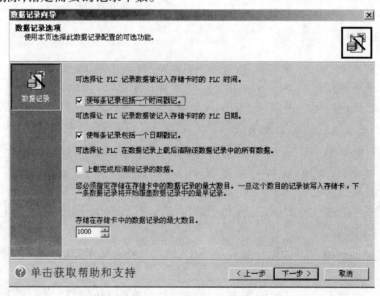

图 6-5-2　"数据记录选项"对话框

数据记录向导实际是用于配置一组 PLC 的存储区单元,它们保存了我们的应用项目中的数据。此向导会创建一个数据记录指令,用于将这些选择的存储单元的实时数据写入 PLC 存储卡中的一个"数据记录"。

在图 6-5-2 中,务必选择"使每条记录包括一个时间戳记",否则,一系列的数据信息将变为毫无意义的数据代码。

单击图 6-5-2 中的"下一步"按钮,进入"数据记录定义"对话框,如图 6-5-3 所示,在此可以输入一个符号域名(数据归档记录最大为 204 个字节),指定每个字段的具体数据类型(从 BOOL 到 REAL,但不支持 ASCII 和字符串),根据需要添加注释等。

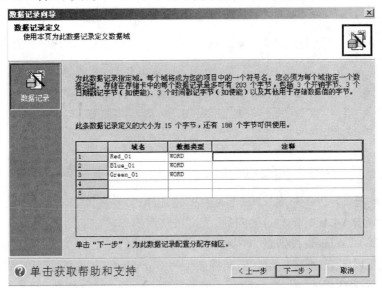

图 6-5-3 "数据记录定义"对话框

单击图 6-5-3 中的"下一步"按钮,进入"分配存储区"对话框,如图 6-5-4 所示,使用"建议地址"即可。与前面向导操作类似,使用默认名称,完成配置。

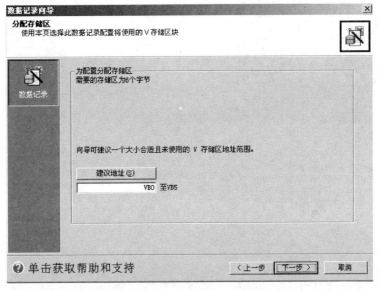

图 6-5-4 "分配存储区"对话框

完成数据记录的配置后,生成了相应的子程序。

第二步:编写用户程序,程序清单及注释如图 6-5-5 所示。

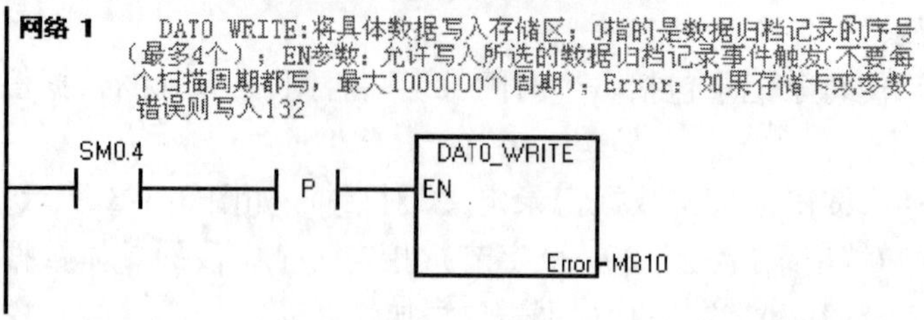

图 6-5-5　主程序清单及注释

如图 6-5-6 所示,它们将被写入数据归档记录中。每个具体的数据归档记录都将找到对应的数据标签。

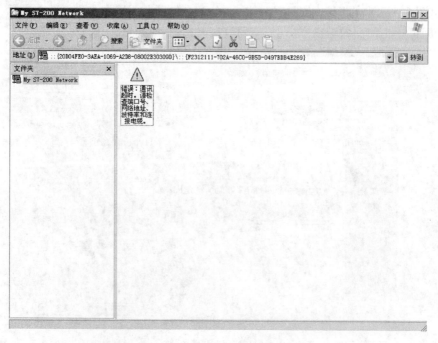

图 6-5-6　数据块中的数据记录相关信息

第三步:连接 S7-200 与 S7-200 Explorer 是 STEP7 Micro/WIN V4.0 的一部分,安装 STEP7 Micro/WIN V4.0 时将会自动安装,也可以从西门子官方网站免费得到。

启动 S7-200 Explorer,找到名为"我的 S7-200 网络"的子文件夹,如果带有存储卡的 S7-200 与计算机正确连接,则将显示在该文件夹下。双击存储卡,即可看到存放在其上的文件和项目,包括 S7-200 程序、配方文件、定义的数据归档记录(含存档数据)和其他文件等,如图 6-5-7 所示。

图 6-5-7　没有连接 PLC 的 S7-200 Explorer

第四步:将已存档数据直接导入到 Microsoft Excel。若要读取存档数据,只需双击数据归档文件。Microsoft Excel 能读取存档的数据结构(xxx.clv 文件)。

若要自动读取数据记录文件,则需要一个特殊的工具用于在指定的时间内自动读取数据归档记录,方法比较简单。

## 任务六　自由口通信模式的应用

### 任务描述

西门子公司产品中大多使用西门子内部 PPI 协议通信,也包括以前下载程序过程中都使用的 PPI 协议,但 PPI 协议对外没有公开。S7-200 对外提供了功能更为强大自由口通信模式。

本项目使用 S7-200 CPU 的自由口通信模式与上位机通信。

### 相关知识

S7-200 CPU 的通信口可以设置为自由口模式。选择自由口模式后,用户程序就可以完全控制通信端口的操作,通信协议也完全受用户程序控制。

S7-200 CPU 上的通信口在电气上是标准的 RS-485 半双工串行通信口。此串行字符通信的格式可以包括:

一个起始位;

7 或 8 位字符(数据字节);

一个奇/偶校验位,或者没有校验位;

一个停止位。

自由口通信速波特率可以设置为 1200、2400、4800、9600、19200、38400、57600 或 112500。

凡是符合这些格式的串行通信设备,理论上都可以和 S7-200 CPU 通信。

自由口模式可以灵活应用。Micro/WIN 的两个指令库(USS 和 Modbus RTU)就是使用自由口模式编程实现的。

在进行自由口通信程序调试时,可以使用 PC/PPI 电缆(设置到自由口通信模式)连接 PC 和 CPU,在 PC 上运行串口调试软件(或者 Windows 的 Hyper Terminal-超级终端)调试自由口程序。

USB/PPI 电缆和 CP 卡不支持自由口调试。

自由口通信要点:应用自由口通信首先要把通信口定义为自由口模式,同时设置相应的通信波特率和上述通信格式。用户程序通过特殊存储器 SMB30(对端口 0)、SMB130(对端口 1)控制通信口的工作模式。

CPU 通信口工作在自由口模式时,通信口就不支持其他通信协议(比如 PPI),此通信口不能再与编程软件 Micro/WIN 通信。CPU 停止时,自由口不能工作,Micro/WIN 就可以与 CPU 通信。

通信口的工作模式,是可以在运行过程中由用户程序重复定义的。

如果调试时需要在自由口模式与 PPI 模式之间切换,可以使用 SM0.7 的状态决定通信口的模式；而 SM0.7 的状态反映的是 CPU 运行状态开关的位置（在 RUN 时 SM0.7＝"1"，在 STOP 时 SM0.7＝"0"）。

自由口通信的核心指令是发送（XMT）和接收（RCV）指令。在自由口通信常用的中断有"接收指令结束中断""发送指令结束中断"以及通信端口缓冲区接收中断。

与网络读写指令（NetR/NetW）类似，用户程序不能直接控制通信芯片而必须通过操作系统。用户程序使用通信数据缓冲区和特殊存储器与操作系统交换相关的信息。

XMT 和 RCV 指令的数据缓冲区类似，起始字节为需要发送的或接收的字符个数，随后是数据字节本身。如果接收的消息中包括了起始或结束字符，则它们也算数据字节。

调用 XMT 和 RCV 指令时只需要指定通信口和数据缓冲区的起始字节地址。

XMT 和 RCV 指令与 NetW/NetR 指令不同的是，它们与网络上通信对象的"地址"无关，而仅对本地的通信端口操作。如果网络上有多个设备，消息中必然包含地址信息；这些包含地址信息的消息才是 XMT 和 RCV 指令的处理对象。

由于 S7-200 的通信端口是半双工 RS-485 芯片，XMT 指令和 RCV 指令不能同时有效。
XMT 和 RCV 指令：
XMT（发送）指令的使用比较简单。RCV（接收）指令所需要的控制稍多一些。
RCV 指令的基本工作过程为：
在逻辑条件满足时，启动（一次）RCV 指令，进入接收等待状态；
监视通信端口，等待设置的消息起始条件满足，然后进入消息接收状态；
如果满足了设置的消息结束条件，则结束消息，然后退出接收状态。
RCV 指令启动后并不一定就接收消息，如果没有让它开始消息接收的条件，就一直处于等待接收的状态；如果消息始终没有开始或者结束，通信口就一直处于接收状态。这时如果尝试执行 XMT 指令，就不会发送任何消息。

所以，确保不同时执行 XMT 和 RCV 非常重要，可以使用发送完成中断和接收完成中断功能，在中断程序中启动另一个指令。

在《S7-200 系统手册》中，关于 XMT 和 RCV 指令的使用有一个例子。这个例子非常经典，强烈建议学习自由口通信时先做通这个例子。

字符接收中断：
S7-200 CPU 提供了通信口字符接收中断功能，通信口接收到字符时会产生一个中断，接收到的字符暂存在特殊存储器 SMB2 中。通信口 Port0 和 Port1 共用 SMB2，但两个口的字符接收中断号不同。

每接收到一个字符，就会产生一次中断。对于连续发送消息，需要在中断服务程序中将单个的字符排列到用户规定的消息保存区域中。实现这个功能可能使用间接寻址比较好。

对于高通信速率来说，字符中断接受方式需要中断程序的执行速度足够快。

一般情况下，使用结束字符作为 RCV 指令的结束条件比较可靠。如果通信对象的消息帧中以一个不定的字符（字节）结束（如校验码等），就应当规定消息或字符超时作为结束 RCV 指令的条件。但是往往通信对象未必具有严格的协议规定、工作也未必可靠，这就可能造成 RCV 指令不能正常结束。这种情况下可以使用字符接收中断功能。

如何人为结束 RCV 接收状态？
接收指令控制字节（SMB87/SMB187）的 en 位可以用来允许/禁止接收状态。可以设置 en 为"0"，然后对此端口执行 RCV 指令，即可结束 RCV 指令。

需要定时向通信对象发送消息并等待回复的消息,如果因故消息没有正常接收,下次无法发送消息怎么办。

可以在开始发送消息时加上人为中止 RCV 指令的程序。

自由口通信中,主站向从站发送数据,为何收到多个从站的混乱响应。

这说明从站没有根据主站的要求发送消息。有多个从站的通信网络中,从站必须能够判断主站的消息是不是给自己的,这需要从站的通信程序中有必要的判断功能。

自由口通信协议是什么?

顾名思义,没有什么标准的自由口协议。用户可以自己规定协议。

新的 PC/PPI 电缆能否支持自由口通信。

新的 RS-232/PPI 电缆(6ES7 901-3CB30-0XA0)可以支持自由口通信;但需要将 DIP 开关 5 设置为"0",并且设置相应的通信速率。

新的 USB/PPI 电缆(6ES7 901-3DB30-0XA0)不能支持自由口通信。

 **相关训练**

### 一、训练目标与要求

可使用自由口协议实现 PLC 和外围设备通信。

### 二、训练设备

训练设备包括:SIEMENS S7-200 PLC、基本指令训练控制板、港口电气实训台、万用表、测电笔、导线、接线工具箱和编程电脑等。

### 三、训练步骤

1. 任务分析

自由口通信是一种基于 RS485 硬件,允许应用程序控制 S7-200 的通信端口,来实现一些自定义通信协议的通信方式。

S7-200 处于自由口通信模式时,通信功能完全由用户程序控制,所有的通信任务和信息定义均需由用户编程实现。

借助自由口通信模式,S7-200 可与许多通信协议公开的设备、控制器进行通信,其波特率为 1200~115200b/s。

S7-200 可通过自由口通信协议访问带用户端软件的 PC、条形码阅读器、串口打印机、并口打印机、S7-200、S7-300(带 CP340 模块)、非 SIEMENS PLC、调制解调器等,如图 6-6-1 所示。

2. 任务实施

对于自由口通信,还要注意以下几点:

(1)由于 S7-200 通信端口是半双工通信口,所以发送和接收不能同时进行。

(2)当 S7-200 通信口处于自由口模式下时,该通信口不能同时在其他通信模式下工作;如不能在端口 1 进行自由口通信时,可使用端口 1 进行 PPI 编程。

(3)S7-200 通信端口是 RS-485 标准,因此,如果通信对象是 RS-232 设备,则需要使用 RS232/PPI 电缆。

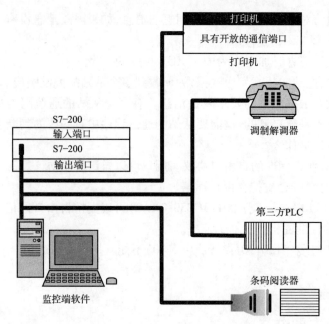

图 6-6-1　S7-200 自由口通信示意图

(4) 自由口通信只有在 S7-200 处于 RUN 模式下才能被激活,如果将 S7-200 设置为 STOP 模式,则通信端口将根据 S7-200 系统块中的配置转换到 PPI 协议。

使用自由口通信前,必须了解自由口通信工作模式的定义方法,即控制字的组态。S7-200 的自由口通信的数据字节格式必须含有一个起始位、一个停止位,数据位长度为 7 位或 8 位,校验位和校验类型(奇、偶校验)可选。

S7-200 的自由口通信定义方法为将自由口通信操作数传入特殊寄存器 SMB30(端口 0) 和 SMB130(端口 1)进行端口定义。

自由口通信模式主要使用 XMT(发送)和 RCV(接收)两条指令以及相应的特殊寄存器。

XMT 指令利用数据缓冲区指定要发送的字符,用于向指定通信口以字节为单位发送一串数据字符,一次最多发送 255 个字节。XMT 指令完成后,会产生一个中断事件(PORT0 为中断事件 9,PORT1 为中断事件 26)。XMT 指令的缓冲区格式如表 6-6-1 所示。

RCV 指令可以从 S7-200 的通信口接收一个或多个数据字节,接收到的数据字节将被保存在接收数据缓冲区内。RCV 指令完成后,会产生一个中断事件(PORT0 为中断事件 23,PORT1 为中断事件 24)。特殊寄存器 SMB86 和 SMB186 则分别提供 PORT0 和 PORT1 的接收信息状态字节。RCV 指令的缓冲区格式如表 6-6-2 所示。

XMT 指令的缓冲区格式

表 6-6-1

| | |
|---|---|
| T+0 | 发送字节个数 |
| T+1 | 数据字节 |
| T+2 | 数据字节 |
| T+3 | 数据字节 |
| … | … |
| T+255 | 数据字节 |

RCV 指令的缓冲区格式

表 6-6-2

| | |
|---|---|
| T+0 | 接收字节个数 |
| T+1 | 起始字符(如果有) |
| T+2 | 数据字节 |
| T+3 | 数据字节 |
| … | … |
| T+255 | 结束字符(如果有) |

以 S7-200 与 Windows 操作系统提供的通信测试程序——超级终端(Hyper Terminal)进行自由口通信为例,计算机通过串口与 S7-200 连接。

① 自由口发送

任务:记录定时中断次数,将计数值转化为 ASCII 字符串,通过 CPU224XP 的 port0 发送到计算机串口,计算机接收并利用超级终端显示与 S7-200 通信的内容。

a. 规定缓冲区为 VB100 ~ VB114,使用数据块进行缓冲区定义如表 6-6-3 所示,其中,16#0D 和 16#0A 用于计算机的超级终端显示的需要。图 6-6-2 为定义的数据块。

RCV 缓冲区定义　　　　　　　　　　　　　　表 6-6-3

| 地　　址 | 存储数据 | 说　　明 |
| --- | --- | --- |
| VB100 | 14 | 发送字节数 |
| VB101 ~ VB112 | 数据字节 | 数据字节 |
| VB113 | 16#0D | 消息结束字符 |
| VB114 | 16#0A | 回车符 |

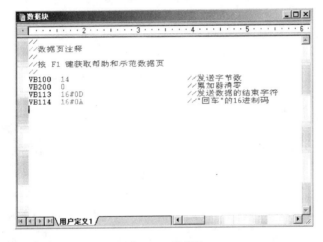

图 6-6-2　数据块

b. 程序清单。

本例 PLC 程序包括主程序,子程序 SBR_0、SBR_1 和中断子程序 INT_0,主程序清单及注释如图 6-6-3 所示,子程序清单及注释如图 6-6-4 所示。

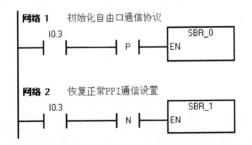

图 6-6-3　主程序清单及注释

子程序SBR_0

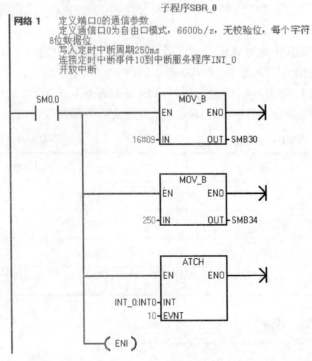

子程序SBR_0

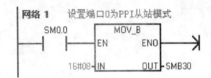

中断子程序INT_0

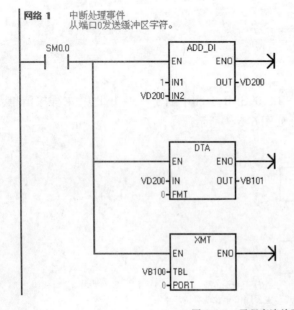

图 6-6-4  子程序清单及注释

需要说明的是,中断事件10是由中断0产生的事件中断,该时间中断的间隔的范围为1~255ms,中断将的数值有SMB34定义。由于RS-232传输线有空闲状态切换到接收模式需要切换时间(一般为0.15~14ms),故为防止传输失败,设置的中断时间间隔必须大于切换时间,并再增加一些余量。

c.超级终端接收设置。

超级终端设置步骤如下:

第一步:单击"开始/附件/通信/超级终端",为新建连接输入连接名称,如图6-6-5所示。

第二步:选择连接时要使用的串口,如图6-6-6所示。

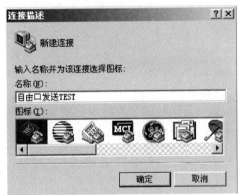
图6-6-5 新建超级终端连接

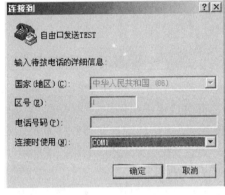
图6-6-6 连接到串口COM1

第三步:设置串口通信参数并保存连接,注意此处设置要与PLC程序中对应,如图6-6-7所示。

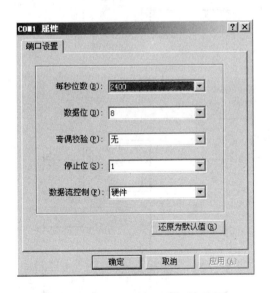

图6-6-7 设置串口通信参数

第四步:使用超级终端接收S7-200发送的信息,将I0.3置为ON,单击按钮进行连接,超级终端的窗口会自动显示S7-200发送的字符串,如图6-6-8所示。

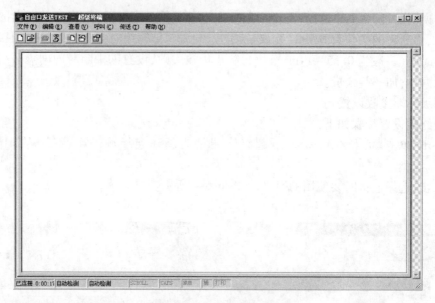

图 6-6-8 超级终端接收窗口

②自由口接收示例

任务:S7-200 从端口 0 接收计算机发送的字符串,并在信息接收中断服务程序中把接收到第一个字节传送到 CPU 输出字节 QB0 上显示。

a. 程序清单。

本例 PLC 程序包括主程序(图 6-6-9),子程序"初始化子程序"(图 6-6-10)、"接收中断子程序"(图 6-6-11)和"发送完成子程序"(图 6-6-12)。

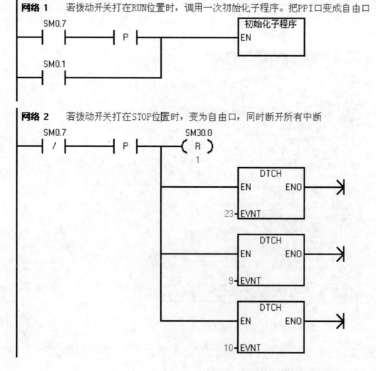

图 6-6-9 主程序清单及注释

**网络 1** 定义通信口的接收参数
定义为自由口模式，9600b/s，无校验，每个字符8个数据位
定义接收控制字节SMB87
设置接收信息开始字符SMB88和结束字符SMB89
设置空闲时间SMW92
设置接收字符最大个数SMB94
启动接收指令

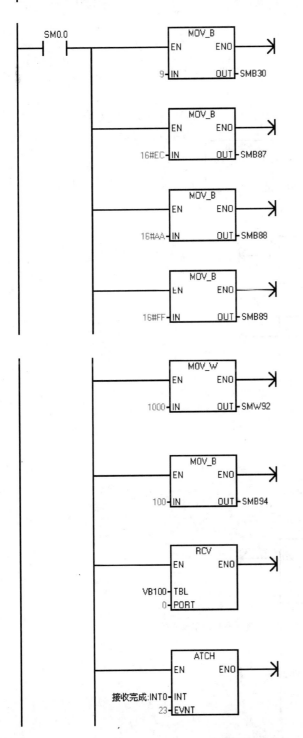

图 6-6-10

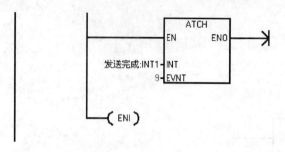

图 6-6-10 初始化子程序清单及注释

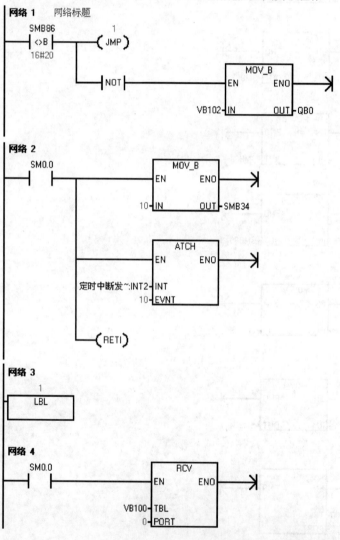

图 6-6-11 接收完成中断子程序清单及注释

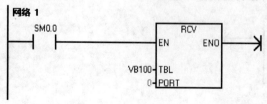

图 6-6-12 发送完成子程序清单及注释

b. 超级终端发送组态

第一步：打开刚才建立好的超级终端链接，进入该链接的属性窗口，如图 6-6-13 所示。点击"ASCII 码设置"按钮，在弹出的 ASCII 码设置窗口中，按图 6-6-14 所示方式进行设置。

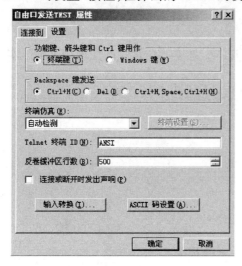
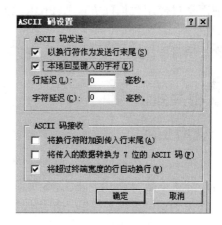

图 6-6-13　超级终端链接属性窗口　　　　图 6-6-14　ASCII 码设置窗口

第二步：把 PLC 转换到运行状态，同时把 I0.3 置为 ON，在超级终端中输入字符串，如图 6-6-15 所示。

图 6-6-15　超级终端窗口

第三步：在 Micro/WIN 软件中，使用状态表监测缓冲区和 QB0 内容，如图 6-6-16 所示。

图 6-6-16　使用状态表进行监测

# 任务七　使用 PID 控制指令

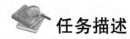

前面学过使用数据配方配置 PID 参数的方式，具体 PID 指令的使用需要通过本项目的学习。

在该项目中，通过 PID 指令向导，编写保持电动机转速为一设定值的控制程序。

## 一、PID 应用

### 1. PID 算法

PLC 基数不断增强，运行速度不断提高，不但可以完成顺序控制的功能，还可以完成复杂的闭环控制功能。闭环控制系统构成如图 6-7-1 所示。

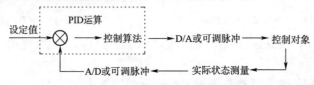

图 6-7-1　闭环控制系统构成图

PID(Proportional + Integral + Derivative) 是工业控制常用的控制算法，无论在温度、流量等慢变化过程，还是速度、位置等快变化的过程，都可得到很好的控制效果。

PID 控制算法一般由比例项 + 积分项 + 微分项组成，但在实际编程时还可以只使用比例项，或使用比例项 + 积分项，或三项都使用。积分项的作用是消除系统净差，比例项可以改善系统动态响应速度，微分项有缓和输出值激烈变化的效果。

在一些电子产品制造过程中，把产品成批放到烘箱中需要慢慢加温，达到设定温度后需要恒温保持一段时间，最后成批取出来。人们将这种控制过程称为静态系统，静态系统为了编程调试的方便只用了比例项就可以达到比较满意的效果。

但在其他过程中，比如在塑料制造过程中，常用到注塑机，注塑机的料缸中需要加温到一定温度才能熔化，塑料熔化的热能一般来源于料缸中螺杆的摩擦及料缸外的加热装置。人们把料缸外的加热装置的控制系统称为惰性动态系统（也称大惯性系统），而惰性动态控制系统中，使用比例项 + 积分项就可达到理想控制目的。

港口机械控制系统一般控制的量为速度和位置这样的积极性动态系统（又称小惯性系统），积极动态系统使用比例项 + 积分项 + 微分项才能达到理想控制效果。

PLC 的 PID 算法的特点是：

(1) 系统设计相对简单，针对不同的控制系统的特点，使用比例项，或使用比例项 + 积分项，或使用比例项 + 积分项 + 微分项，具有较强的适应性和灵活性。

(2) 参数调整相对简单，易于达到控制要求。

(3) 程序设计简单，直接套用即可，没有繁琐的逻辑及算术运算，实际工程中易于实现。

## 2. PID 参数整定

(1) 采样周期的选择

采样周期越小,数字模拟越精确,控制效果越接近连续控制。对大多数算法,缩短采样周期可使控制回路性能改善,但采样周期缩短时,频繁的采样必然会占用较多的计算工作时间,同时也会增加计算机的计算负担,而对有些变化缓慢的受控对象,无需很高的采样频率即可进行跟踪,过多的采样反而没有多少实际意义。

最大采样周期:

$$T_{max} = \frac{1}{2f_{max}}$$

式中:$f_{max}$——信号频率组分中最高频率分量。

(2) 选择采样周期应综合考虑的因素

①给定值的变化频率

加到被控对象上的给定值变化频率越高,采样频率应越高,以使给定值的改变通过采样迅速得到反映,而不致在随动控制中产生大的时延。

②被控对象的特性

考虑对象变化的缓急,若对象是慢速的热工或化工对象时,$T$ 一般取得较大。在对象变化较快的场合,$T$ 应取得较小。

考虑干扰的情况,从系统抗干扰的性能要求来看,要求采样周期短,使扰动能迅速得到校正。

③使用的算式和执行机构的类型

采样周期太小,会使积分作用、微分作用不明显。同时,因受微机计算精度的影响,当采样周期小到一定程度时,前后两次采样的差别反映不出来,使调节作用因此而减弱。

执行机构的动作惯性大,采样周期的选择要与之适应,否则执行机构来不及反应数字控制器输出值的变化。

④控制的回路数

要求控制的回路较多时,相应的采样周期越长,以使每个回路的调节算法都有足够的时间来完成。控制的回路数 $n$ 与采样周期 $T$ 有如下关系:

$$T \geq \sum_{j=1}^{n} T_j$$

式中:$T_j$——第 $j$ 个回路控制程序的执行时间。

(3) 数字 PID 控制的参数选择

①原则要求

被控过程是稳定的,能迅速和准确地跟踪给定值的变化,超调量小,在不同干扰下系统输出应能保持在给定值,操作变量不宜过大,在系统与环境参数发生变化时控制应保持稳定。显然,要同时满足上述各项要求是困难的,必须根据具体过程的要求,满足主要方面,并兼顾其他方面。

②PID 参数整定方法

理论计算法——依赖被控对象准确的数学模型(一般较难做到);

工程整定法——不依赖被控对象准确的数学模型,直接在控制系统中进行现场整定(简单易行)。常用的简单易行工程整定法为扩充临界比例度法——适用于有自平衡特性的被控对象。

整定数字调节器参数的步骤是:

选择采样周期为被控对象纯滞后时间的十分之一以下。

去掉积分作用和微分作用,逐渐增大比例度系数 $K_P$ 直至系统对阶跃输入的响应达到临界振荡状态(稳定边缘),记下此时的临界比例系数 $K_K$ 及系统的临界振荡周期 $T_K$。

选择控制度,控制度计算公式如下:

$$控制度 = \frac{\left[\int_0^\infty e^2(t)\,dt\right]_{DDC}}{\left[\int_0^\infty e^2(t)\,dt\right]_{模拟}}$$

通常,当控制度为 1.05 时,就可以认为 DDC 与模拟控制效果相当。

3. PLC 实现 PID 的算法过程

该算法过程是以连续的 PID 控制算法规律为基础,然后将其规律数字化,总结出离散性的控制算法,最后按照离散型控制算法进行程序设计。

连续 PID 算法方程用数学公式表达如下:

$$u(t) = K_P\left[e(t) + \frac{1}{T_I}\int_0^t e(t)\,dt + T_D\frac{de(t)}{dt}\right]$$

$$e(t) = r(t) - c(t)$$

由于 PLC 的运算不可能做到连续,而是按照扫描周期进行,所以在 PLC 中检测值是按照设定的时间周期进行采样,然后将采样值放入公式计算。假设采样周期为 $T$,初始时间为 0,利用矩形积分代替精度连续积分,利用差分代替精度连续微分,可把上式转化为下式:

$$u(n) = K_P\left\{e(n) + \frac{T}{T_I}\sum_{i=0}^n e(i) + \frac{T_D}{T}[e(n) - e(n-1)]\right\} + u_0$$

$$= u_P(n) + u_I(n) + u_D(n) + u_0$$

PLC 在执行用户程序中,考虑到每个扫描周期内需要处理用户不同的程序运算,因此出现每个扫描周期的时间有可能不同,而且有时相差较大,所以影响到采样时间实际的间隔也不同。如果改进后,对上式进行 PID 运算,由于考虑到采用时间在每个扫描周期的差异对 PID 运算输出结果的影响,可进一步化简为下式:

$$u(n) = K_P e(n) + K_I \sum_{j=0}^n e(j) + K_D \Delta e(n) + B_S$$

在 PLC 中进行 PID 运算就可以参考上式进行编程实现闭环控制,也可以选择套用 PID 指令实现闭环控制。

按照上式实现 PID 控制顺序流程图如图 6-7-2 所示。

## 二、PID 指令

PID 运算指令是根据表格(TBL)中的输入和设置信息对 LOOP 指定的回路执行 PID 环路计算的指令,其指令样式如图 6-7-3 所示。

用户只需要输入和配置回路的参数信息,就可以完成 PID 运算的任务。

S7-200 可以在一个程序里同时使用 8 个回路的 PID 指令。如果在编程时,多处使用相同回路(LOOP 指定相同的数值)。由于各回路的参数表不同,会出现错误的结果。

基本 PID 环路表如表 6-7-1 所示。

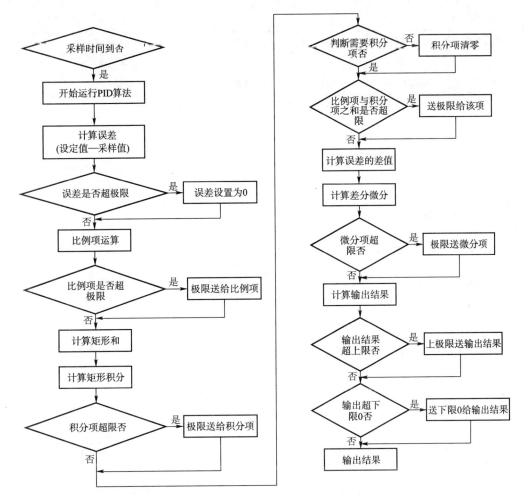

图 6-7-2 PID 控制顺序流程图

在实际控制系统中,可采用一项、两项或三项控制方法。例如,只使用比例项或比例项和积分项等组合。可以通过设置常量参数值对所需的环路控制类型进行选择。

如果不需要积分运算,应将积分时间指定为"INF(无穷大)",由于积分和 MX 的初始值,即使没有积分运算,积分项的数值也可能不为 0。

如果不需要微分运算,应将微分时间指定为"0.0"。

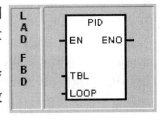

图 6-7-3 PID 指令

如果不需要比例运算,并且只要积分或积分和微分控制,则应将增益值指定为"0.0"。因为环路增益是计算积分和微分项公式中的系数,将环路增益设为 0.0,会导致在积分和微分项计算中使用环路增益值为 1.0。

基本 PID 环路表  表 6-7-1

| 字节偏移量 | 代表意义 | 数据类型 | IN/OUT | 说明 |
| --- | --- | --- | --- | --- |
| 0 | 检测值 | 小数 | IN | 范围:0.0~1.0 |
| 4 | 设定值 | 小数 | IN | 范围:0.0~1.0 |
| 8 | 输出值 | 小数 | IN/OUT | 范围:0.0~1.0 |

续上表

| 字节偏移量 | 代表意义 | 数据类型 | IN/OUT | 说　明 |
|---|---|---|---|---|
| 12 | 增益 | 小数 | IN | 比例常数:可正可负 |
| 16 | 采样时间 | 小数 | IN | 单位为"s",正数 |
| 20 | 积分时间 | 小数 | IN | 单位为"min",正数 |
| 24 | 微分时间 | 小数 | IN | 单位为"min",正数 |
| 28 | 积分前项 | 小数 | IN/OUT | 范围:0.0~1.0 |
| 32 | 检测前项 | 小数 | IN/OUT | 最近一次 PID 运算的检测值 |

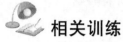 相关训练

### 一、训练目标与要求

可以使用 PID 算法,实现外围 PID 控制回路。

### 二、训练设备

训练设备包括:SIEMENS S7-200 PLC、基本指令训练控制板、港口电气实训台、万用表、测电笔、导线、接线工具箱和编程电脑等。

### 三、训练步骤

1. 任务分析

Micro/WIN 提供了 PID 指令向导,可以帮助我们普通用户方便生成一个闭环控制过程的 PID 算法,此向导可以完成绝大多数 PID 运算的自动编程,用户只需要在主程序中调用 PID 向导生成的子程序,就可以完成 PID 控制任务。S7-200 CPU 最多可以支持 8 个 PID 控制回路。

PID 向导既可以生成模拟量输出 PID 控制算法,也支持数字量输出;既支持连续自动调节,也支持手动参与控制。建议初学者使用向导 PID 编程,以避免不必要的错误。

S7-200 CPU224XP 本机集成了两路输入一路输出的模拟量,模拟输入为电压输入,故本项目中的速度传感器采用的是和电机同轴互感电流传感器,转速越高,则电压越高。通过 500Ω 电阻将电流信号转换成 2~10V 的电压信号送到 PLC 对应的转速是 0~3000r/min。

控制系统闭环控制典型回路如图 6-7-4 所示,其中 $r(t)$ 为给定值,$z(t)$ 为测量获得的实际值,$u(t)$ 为控制器输出值。

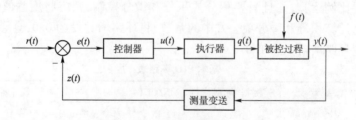

图 6-7-4　闭环控制典型回路示意图

2. 任务实施

启动 Micro/WIN 软件,展开"指令数/向导",双击 PID,打开 PID 指令向导,如图 6-7-5

所示。

单击图6-7-5中的"下一步"按钮,进入"PID参数设置"对话框,如图6-7-6所示。

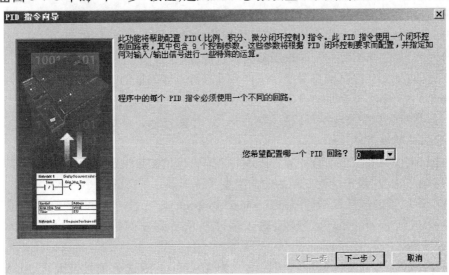

图6-7-5 PID回路选择对话框

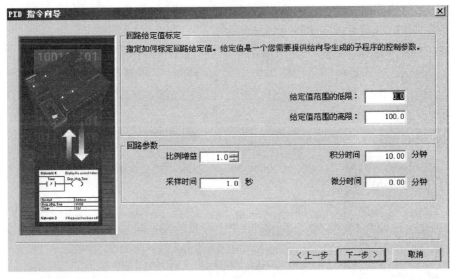

图6-7-6 PID参数设置对话框

在图6-7-6中,"回路给定值标定"项定义回路设定值(SP,即给定值)的范围:在低限(Low Range)和高限(High Range)输入域中输入实数,默认值为0.0和100.0,表示给定值的取值范围占过程反馈(实际值)量程的百分比。这个范围是给定值的取值范围,也可以用实际的工程单位数值表示。

对于PID控制系统来说,必须保证给定与过程反馈(实际值)的一致性。

给定与反馈的物理意义一致:这取决于被控制的对象,如果是压力,则给定也必须对应于压力值;如果是速度,则给定也必须对应于速度。

给定与反馈的数值范围对应:如果给定是摄氏度值,则反馈必须是对应的摄氏度值。

如果给定与反馈的换算有特定的比例关系也可以,如给定可以表示为以反馈的数值范围的百分比数值。

为避免混淆,建议采用默认百分比的形式。

图6-7-6中的"回路参数"项定义PID回路参数,包括:

比例增益:即比例常数。

积分时间:如果不需要积分作用,可以把积分时间设为无穷大"INF"。

微分时间:如果不需要可同样采用前面讲过的方法。

采样时间:是PID控制回路对反馈采样和重新计算输出值的时间间隔。在向导完成后,若想要修改此数,则必须返回向导中修改,不可在程序中或状态表中修改。

以上这些参数都是实数。可以根据"经验"或需要"初试"设定这些参数,甚至采用默认值,具体参数还要进行整定。

单击图6-7-6中的"下一步"按钮,进入PID输入输出参数设定对话框,如图6-7-7所示。图中"回路输入选项"设定过程变量的输入类型及范围。

过程变量的类型包括Unipolar和Bipolar。Unipolar:单极性,即输入的信号为正,如0～10V或0～20mA等;Bipolar:双极性,输入信号在从负到正的范围内变化如输入信号为±10V、±5V等。

20%偏移量:选用20%偏移。如果输入为4～20mA则选单极性及此项,4mA是0～20mA信号的20%,所以选20%偏移,即4mA对应6400,20mA对应32000。

反馈输入取值范围在类型设置为Uinpolar时,默认的取值为-32000～+32000,对应的输入范围根据量程不同可以是±5V等。

图6-7-7中"回路输出选项"定义输出类型,可以选择模拟量输出或数字量输出。模拟量输出用来控制一些需要模拟量给定的设备,如比例阀、变频器等;数字量输出实际上是控制输出点的通断状态,按照一定的占空比输出,可以控制固态继电器。选择模拟量则需要设定回路输出变量值的范围,可以选择:

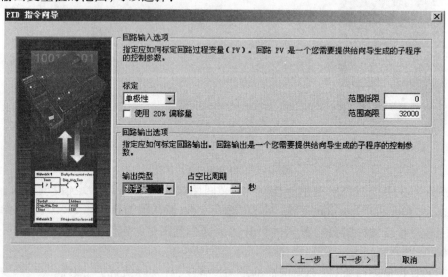

图6-7-7 PID输入输出参数设置对话框

Unipolar:单极性输出,可为0～10V或0～20mA等,范围低高限默认值为0～32000。

Bipolar:双极性输出,可为±10V、±5V等。范围高低限默认值为-32000～+32000。

20%偏移量:若选中,使输出为4～20mA,范围高低限取值为6400～32000。

如果选择了数字量输出,需要设定此占空比的周期。本例选择数字量输出,占空比周期采用默认值1s。

单击图6-7-7中"下一步"按钮,进入回路报警设定对话框,如图6-7-8所示。向导提供了三个输出来反映过程值(PV)的使能低限报警、使能高限报警及使能模拟量输入模块报错。当报警条件满足时,输出置位为1。这些功能在选中了相应的选择框之后起作用。

使能低限报警(PV)并设定过程值(PV)报警的低限,此值为过程值的百分数,默认值为0.10,即报警的低限为过程值的10%。此值最低可设为0.01,即满量程的1%。

使能最高限报警(PV)并设定过程值(PV)报警的高限,此值为过程值的百分数,默认值为0.90,即报警的高限为过程值的90%。此值最高可设为1.00,即满量程的100%。

使能过程值(PV)模拟量输入模块报错并设定模块于CPU连接时所处的模块位置。"0"就是第一个扩展模块的位置。

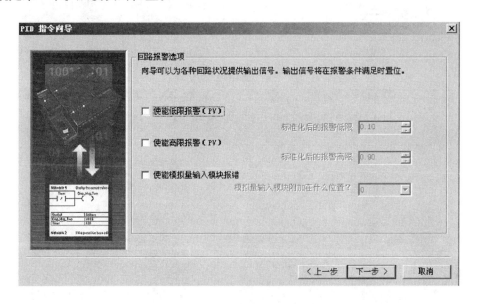

图6-7-8 回路报警设定对话框

单击图6-7-8中的"下一步"按钮,为PID指令向导分配存储区,如图6-7-9所示。PID指令(功能块)使用了一个120个字节的V区参数表来进行控制回路的运算工作;此外,PID向导生成的输入/输出量的标准化程序也需要运算数据存储区,需要为它们定义一个起始地址,要保证该地址起始的若干字节在程序的其他地方没有被重复使用。单击"建议地址",则向导将自动设定当前程序中没有用过的V区地址。自动分配的地址知识在执行PID向导时编译检测到的空闲地址。向导将自动为该参数表分配符号名,不要再用字节为这些参数分配符号名,否则导致PID控制不执行。

单击图6-7-9中的"下一步"按钮则进入定义向导所生成的PID子程序和中断程序名及手/自动模式对话框,如图6-7-10所示。可以选择添加PID手动控制模式。在PID手动控制模式下,回路输出有手动输出设定控制,此时需要写入手动控制输出参数一个0.0~1.0的实数,代表输出的0%~100%,而不是直接去改变输出值。

**注意**:如果项目中已经存在一个PID配置,则中断程序名为只读,不可更改。因为一个项目中所有PID公用一个中断程序,它的名字不会被任何新的PID所更改。

PID向导中断用的是SMB34定时中断,在使用了PID向导后,注意在其他编程时不要再用此中断,也不要向SMB34中写入新的数值,否则PID将停止工作。

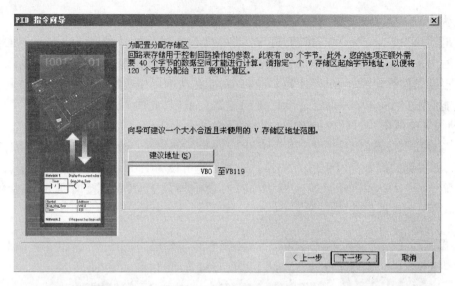

图 6-7-9 分配存储区对话框

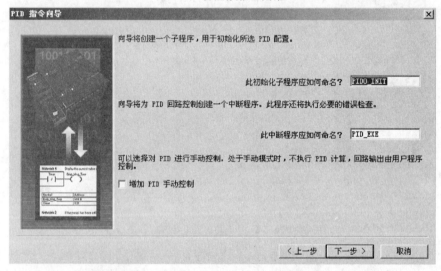

图 6-7-10 定义向导所生成的 PID 初始化子程序和中断程序名及手/自动对话框

单击图 6-7-10 中的"下一步"按钮,生成 PID 子程序、中断程序及符号表等,即完成 PID 向导的设置。之后,可在符号表中查看 PID 向导生成的符号表,包括各参数所用的详细地址及注释,进而在编写程序时使用相关参数。图 6-7-11 为 PID 向导生成的符号表的示例。

| | | | 符号 | 地址 | 注释 |
|---|---|---|---|---|---|
| 1 | | | PID0_Output_D | VD86 | |
| 2 | | | PID0_Dig_Timer | VD82 | |
| 3 | | | PID0_D_Counter | VW80 | |
| 4 | | | PID0_D_Time | VD24 | 微分时间 |
| 5 | | | PID0_I_Time | VD20 | 积分时间 |
| 6 | | | PID0_SampleTime | VD16 | 采样时间(要修改请重新运行 PID 向导) |
| 7 | | | PID0_Gain | VD12 | 回路增益 |
| 8 | | | PID0_Output | VD8 | 标准化的回路输出计算值 |
| 9 | | | PID0_SP | VD4 | 标准化的过程给定值 |
| 10 | | | PID0_PV | VD0 | 标准化的过程变量 |
| 11 | | | PID0_Table | VB0 | PID 0的回路表起始地址 |

图 6-7-11 PID 向导生成的符号表

完成 PID 指令向导的组态后,指令树的子程序文件夹中已经生成了 PID 相关子程序和中断程序,需要在用户程序中调用向导生成的 PID 子程序。图 6 7 12 为在主程序中调用 PID 子程序的清单及注释。调用 PID 子程序时,不用考虑中断程序。子程序会自动初始化相关的定时中断处理事项,然后中断程序会自动执行。

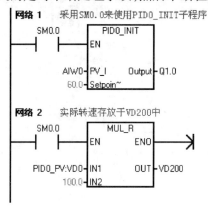

图 6-7-12　主程序中调用 PID 子程序的清单及注释

3. 经验总结

没有一个 PID 项目的参数不需要修改而直接运用于实际工程项目,因此需要在港口机械控制系统实际运行时调试 PID 参数配置。有符号表中可以找到包括 PID 核心指令所用的控制回路表,包括比例系数、积分时间等。将此表的地址复制到状态表中,可以在监控模式下在线修改 PID 参数,而不必停机再次做配置。参数调试合适后,可以在数据块中写入,也可以在做一次向导,或者编程向相应的数据区传递参数。

# 任务八　S7-200 的 PPI 通信

 任务描述

在港口机械控控系统中,由于港口机械属于大型控制系统设备,一般不采用 PPI 通信的方式交换数据。

PPI 通信协议是西门子公司内部协议,至今对外没有公开,我们只能遵照手册的提示来进行 PPI 协议的通信连接实现数据交换。

虽然 PPI 协议在港口机械控制系统中使用不多,但 PPI 协议在西门子 PLC 通信中的地位仍然较高,我们编写的程序下载到 PLC 内部最好通过 PPI 协议通信方式。

本项目拟将两台 S7-200 CPU 通过 PPI 网络链接,实现两者数据的交换。

 相关知识

PPI 协议是专门为 S7-200 开发的通信协议,是一种主—从协议:主站发送要求到从站,从从站进行响应。从站不发送信息,只是等待主站的要求并对要求做出响应。S7-200 CPU 的通信口(PORT0、PORT1)支持 PPI 通信协议,STEP7 Micro/WIN 与 CPU 进行编程通信就是通过 PPI 协议完成的。

S7-200 的 PPI 网络通信是建立在 RS-485 网络的硬件基础上,因此,其连接属性和需要的网络硬件设备是与其他 RS-485 网络一致的。

PPI 网络上的所有站点都应当具有不同的网络地址,本例中通过系统块分别将主站的地址设为 2,从站的地址设为 6,如图 6-8-1 所示。

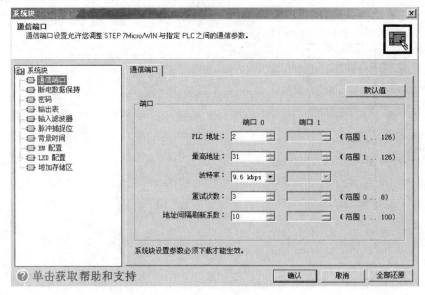

图 6-8-1　通过系统块设置站点地址

S7-200 CPU 之间的 PPI 网络通信只需要两条简单的指令,即网络读(NETR)和网络写(NETW)指令。在网络读写通信中,只有主站需要调用 NETR/NETW 指令,从站只需编程处理数据缓冲区(取用或准备数据)。

网络读指令开始一项通信操作,通过指定的端口从远程设备收集数据并形成表(TBL)。网络写指令开始一项通信操作,通过指定的端口向远程设备写出表(TBL)中的数据(表 6-8-1)。

表(TBL)参数对照表　　　　　　　　　　表 6-8-1

| 0 | D | A | E | 0 | 错误码 |
|---|---|---|---|---|---|
| 1 | 远程地址 | | | | |
| 2 | 指向远程站的数据区指针(I,Q,M,V) | | | | |
| 3 | | | | | |
| 4 | | | | | |
| 5 | | | | | |
| 6 | 数据长度(1~16B) | | | | |
| 7 | 数据字节 0 | | | | |
| 8 | 数据字节 1 | | | | |
| ... | | | | | |
| 22 | 数据字节 15 | | | | |

在表 6-8-1 中,首字节各标志位含义:
D 完成(操作已经完成),0 = 未完成,1 = 完成。
A 有效(操作已排队),0 = 无效,1 = 有效。
E 错误(操作返回一个错误),0 = 无错误,1 = 有错误。
数据字节 0~15 是接收和发送数据区:执行 NETR 后,从远程站读到的数据存放在这个数据区;执行 NETW 后,要发送到远程站的数据放在这个数据区。

NETT/NETW 指令可从/向远程站最多读取/写入 16 字节信息。可在程序中保持任意数目的 NETR/NETW 指令，但在任何时间最多只能有 8 条 NETR 和 NETW 指令被激活。

有两种方法编程实现 PPI 网络读写通信：
(1) 使用 NETR/NETW 指令，编程实现。
(2) 使用 Micro/WIN 中的 NETR/NETW 向导。

##  相关训练

### 一、训练目标与要求

在实践中可以实现 S7-200PPI 通信功能。

### 二、训练设备

训练设备包括：SIEMENS S7-200 PLC、基本指令训练控制板、港口电气实训台、万用表、测电笔、导线、接线工具箱和编程电脑等。

### 三、训练步骤

1. 任务分析

要求将主站的 I0.0～I0.7 的状态映射到从站的 Q0.0～Q0.7，将从站的 I0.0～I0.7 的状态映射到主站的 Q0.0～Q0.7。

SMB30 和 SMB130 是通信端口控制寄存器，SMB30 控制自由口 0 的通信方式，SMB130 控制自由口 1 的通信方式。

当第 1、0 位 =10(PPI 主站)时，PLC 将成为网络的一个主站，可以执行 NETR 和 NETW 指令，在 PPI 模式下忽略 2 到 7 位。

2. 任务实施

主站主程序清单及注释图如图 6-8-2 所示，程序示意图如图 6-8-3 所示，从站主程序清单及注释图如图 6-8-4 所示。

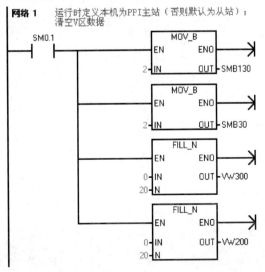

图 6-8-2

**网络 2** 将主站IB0的状态映射到VB207，以便传送

**网络 3** 数据发送
SM0.5:
该位提供时钟脉冲，该脉冲在1s的周期时间内OFF（关闭）0.5s，ON（打开）0.5s。该位提供便于使用的延迟或1s时钟脉冲

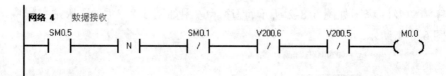

**网络 4** 数据接收

SM0.5 —| |— N —| |— SM0.1 —|/|— V200.6 —|/|— V200.5 —|/|— ( M0.0 )

**网络 5**

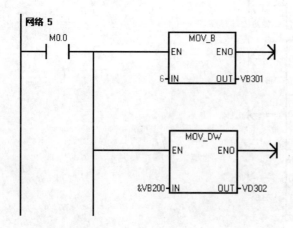

图 6-8-2

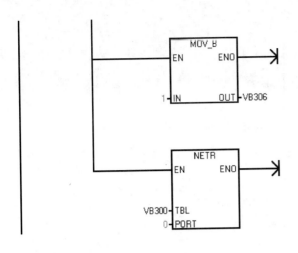

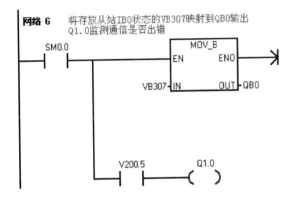

图 6-8-2　主站主程序清单及注释图

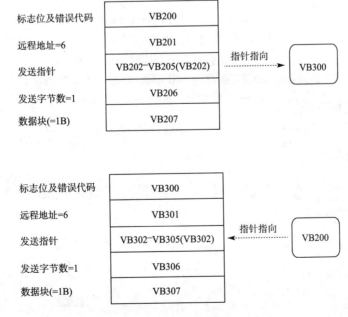

图 6-8-3　程序示意图

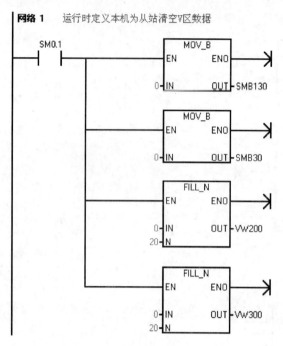

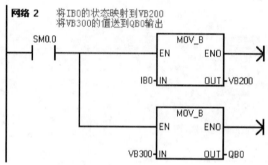

图 6-8-4 从站主程序清单及注释图

启动 STEP7 Micro/WIN 软件,在指令树中,单击"向导/NETR/NETW",打开 NETR/NETW 指令向导,如图 6-8-5 所示,选择配置 2 项网络写/读操作。

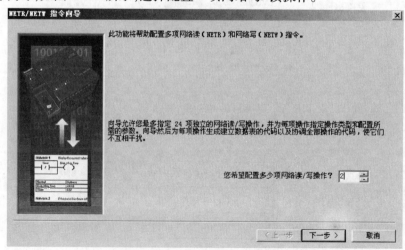

图 6-8-5 NETR/NETW 指令向导 1

单击图 6-8-5 所示中的"下一步"按钮,选择 PLC 通信通道 0,子程序名称默认为"NET_EXE",如图 6-8-6 所示。

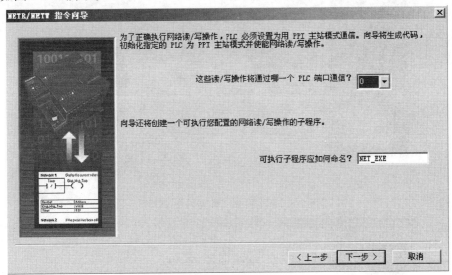

图 6-8-6　NETR/NETW 指令向导 2

单击图 6-8-6 中的"下一步"按钮,出现"网络读/写操作"对话框,如图 6-8-7 所示,为了与前面非向导编程统一,第一项操作设为 NETR 网络读操作;读取字节数为 1B;远程站地址为 6;数据传输为"VB307-VB307(本地)""VB200-VB200(远程)"。

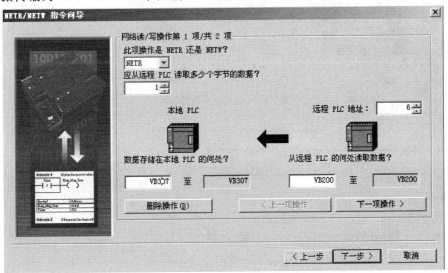

图 6-8-7　"网络读/写操作"对话框

单击图 6-8-7 中的"下一项操作"按钮,进入第二项"网络读/写操作"对话框,如图 6-8-8 所示,设为 NETW 网络写操作;读取字节数为 1B;远程站地址为 6;数据传输为"VB3207-VB307(本地)""VB200-VB200(远程)"。

单击图 6-8-8 中的"下一步"按钮,出现分配存储区对话框,如图 6-8-9 所示,采用建议地址为 VB0-VB18 即可,这样就完成了 NETR/NETW 指令向导的组态。

接下来,要调用向导生成的子程序来实现数据的传输,主站主程序清单及注释如图 6-8-10 所示,从站程序与非向导编程一样。

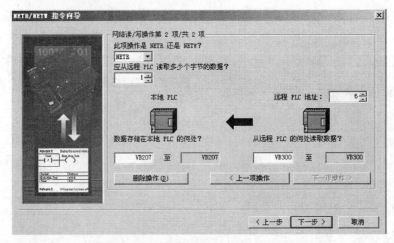

图 6-8-8　第二项"网络读/写操作"对话框

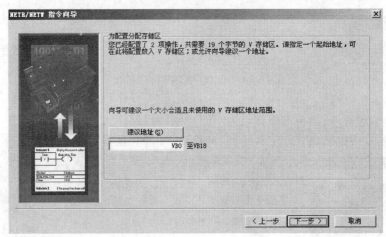

图 6-8-9　分配存储区对话框

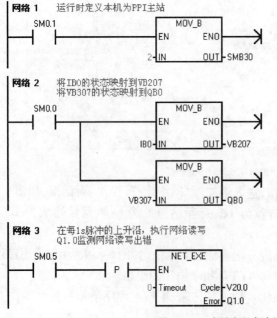

图 6-8-10　主站主程序清单及注释图

# 任务九  S7-200 的 Modbus 通信

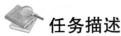**任务描述**

Modbus 协议定义了一个控制器能认识使用的消息结构,而不管它们是经过何种网络进行通信的。它描述了一控制器请求访问其他设备的过程,如何回应来自其他设备的请求,以及怎样侦测错误并记录。它制定了消息域格局和内容的公共格式。所以这种通信协议模式最适合在大型机械控制系统中使用,尤其在港口机械网络化的今天。

当在 Modbus 网络上通信时,此协议决定了每个控制器须要知道它们的设备地址,识别按地址发来的消息,决定要产生何种行动。如果需要回应,控制器将生成反馈信息并用 Modbus 协议发出。在其他网络上,包含了 Modbus 协议的消息转换为在此网络上使用的帧或包结构。这种转换也扩展了根据具体的网络解决节地址、路由路径及错误检测的方法。

本项目拟实现 S7-200 CPU 的 Modbus 通信。

**相关知识**

## 一、Modbus 从站协议简介

Modbus 协议是应用于电子控制器上的一种通用语言。通过此协议,控制器相互之间、控制器经由网络(例如以太网)和其他设备之间可以通信。它已经成为一通用工业标准。有了它,不同厂商生产的控制设备可以连成工业网络,进行集中监控。

根据传输网络类型的不同,分为串行链路上的 Modbus 和基于 TCP/IP 协议的 Modbus。

Modbus 串行链路协议是一个主从协议,采用请求响应方式,主站发出带有从站地址的请求报文,具有该地址的从站接收到后发出响应报文进行应答。

Modbus 协议位于 OSI 模型的第二层。串行总线中只有一个主站,可以有 1~247 个子站。Modbus 通信只能有主站发起,子站在没有收到主站的请求时,不会发送数据,子站之间也不会互相通信。

Modbus 串行链路系统在物理层可以使用不同的物理接口。最常用的是两线制 RS-485 接口,也可以使用四线制 RS-485 接口。只需要短距离点对点通信时,也可以使用 RS-232C 串行接口。

## 二、Modbus 的报文传输模式

控制器能设置为两种传输模式(ASCII 或 RTU)中的任何一种在标准的 Modbus 网络通信。用户选择想要的模式,包括串口通信参数(波特率、校验方式等),在配置每个控制器的时候,在一个 Modbus 网络上的所有设备都必须选择相同的传输模式和串口参数。

1. ASCII 码模式

当控制器设为 ASCII 模式通信时,报文帧中的每个 8 位字节都转换为两个 ASCII 字符发送。

当控制器设为在 Modbus 网络上以 ASCII(美国标准信息交换代码)模式通信,在消息中,每 8b 都作为两个 ASCII 字符发送。这种方式的主要优点是字符发送的时间间隔可达到1s而不产生错误。

代码系统：

十六进制,ASCII 字符 0、…、9,A、…、F；

消息中的每个 ASCII 字符都是一个十六进制字符组成；

每个字节的位：

1 个起始位；

7 个数据位,最小的有效位先发送；

1 个奇偶校验位,无校验则无；

1 个停止位(有校验时),2b(无校验时)；

错误检测域；

LRC(纵向冗长检测)。

2. RTU 模式

当控制器设为在 Modbus 网络上以 RTU(远程终端单元)模式通信,在消息中的每个 8bit 字节包含两个 4bit 的十六进制字符。这种方式的主要优点是：在同样的波特率下,可比 ASCII 方式传送更多的数据。

代码系统：

8 位二进制,十六进制数 0、…、9,A、…、F；

消息中的每个 8 位域都是一个两个十六进制字符组成；

每个字节的位：

1 个起始位；

8 个数据位,最小的有效位先发送；

1 个奇偶校验位,无校验则无；

1 个停止位(有校验时),2b(无校验时)；

错误检测域；

CRC(循环冗长检测)。

3. Modbus 消息帧

两种传输模式中(ASCII 或 RTU),传输设备以将 Modbus 消息转为有起点和终点的帧,这就允许接收的设备在消息起始处开始工作,读地址分配信息,判断哪一个设备被选中(广播方式则传给所有设备),判知何时信息已完成。部分的消息也能侦测到并且错误能设置为返回结果。

4. 使用 Modbus 协议的要求

Modbus 从属协议指令使用下列 S7-200 资源：

初始化 Modbus 从属协议为 Modbus 从属协议通信指定端口 0。

当端口 0 被用于 Modbus 从属协议通信时,就无法用于任何其他用途,包括与 STEP 7-Micro/WIN 通信。

MBUS_INIT 指令控制将端口 0 指定给 Modbus 从属协议或 PPI。

Modbus 从属协议指令影响与端口 0 中自由端口通信相关的所有 SM 位置。

Modbus 从属协议指令使用 3 个子程序和 2 个中断例行程序。

Modbus 从属协议指令要求两个 Modbus 从属指令,支持例行程序有 1857 个字节的程序空间。

Modbus 从属协议指令的变量要求 779 个字节的 V 内存程序块。该程序块的起始地址由用户指定,专门保留用于 Modbus 变量。

**5. Modbus 协议的初始化和执行时间**

Modbus 通信使用 CRC(循环冗余检验)确保通信信息的完整性。Modbus 从属协议使用预先计算数值的表格,减少处理信息的时间。该 CRC 表初始化约需 425μs。初始化在 MBUS_INIT 子程序中进行,通常在进入"运行"模式后用户程序首次扫描时执行。如果 MBUS_INIT 子程序和任何其他初始化程序要求的时间超过 500μs 扫描监视时间,您需要复原监视定时器,并将输出保持在启用状态(如果扩展模块要求)。输出模块监视定时器可用向模块输出写入的方法复原。

当 MBUS_SLAVE 子程序执行请求时,扫描时间会延长。由于大多数时间用于计算 Modbus CRC,对于请求中和应答中的每个字节,扫描时间会延长约 650μs。最大请求/应答(读取或写入 120 个字)使扫描时间延长约 165ms。

**6. Modbus 编址**

Modbus 地址通常被写为包含数据类型和偏移量的 5 个或 6 个字符的数值。第一个或第二个字符决定数据类型,最后四个字符在数据类型中选择适当的数值。然后,Modbus 主设备将地址映射至正确的功能,见表 6-9-1。

**Modbus 地址映射到 S7-200**　　　　　　　　　　　　　表 6-9-1

| Modbus 地址 | S7-200 地址 | Modbus 地址 | S7-200 地址 |
| --- | --- | --- | --- |
| 000001 | Q0.1 | 010128 | I15.7 |
| 000002 | Q0.1 | 030001 | AIW0 |
| 000003 | Q0.2 | 030002 | AIW2 |
| … | … | 030003 | AIW4 |
| 000127 | Q15.6 | … | … |
| 000128 | Q15.7 | 030032 | AIW62 |
| 010001 | I0.0 | 040001 | Hold Start |
| 010002 | I0.1 | 040002 | Hold Start + 2 |
| 010003 | I0.2 | 040003 | Hold Start + 4 |
| … | … | … | … |
| 010127 | I15.6 | 04xxxx | Hold Start + 2x(xxxx − 1) |

**7. MBUS_INIT 指令**

MBUS_INIT 指令被用于启用和初始化或禁止 Modbus 通信,如图 6-9-1 所示。在使用 MBUS_SLAVE 指令之前,必须正确执行 MBUS_INIT 指令。指令完成后立即设定"完成"位,才能继续执行下一条指令。在每次扫描且 EN 输入打开时执行该指令。应当在每次通信状态改变时执行 MBUS_INIT 指令。因此,EN 输入应当通过一个边缘检测元素用脉冲打开,或者仅在首次扫描时执行。"模式"输入数值选择通信协议:输入数值 1,将端口 0 指定给 Modbus 协议并启用协议;将输入数值 0 指定给 PPI,并禁用 Modbus 协议。"波特"参数将波特率设为 1200、2400、4800、9600、19200、38400、57600 或 115200。"地址"参数将地址设为 1~247 之间(包括 1 和 247)的数值。

"校验"参数被设为与 Modbus 主设备校验相匹配。可接受的数值为:

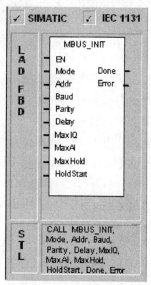

0-无校验；

1-奇数校验；

2-偶数校验。

"时延"参数通过将指定的毫秒数增加至标准 Modbus 信息超时的方法延长标准 Modbus 信息结束超时条件。该参数的典型数值在有线网络上应为 0。如果您在使用带有纠错功能的调制解调器，将时延设为 50~100ms 的数值。如果您在使用扩展频谱无线电，将时延设为 10~100ms 的数值。"时延"数值可以是 0~32767ms。

MaxIQ 参数将供 Modbus 地址，00xxxx 和 01xxxx 使用的 I 和 Q 点数设为 0 至 128 之间的数值。数值 0 禁止所有向输入和输出的读取。建议使用的 MaxIQ 数值是 128，该数值可在 S7-200 中存取所有的 I 和 Q 点。

图 6-9-1 MBUS_INIT 指令

MaxAI 参数将供 Modbus 地址，03xxx 使用的字输入（AI）寄存器数目设为 0 至 32 之间的数值。数值 0 禁止模拟输入的读数。建议使用的 MaxAI 数值如下，这些数值可允许存取所有的 S7-200 模拟输入：

0 用于 CPU 221；

16 用于 CPU 222；

32 用于 CPU 224、226 和 226XM。

MaxHold 参数设定供 Modbus 地址，04xxx 使用的 V 内存中的字保持寄存器数目。例如，为了允许主设备存取 2000 个字节的 V 内存，将 MaxHold 设为 1000 个字的数值（保持寄存器）。

HoldStart 参数是 V 内存中保持寄存器的起始地址。该数值一般被设为 VB0，因此 HoldStart 参数被设为 &VB0（VB0 地址）。其他 V 内存地址可指定为保持寄存器的起始地址，以便在项目的其他地方使用 VB0。Modbus 主设备可存取 V 内存 MaxHold 个字数，从 HoldStart 开始。MBUS_INIT 指令完成时，"完成"输出打开。"错误"输出字节包含执行指令的结果。

8. 程序举例

//首次扫描时初始化 Modbus 从属协议

//将从站地址设为 1，将端口 0 设为 9600 波特，将校验设为偶数

//允许存取所有的 I、Q 和 AI 数值，允许存取 1000 台保存寄存器（2000 个字节）

//从 VB0 开始

9. MBUS_SLAVE 指令

MBUS_SLAVE 指令被用于为 Modbus 主设备发出的请求服务，如图 6-9-2 所示。并且必须在每次扫描时执行，以便允许该指令检查和回答 Modbus 请求。在每次扫描且 EN 输入开启时执行该指令，MBUS_SLAVE 指令无输入参数。当 MBUS_SLAVE 指令对 Modbus 请求作出应答时，"完成"输出打开。如果没有需要服务的请求时，"完成"输出关闭。"错误"输出包含执行该指令的结果。该输出只有在"完成"打开时才有效。如果"完成"关闭，错误参数不会改变。

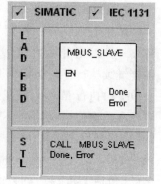

图 6-9-2 MBUS_SLAVE 指令

10. Modbus 从属协议执行错误代码

错误代码　　说明
0　　　无错误
1　　　内存范围错误
2　　　非法波特率或校验
3　　　非法从属地址
4　　　非法 Modbus 参数值
5　　　保持寄存器与 Modbus 从属符号重叠
6　　　收到校验错误
7　　　收到 CRC 错误
8　　　非法功能请求/功能不受支持
9　　　请求中的非法内存地址
10　　　从属功能未启用

11. 硬件配置

Modbus 通信是在两个 S7-200 CPU 的 0 号通信口间进行的(最好每个 CPU 都有两个通信口)。在主站侧也可以用相应库文件,"MBUS_CTRL_P1"和"MBUS_MSG_P1"通过 1 号通信口通信。通信口 1 用 Micro/WIN 与 PG 或 PC 建立连接,两个 CPU 的通信口 0 通过 Profibus 缆进行连接(电缆的针脚 连接为 3,3,8,8,如图 6-9-3 所示)。另外,需要确定逻辑地 M 相连。

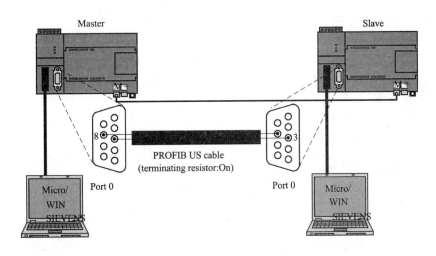

图 6-9-3　Modbus 通信硬件配置

12. 参数匹配

对于 MODBUS 通信,主站侧需要程序库"MBUS_CTRL"和"MBUS_MSG",从站侧需要程序库"MBUS_INIT"和"MBUS_SLAVE"。

在 Micro/WIN 中,您需要为主站和从站新建一个项目,程序与参数设置见图 6-9-4。

必须要保证主站与从站的"Baud"和"Parity"的参数设置要一致,并且程序块"MBUS_MSG"中的"Slave"地址要与程序块"MBUS_INIT"中的"Addr"所设置的一致,如图 6-9-4 所示。

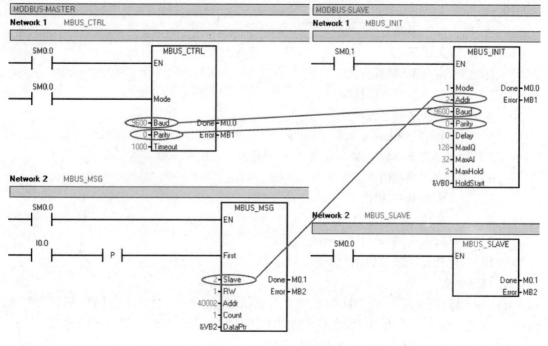

图 6-9-4　程序与参数配置

 相关训练

### 一、训练目标与要求

可以在实践中运用 Modbus 协议，实现外围电路驱动。

### 二、训练设备

训练设备包括：SIEMENS S7-200 PLC、基本指令训练控制板、港口电气实训台、万用表、测电笔、导线、接线工具箱和编程电脑等。

### 三、训练步骤

1. 任务分析

要求将一台 S7-200 CPU224XP 组态为 Modbus 主站，当主站 I0.3 为 ON 时，读取另一台作为 Modbus 从站的 S7-200 CPU224CN 的 I0.0—I0.7 的数值。用串口电缆连接 Modbus 主从站。

2. 任务实施

（1）Modbus 从站组态

①分配库的存储区

利用指令库编程前首先应为其分配存储区，否则 Micro/WIN 软件编译时会报错。

通过 Micro/WIN 软件菜单命令"文件/库存储区"，打开"库存储区分配"对话框，如图 6-9-5 所示。在"库存储区"对话框中输入库存储区的起始地址，注意避免该地址和程序中已采用或准备采用的其他地址重合。单击"建议地址"，系统将自动计算存储区的截至地址。

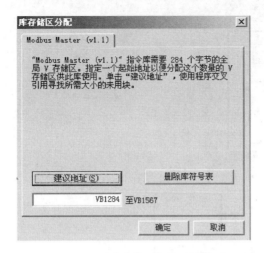

图 6-9-5 "库存储区分配"对话框

②从站编程

根据要求,本从站要响应主站报文,故只需要编写主程序。主程序有两个网络程序步构成,程序清单如图 6-9-6 所示。

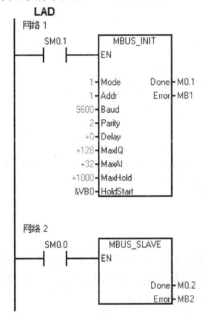

图 6-9-6 从站程序清单

③Modbus 主站组态

调用 Modbus 主站指令编程前也应分配库存储区,与从站编程类似。

Modbus 主站指令也只需编写主程序,主程序也有两个网络步构成。程序清单及注释如图 6-9-7 所示。

(2)通信测试

①用串口电缆连接主从站 PLC 的端口 0。

②将主从站 PLC 设置为 Run 状态。

③将主站的 I0.3 设为 ON,利用 Micro/WIN 软件的状态表监测主站保持寄存器的数值,可以看出 VB200 存储的即是 I0.0-I0.7 的数值。

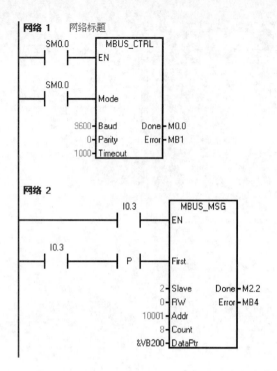

图 6-9-7 主站程序清单及注释

## 任务十　通过 PROFIBUS 连接 S7-300 和 S7-200

**任务描述**

通过 PROFIBUS 网络将 S7-300 的输入送到 S7-200 的输出以及将 S7-200 的输入送到 S7-300 的输出。

**相关知识**

PROFIBUS 符合国际标准 IEC61158，是目前国际上通用的现场总线标准之一，并凭借其领先的技术特点、严格的认证规范、众多厂商的支持，逐渐发展为业界广泛认可的现场级通信网络解决方案。

PROFIBUS 协议包括三个主要部分：

（1）PROFIBUS-DP

主站和从站之间采用轮询的通信方式，可实现基于分布式 I/O 的高速数据交换，主要应用于制造业自动化系统中现场级总线通信。

（2）PROFIBUS-PA

通过总线并行传输电源和通信数据，主要应用于高安全要求的防爆场合。

（3）PROFIBUS-FMS

定义了主站和从站间的通信模式，主要应用于自动化系统中车间级的数据交换。

S7-200 CPU 可以通过 EM277 PROFIBUS-DP 从站模块连入 PROFIBUS-DP 网，主站可以通过 EM277 对 S7-200 CPU 进行读/写数据。

# 相关训练

## 一、训练目标与要求

熟悉 PROFIBUS 协议在港机控制系统中的普遍使用。

## 二、训练设备

训练设备包括：SIEMENS S7-200 PLC、基本指令训练控制板、港口电气实训台、万用表、测电笔、导线、接线工具箱和编程电脑等。

## 三、训练步骤

### 1. 任务分析

本项目中 CPU315-2 DP 是一个主站，S7-200 CPU 和 EM277 是从站。该项目展示了如何将 S7-300 的输入 IB0 写到 S7-200 的输出 QB0 和传送 S7-200 输入 IB0 写到 S7-300 的输出 QB4 中。

S7-300 与 S7-200 通过 EM277 进行 PROFIBUS DP 通信，只需在 STEP7 中组态 S7-300 和 EM277，S7-200 端只需对应存放将要进行通信的数据，无需组态和编程。

### 2. 任务实施

其实现步骤如下：

启动 STEP7，新建 S7-300 项目，按硬件安装顺序和订货号依次插入机架、电源、CPU 进行硬件组态，如图 6-10-1 所示，在 S7-300 编程过程中，很多编程思想是区别于 S7-200 的，它属于是面向硬件的组态模块化编程方式。对 S7-300 中的所示硬件都可以双击，单独进行地址和属性的设置。

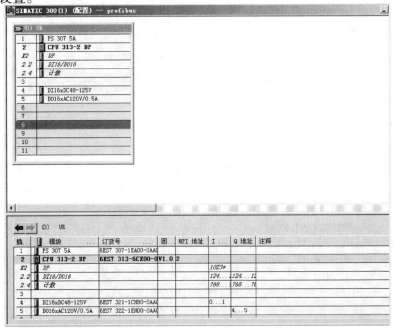

图 6-10-1 硬件组态对话框

西门子公司的产品中,S7-300 属模块化 PLC,其中 CPU 模块是 PLC 模块中最重要的组成部件,其根据订货号的不同和硬件配置的不同分别支持不同的通信方式,但其下载程序所用的是西门子公司内部协议 MPI。但大部分型号都支持 PROFIBUS 协议通信。本项目中选用的 S7-300 CPU 型号是 313C-2DP。

右键单击"DP-添加主站系统",打开"PROFIBUS 接口 DP"对话框,如图 6-10-2 所示。

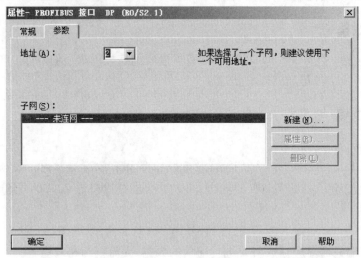

图 6-10-2 "PROFIBUS 接口 DP"对话框

单击"新建"按钮,打开"新建子网 PROFIBUS"对话框,如图 6-10-3 所示,直接单击"确定"按钮,使用默认的网络设置,见图 6-10-4。

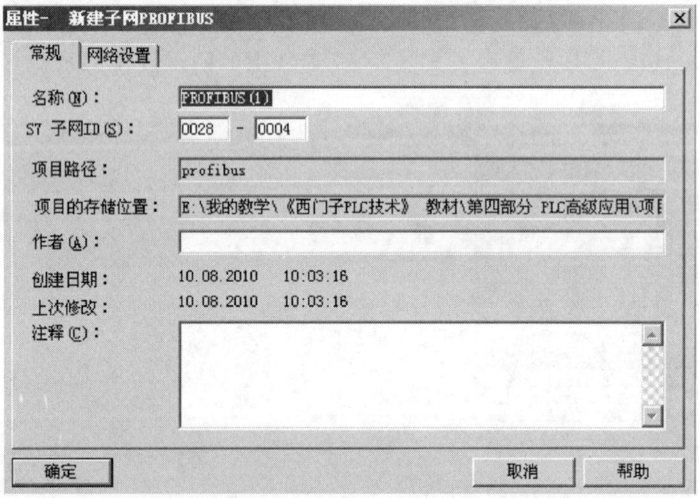

图 6-10-3 "新建子网 PROFIBUS"对话框

在图 6-10-4 中,默认的主站站地址为 2,通信波特率为 1.5Mb/s。单击"确定"按钮后,硬件组态对话框中"DP"后面增加了一条网络"PROFIBUS(1)",如图 6-10-5 所示。

下面需要从图 6-10-5 右边的"类型库"中选择 EM277 连接到"PROFIBUS(1)"网络上。如果已经安装了 EM277 的 GSD 文件,则从图 6-10-6 所示位置找到 EM277,将其拖到"PROFIBUS(1)"网络上,DP 从站的默认地址为 1,现改为 3,选择通信方式为 8Bytes Out/8Bytes In,如图 6-10-7 所示。

— 196 —

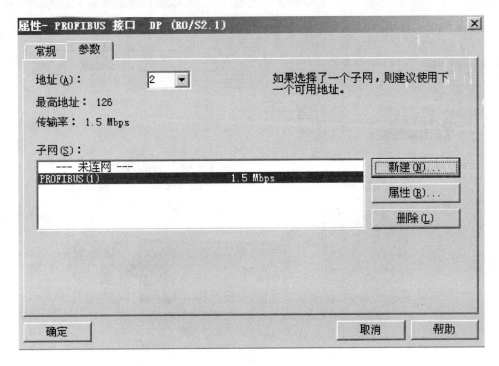

图 6-10-4 使用默认的网络设置

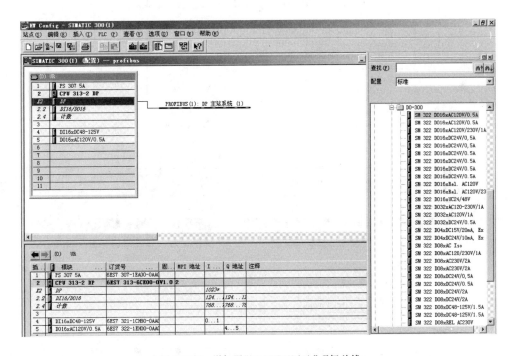

图 6-10-5 增加了"PROFIBUS(1)"现场总线

对应于软件的连接关系,在 S7-200 系统中我们需要对应的连接 EM277 模块,如图 6-10-8 所示。

编写 S7-300 与 S7-200 程序清单及注释分别如图 6-10-9 和图 6-10-10 所示。

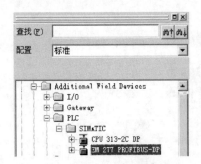

图 6-10-6 选择 EM277 作为从站

图 6-10-7 选择通信方式

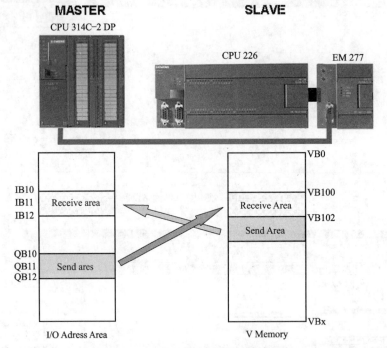

图 6-10-8 实物连接关系及地址分配关系

OB1："主程序"

注释：

**程序段?1**：标题：

将 S7-300 端的 IB0 送到 PQB6，在 PROFIBUS 通信过程中，S7-300 把 PQB6-PQB13 的数值写入到 S7-200 的 VB0-VB7。

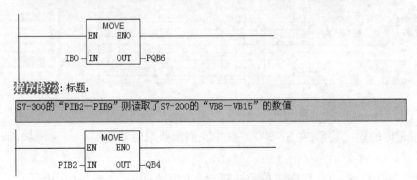

**程序段?2**：标题：

S7-300 的"PIB2－PIB9"则读取了 S7-200 的"VB8－VB15"的数值

图 6-10-9 S7-300 程序清单及注释

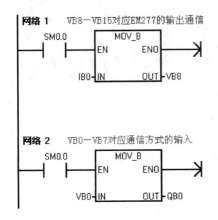

图 6-10-10　S7-200 程序清单及注释

## 任务十一　S7-200 的 Modem 通信

 **任务描述**

通过小型交换机电话网实现对 S7-200 的编程和诊断及两台 PLC 之间的通信。本项目实现两台安装有 EM241 扩展模块的 S7-200 CPU 进行通信,即一台 S7-200 的 IB0 与另一台 PLC 的 QB0 状态同步。

 **相关知识**

EM241 是一个支持 V.34 标准(33.6K)的 10 位调制解调器,其上设置了标准的 RJ11 电话接口,可作为扩展模块挂在 S7-200 CPU 上。该模块只能用在模拟音频电话系统中而不能用在数字系统(如 ISDN)中,电话系统可以是公共电话网,也可以是小交换机系统。但 EM241 模块不支持与 11 位调制解调器通信。EM241 需要 STEP 7 Micro/WIN32 V3.2 SP1 版本以上的编程软件才能支持。Micro/WIN 中包含一个 Modem Expansion Wizard(Modem 调制解调器向导)用来对 EM241 进行配置。

EM241 的主要作用包括:

通过电话网进行远程的编程、诊断等工作。编程计算机上必须安装调制解调器。

通过电话网进行 S7-200 CPU 之间的数据通信。

通过电话网进行 S7-200 CPU 与上位计算机软件间的通信。

在配置使用时,应该根据设备应用的地点设置 EM241 上的国家代码。国家代码设置旋钮设后在模块上电后起作用。未在下列代码表中列出的并不是就不能用 EM241——许多国家的公共电话系统标准是一样的。国家代码设置后,必须重新给 CPU 上电,新的设置才起作用。

 **相关训练**

### 一、训练目标与要求

实践中体会 S7-200EM241 模块使用和 Modem 通信功能的实现。

## 二、训练设备

训练设备包括:SIEMENS S7-200 PLC、基本指令训练控制板、港口电气实训台、万用表、测电笔、导线、接线工具箱和编程电脑等。

## 三、训练步骤

1. 任务分析

利用向导实现。

2. 任务实施

本项目实现两台安装有 EM241 扩展模块的 S7-200 CPU 进行通信,即一台 S7-200 的 IB0 与另一台 PLC 的 QB0 状态同步。首先要进行主叫"猫"和被叫"猫"的组态。STEP7 Micro/WIN 中可以通过调制解调器向导来对 EM241 进行配置。

启动 STEP7 Micro/WIN 软件,在指令树中,单击"向导/EM241 调制解调器",如图 6-11-1 所示。

打开指令向导后,单击"下一步"按钮进入"模块位置"对话框,如图 6-11-2 所示。

(1)指定模块位置。

(2)在线情况下,通过点击"读取模块"按钮可以搜索在线的 EM241 模块。

(3)点击"下一步"按钮。

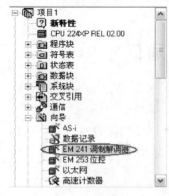

图 6-11-1　EM241 指令向导

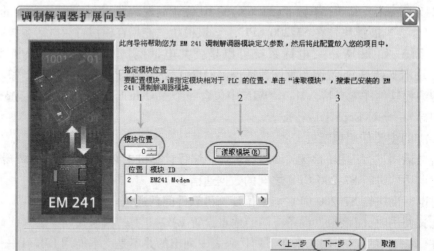

图 6-11-2　"模块位置"对话框

在配置模块时,要指定模块的位置,在线情况下通过单击读取模块按钮可以搜索在线的 EM241 模块。图 6-11-2 在线读取了西门子 S7-200 CPU 的扩展模块 EM241 Modem。单击下一步进入"密码保护"对话框,如图 6-11-3 所示,选择是否创建密码保护,在工程使用过程中,通常创建密码保护,尽最大限度地实现 PLC 工作过程中的数据和参数设置的安全,但本项目的目的是配置,熟悉 EM241 模块的使用,就没有创建密码。

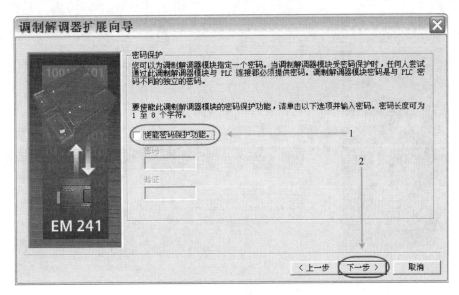

图 6-11-3　创建密码保护

（1）选择是否创建密码保护，本例中并未创建密码保护。

（2）点击"下一步"按钮进入下一步。

单击下一步按钮进入"通信协议选择"对话框，如图 6-11-4 所示，选择调制解调器模块使用的协议，这里选择使用 PPI 协议（与 STEP7 Micro/WIN 通信）。

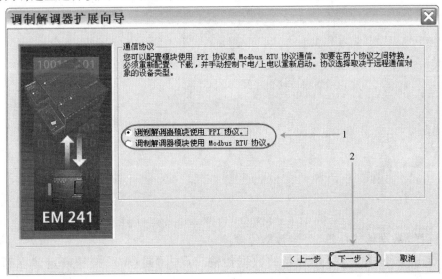

图 6-11-4　"通信协议选择"对话框

（1）选择调制解调器模块使用的协议，这里选择使用 PPI 协议（与 STEP 7 Micro/WIN 通信）。

（2）点击"下一步"按钮进入下一步。

单击图中的下一步按钮进入"配置信息传送"对话框，如图 6-11-5 所示。

（1）勾选"在此配置中使能 CPU 至 CPU 数据传输"复选框。

（2）点击"配置 CPU 至 CPU"按钮定义数据传输。

点击第二步后出现如图 6-11-6 所示"配置 CPU 到 CPU 数据传输"对话框。

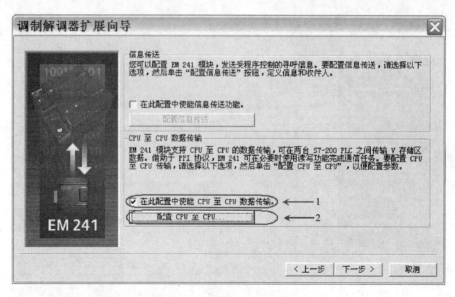

图 6-11-5 "配置信息传送"对话框

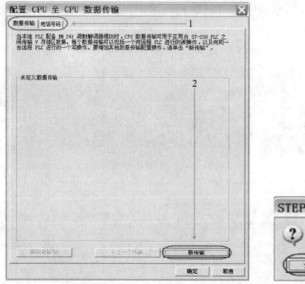

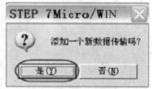

图 6-11-6 "配置 CPU 到 CPU 数据传输"对话框

(1)选择"数据传输标签"配置数据传输。

(2)点击"新传输"按钮建立新的数据传输。点击"是(Y)"按钮确定建立新的数据传输。

点击"是"弹出"配置信息传送"对话框,如图 6-11-7 所示。

(1)选择"读数据和写数据"选项。

(2)选择"定义读数据操作"标签设置读数据参数。

(3)设定从远程 PLC 读入一个字节的数据。

(4)设置读操作的数据存储区,将远程 PLC 的 VW0 内的数据读入本地 PLC 的 VW0 内。

(5)为此数据传输定义符号名,此名称在项目中会应用到。

选择图中定义写数据操作,在对应的标签栏中如下配置。

(1)选择"定义写数据操作"标签设置写数据参数。

（2）设置写操作的数据存储区。将本地 PLC 的 VW2 内的数据读入远程 PLC 的 VW2 内。

选择图中"电话号码"标签，如图 6-11-8 所示。

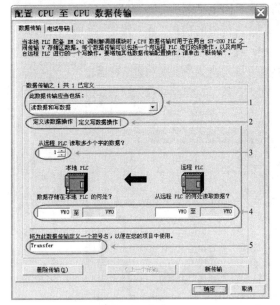

图 6-11-7　配置数据传输

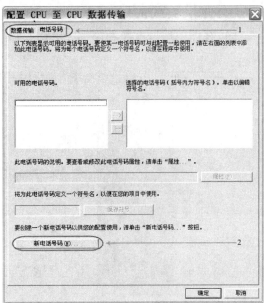

图 6-11-8　远程设备电话号码设置对话框

（1）选择"电话号码"标签，设置远程设备电话号码。

（2）点击"新电话号码"按钮，进入电话号码属性设置窗口，如图 6-11-9 所示。

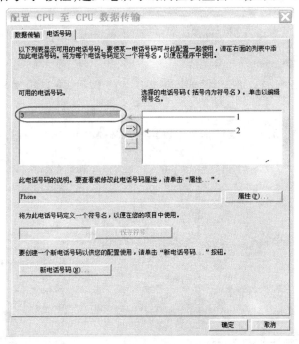

图 6-11-9　远程设备电话号码设置对话框

**注意**：在本例中用的是 4 端口的电话交换机，其上的电话号码和端口号一一对应，分别为 1、2、3、4。

— 203 —

(1)编辑联络说明。这里实际只是个人喜好名称标识,没有实际地址意义。

(2)设置远程EM241的电话号码,本例中设置为"3"。这就是我们所添加模块在交换机中的电话号码。

(3)点击"保存"按钮保存新添加的电话号码并返回电话号码定义窗口。

(4)在图中6-11-9将新添加的电话号码3添加到右边的窗口,单击确定,返回到图6-11-10。

数据传输配置完成后,单击图6-11-10中的下一步,进入"回拨"设置对话框。

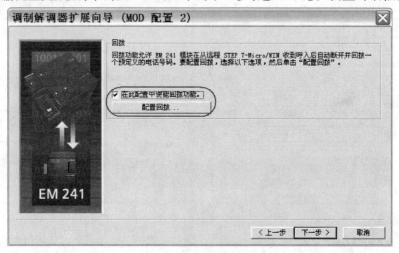

图6-11-10 "回拨"设置对话框

启用回拨功能并点击"配置回拨"按钮,打开回拨配置窗口,对回拨功能进行设置,如图6-11-11所示。

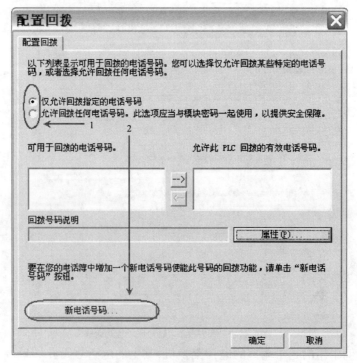

图6-11-11 回拨配置窗口

(1)设置为只能回拨制定电话号码。
(2)点击"新电话号码"按钮添加新的回拨号码,如图 6-11-12 所示。

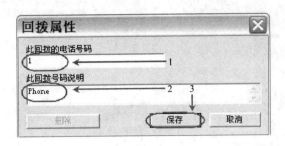

图 6-11-12　配置回拨电话号码

(1)指定回拨的电话号码。
(2)为该电话号码添加说明。
(3)点击"保存"按钮保存新添加的电话号码,返回到图 6-11-13,然后将电话号码添加到右侧窗口。

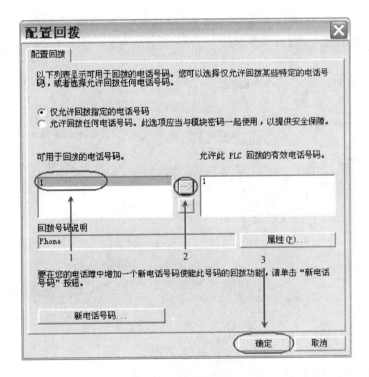

图 6-11-13　回拨配置窗口

(1)选择新添加的电话号码。
(2)点击图示按钮将选择的电话号码添加到有效电话栏。
(3)点击"确定"按钮返回到图 6-11-14。
在图 6-11-14 中单击下一步,进入"远程连接设置"对话框。
(1)选择一个未使用的 V 存储区来存放模块的配置信息,可以点击"建议地址"按钮,让系统来选定一个合适的存储区。

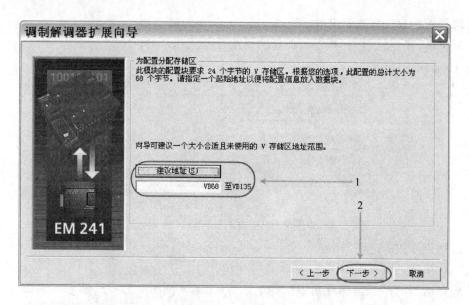

图 6-11-14　分配存储区

(2)点击"下一步"按钮进入下一步,进入"地址生成"对话框,如图 6-11-15 所示。

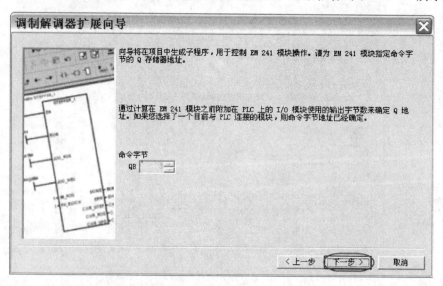

图 6-11-15　"地址生成"对话框

单击下一步,生成项目组件,然后点击确定,配置完成。
(1)编辑此配置的名称,本例中使用系统默认的名称。
(2)点击"完成"按钮。

配置被叫猫和主叫猫的过程非常类似,只是在图 6-11-16 所示"配置信息传输"对话框中,被叫模块不需要配置信息传输,直接单击"下一步"即可完成。主叫猫对应的 PLC 主程序清单及注释如图 6-11-18 所示,被叫猫对应的主程序清单及注释如图 6-11-19 所示。

完成上述配置后,会在指令树的子程序中生成有关 Modem 通信的指令,如图 6-11-17 所示。

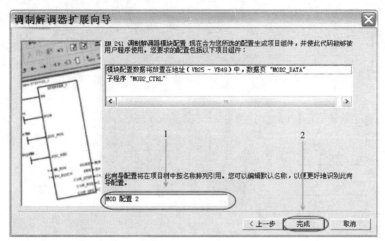 

图 6-11-16 生成项目组件　　　　　　　　图 6-11-17 生成的通信指令

MODx_CTRL(控制)指令用于启用和初始化调制解调器模块。应当在每次扫描时调用该指令,并仅限在项目中使用一次。

MODx_XFR(数据传送)指令被用于命令调制解调器模块向另一台 S7-200 CPU 或 Modbus 设备读取和写入数据。从 START(开始)输入被触发至"完成"位被设置,该指令要求 20~30s。

MODx_XFR(数据传送)指令格式和数据参数如图 6-11-20 所示。

图 6-11-18 主叫猫对应的 PLC 主程序清单及注释

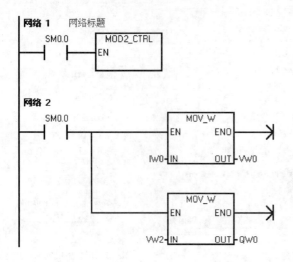

图 6-11-19　被叫猫对应的主程序

| 输入/输出 | 数据类型 | 注　释 |
| --- | --- | --- |
| EN | BOOL | EN位必须开启，才能启用发至模块的命令，并且EN位必须保持开启，直至“完成”位被设置，表示程序完成。当START（开始）输入开启且模块目前不繁忙时，每次扫描均会向调制解调器模块发送一条XFR命令 |
| START | BOOL | START（开始）输入可以通过一个边缘检测元素以脉冲方式开启，该程序仅允许发送一条命令 |
| Phone | BYTE | 远程EM241模块的电话号码，使用在向导中配置的符号名 |
| Data | BYTE | “数据”指一个已经定义的数据传送，使用在向导中定义的符号名 |
| Done | BOOL | “完成”是当调制解调器模块完成数据传送时开启的位 |
| Error | BYTE | “错误”是一个包含数据传送结果的字节 |

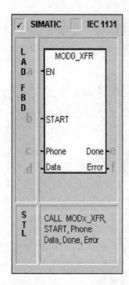

图 6-11-20　指令格式和数据参数

通过 Modem 模块可以实现 S7-200 的远程编程与诊断，单击“控制面板”中设置 PC/PG 接口进入设置对话框，如图 6-11-21 所示。

(1)选择 PC/PPI 协议。

(2)点击属性按钮进入属性设置窗口，如图 6-11-22 所示。

STEP7 Micro/WIN 软件中，打开“通信”对话框，如图 6-11-23 所示。单击图 6-11-23 中连接电话号码进行调制解调器连接设置，如图 6-11-24 所示。

双击连接电话号码弹出如图 6-11-25 所示对话框。

点击“添加”按钮，弹出如图 6-11-26 所示对话框。

图 6-11-26 中：

(1)为此连接定义一个名称。

(2)选择计算机上使用调制解调器。

图 6-11-21 设置 PG/PC 接口对话框　　图 6-11-22 "本地连接"选项卡

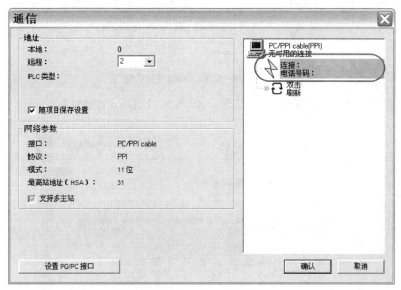

图 6-11-23 "通信"对话框

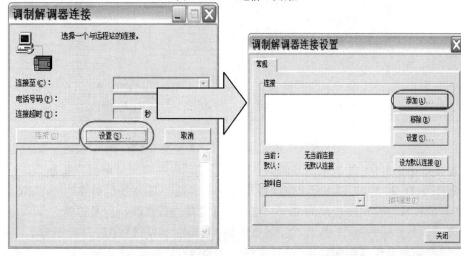

图 6-11-24 选择一个远程站连接　　图 6-11-25 调制解调器连接设置对话框

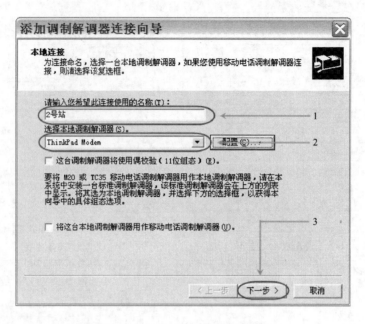

图6-11-26 设置"本地连接对话框"

(3)点击"下一步"按钮进入下一步,进入如图6-11-27所示对话框。

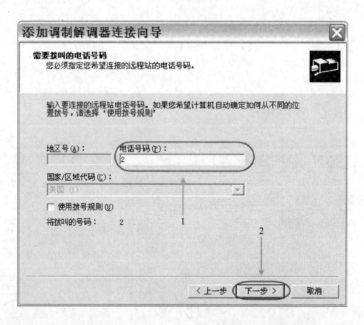

图6-11-27 设置"需要拨叫的电话号码"对话框

重复添加电话号码,配置电话号码为3的3号站。返回调制解调器连接窗口。
单击图6-11-24中的"连接至"按钮拨号连接2号站。双击图6-11-23中的"双击刷新"位置,如通信正常会显示所连接的CPU类型,即可对其进行在线编程及诊断。
若要对3号站进行操作,需要在图6-11-24中单击"断开"按钮,先断开与2号站的连接,在重复前面的操作连接3号站,对其进行在线编程及诊断。

# 任务十二  使用 USS 协议控制 MM4 系列变频器

 **任务描述**

USS 协议由 S7-200 控制 MM4 系列变频器。实现对变频器的参数设定和频率给定。使用 USS 协议实现 S7-200 与 MM440 变频器之间的通信,通过 USS 指令实现 PLC 对变频器的控制以及读/写参数。

 **相关知识**

## 一、概述

S7-200 与西门子 MicroMaster 系列变频器(如 MM440、MM420、MM430 以及 MM3 系列、新的变频器 SINAMICS G110 )之间使用 USS 通信协议进行通信。通过 STEP7 Micro/WIN32 V3.2 以上版本指令库中的 USS 库指令,可简单方便地实现通信,控制实际驱动器和读取/写入驱动器参数。

USS 通信总是由主站发起,USS 主站不断循环轮询各个从站,从站根据收到的指令,决定是否以及如何响应。从站永远不会主动发送数据,从站在以下条件满足时应答:

(1)接收到的主站报文没有错误。

(2)本从站在接收到主站报文中被寻址。

上述条件不满足,或者主站发出的是广播报文,从站不会做任何响应。

对于主站来说,从站必须在接收到主站报文之后的一定时间内发回响应,否则主站将视为出错。

USS 协议的特点为:

(1)支持多点通信(因而可以应用在 RS 485 等网络上)。

(2)采用单主站的"主—从"访问机制。

(3)一个网络上最多可以有 32 个节点(最多 31 个从站)。

(4)简单可靠的报文格式,使数据传输灵活高效。

(5)容易实现,成本较低。

## 二、USS 指令

STEP 7 Micro/WIN USS 指令库提供 14 个子程序、3 个中断例行程序和 8 条指令,极大地简化了 USS 通信的开发和实现。使用 USS 指令库必须满足以下需求:

(1)初始化 USS 协议将端口 0 指定用于 USS 通信。使用 USS_INIT 指令为端口 0 选择 USS 通信协议或 PPI 通信协议。选择 USS 协议与驱动器通信后,端口 0 将不能用于其他任何操作,包括与 STEP 7 Micro/WIN 通信。

(2)在使用 USS 协议通信的程序开发过程中,应该使用带两个通信端口的 S7-200 CPU 如 CPU226、CPU224XP 或 EM 277 PROFIBUS 模块(与计算机中 PROFIBUS CP 连接的 DP 模块)。这样第二个通信端口可以用来在 USS 协议运时通过 STEP 7 Micro/WIN 监控应用程序。

（3）USS 指令影响与端口 0 上自由接口通信相关的所有 SM 位置。

（4）USS 指令的变量要求一个 400 个字节 V 内存块。该内存块的起始地址由用户指定，保留用于 USS 变量。

（5）某些 USS 指令也要求有一个 16 个字节的通信缓冲区。作为指令的参数，需要为该缓冲区在 V 内存中提供一个起始地址，建议为 USS 指令的每个实例指定一个独特的缓冲区。

要使用 USS 指令，需要按照前面的添加库文件的步骤添加"USS 指令"库文件，下面介绍指令库的安装。

STEP 7 Micro/WIN 指令库光盘可直接从西门子订购，名称为 STEP 7 Micro/WIN Add-On: Instruction Library（STEP 7 Micro/WIN 附件：指令库），订购编号为 6ES7 830 2BC00 0YX0。STEP7 Micro/WIN 指令库光盘内包含了 USS 协议指令库和 Modbus 指令库，安装后可在 STEP7 Micro/WIN 中调用。

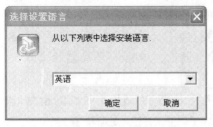

图 6-12-1　选择安装语言

使用西门子指令库光盘安装指令库（本文以 STEP 7 Micro/WIN V3.2 版的库安装文件为例）的步骤如下：

（1）单击光盘的 Inst_Library_V11 下 "Setup.exe" 文件，在弹出的安装语言选择框中选择安装语言，单击 "确定"按钮，如图 6-12-1 所示。

（2）在欢迎页面中，单击 "Next"按钮开始安装，如图 6-12-2 所示。

（3）安装完成后，单击 "Finish"按钮结束安装，关闭安装程序，如图 6-12-3 所示。

图 6-12-2　欢迎界面

图 6-12-3　完成安装

（4）安装完成后，启动 STEP 7 Micro/WIN，在"指令树"→"库"项下可以发现多出了 USS 协议库和 Modbus 协议库，如图 6-12-4 所示。

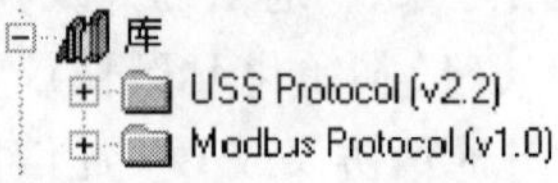

STEP 7 Micro/WIN USS 指令库提供 14 个子程序、3 个中断例行程序和 8 条指令，极大地简化了 USS 通信的开发和实现。

图 6-12-4　安装后指令树中指令库

## 三、几条常用指令

### 1. USS_INIT 指令块

USS_INIT 指令在程序中的使用如图 6-12-5 所示。

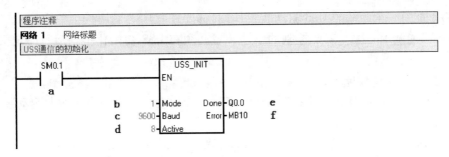

图 6-12-5　USS_INIT 指令在程序中的使用

在程序中调用时：

（1）EN：初始化程序 USS_INIT 只需在程序中执行一个周期就能改变通信口的功能，并能进行其他一些必要的初始设置，因此可以使用 SM0.1 或者沿触发的接点调用 USS_INIT 指令。

（2）Mode：模式选择，执行 USS_INIT 时，Mode 的状态决定 是否在 Port0 上使用 USS 通信功能。

0-恢复 Port 0 为 PPI 从站模式。

1-设置 Port 0 为 USS 通信协议并进行相关初始化。

（3）Baud：USS 通信波特率，此参数要和变频器的参数设置一致。

波特率的允许值为 2400b/s、4800b/s、9600b/s、19200b/s、38400b/s、57600b/s 或 115200b/s。

（4）Active：此参数决定网络上的哪些 USS 从站在通信中有效。

（5）Done：初始化完成标志。

（6）Error：初始化错误代码。

USS_INIT 子程序的 Active 参数用来表示网络上哪些 USS 从站要被主站访问，即在主站的轮询表中激活。网络上作为 USS 从站的驱动装置每个都有不同的 USS 协议地址，主站要访问的驱动装置，其地址必须在主站的轮询表中激活。USS_INIT 指令只用一个 32 位长的双字来映射 USS 从站有效地址表，Active 的无符号整数值就是它在指令输入端的取值。

在这个 32 位的双字中，每一位的位号表示 USS 从站的地址号；要在网络中激活某地址号的驱动装置，则需要把相应位号的位置设为二进制"1"，不需要激活 USS 从站，相应的位设置为"0"。最后对此双字取无符号整数就可以得出 Active 参数的取值。

在上面的例子中，使用站地址为 3 的 MM 440 变频器，则须在位号为 03 的位单元格中填入二进制"1"。其他不需要激活的地址对应的位设置为"0"。取整数，计算出的 Active 值为 00000008h，即 16#00000008，也等于十进制数 8。

使用 USS 指令前，必须使用 USS_INIT 指令初始化 USS 通信参数。

2．USS_CTRL 指令块

如图 6-12-6 所示，USS_CTRL 指令用于对单个驱动装置进行运行控制。这个功能块利用了 USS 协议中的 PZD 数据传输，控制和反馈信号更新较快。

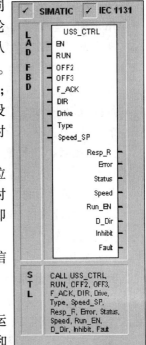

图 6-12-6　USS_CTRL 指令

网络上的每一个激活的 USS 驱动装置从站,都要在程序中调用一个独占的 USS_CTRL 指令,而且只能调用一次。需要控制的驱动装置必须在 USS 初始化指令运行时定义为"激活"。

EN:使用 SM0.0 使能 USS_CTRL 指令。

RUN:驱动装置的启动/停止控制。0 为停车,1 为启动。停车信号是按照驱动装置中设置的斜坡减速指电机停止。

OFF2:停车信号 2。此信号为"1"时,驱动装置将封锁主回路输出,电机自由停车。

OFF3:停车信号 3。此信号为"1"时,驱动装置将快速停车。

F_ACK:故障确认。当驱动装置发生故障后,将通过状态字向 USS 主站报告;如果造成故障的原因排除,可以使用此输入端清除驱动装置的报警状态,即复位。注意这是针对驱动装置的操作。

DIR:电机运转方向控制。其"0/1"状态决定运行方向。

Drive:驱动装置在 USS 网络上的站号。从站必须先在初始化时激活才能进行控制。

Type:向 USS_CTRL 功能块指示驱动装置类型。0-MM 3 系列,或更早的产品;1-MM 4 系列,SINAMICS G 110。

Speed_SP:速度设定值。速度设定值必须是一个实数,给出的数值是变频器的频率范围百分比还是绝对的频率值取决于变频器中的参数设置(如 MM 440 的 P2009)。

Resp_R:从站应答确认信号。主站从 USS 从站收到有效的数据后,此位将为"1"一个程序扫描周期,表明以下的所有数据都是最新的。

k. Error:错误代码。0 = 无出错。

Status:驱动装置的状态字。此状态字直接来自驱动装置的状态字,表示了当时的实际运行状态,详细的状态字信息意义请参考相应的驱动装置手册。

Speed:驱动装置返回的实际运转速度值,实数。

Run_EN:运行模式反馈,表示驱动装置是运行(为 1)还是停止(为 0)。

D_Dir:指示驱动装置的运转方向,反馈信号。

Inhibit:驱动装置禁止状态指示(0-未禁止,1-禁止状态)。禁止状态下驱动装置无法运行。要清除禁止状态,故障位必须复位,并且 RUN,OFF2 和 OFF3 都为 0。

Fault:故障指示位(0-无故障,1-有故障)。表示驱动装置处于故障状态,驱动装置上会显示故障代码(如果有显示装置)。要复位故障报警状态,必须先消除引起故障的原因,然后用 F_ACK 或者驱动装置的端子或操作面板复位故障状态。

USS_CTRL 指令已经能完成基本的驱动装置控制,如果需要有更多的参数控制选项,可以选择 USS 指令库的参数读写指令实现。

USS 参数读写指令采用与 USS_CTRL 功能块不同的数据传输方式。由于许多驱动装置把参数读写指令用到的 PKW 数据处理作为后台任务,参数读写的速度要比控制功能块慢一些。因此使用这些指令时需要更多的等待时间,并且在编程时要考虑到,进行相应的处理。

3. USS_RPM_R 指令块

以下的程序段读取实际的电动机电流值(参数 r0068)。由于此参数是一个实数,因此选用实型参数读功能块。参数读写指令必须与参数的类型配合,见图 6-12-7,因此选用实型参数读功能块,其参数含义如下:

(1)EN:要使能读写指令此输入端必须为 1。

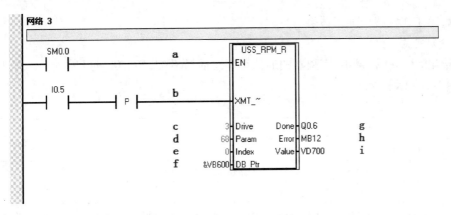

图 6-12-7　读参数功能块示意图

(2) XMT_REQ：发送请求。必须使用一个沿检测触点以触发读操作，它前面的触发条件必须与 EN 端输入一致。

(3) Drive：要读写参数的驱动装置在 USS 网络上的地址。

(4) Param：参数号（仅数字）。此处也可以是变量。

(5) Index：参数下标。有些参数由多个带下标的参数组成一个参数组，下标用来指出具体的某个参数。对于没有下标的参数，可设置为 0。

(6) DB_Ptr：读写指令需要一个 16 字节的数据缓冲区，用间接寻址形式给出一个起始地址。此数据缓冲区与"库存储区"不同，是每个指令（功能块）各自独立需要的。此数据缓冲区也不能与其他数据区重叠，各指令之间的数据缓冲区也不能冲突。

(7) Done：读写功能完成标志位，读写完成后置 1。

(8) Error：出错代码。0 = 无错误。

(9) Value：读出的数据值。要指定一个单独的数据存储单元。

EN 和 XMT_REQ 的触发条件必须同时有效，EN 必须持续到读写功能完成（Done 为 1），否则会出错。

写参数指令的用法与读参数指令类似。与读参数指令的区别是参数是功能块的输入。

在任一时刻 USS 主站内只能有一个参数读写功能块有效，否则会出错。因此，如果需要读写多个参数（来自一个或多个驱动装置），必须在编程时进行读写指令之间的轮替处理。

 **相关训练**

### 一、训练目标与要求

利用 USS 协议库实现 S7-200 和变频器间的通信连接。

### 二、训练设备

训练设备包括：SIEMENS S7-200 PLC、基本指令训练控制板、港口电气实训台、万用表、测电笔、导线、接线工具箱和编程电脑等。

### 三、训练步骤

1. 任务分析

利用 USS 协议库实现 S7-200 和变频器间的通信连接。任务相对简单，实现过程较为容易。日后再工作实践中加以体会。

2. 任务实施

在给出 S7-200 和 MM4 变频器的通信程序之前,先列出 S7-200 的 I/O 分配表及其含义,如表 6-12-1 所示。

I/O 分 配 表  表 6-12-1

| 地 址 | 含 义 |
|---|---|
| I0.0 | 驱动装置的启动/停止控制 |
| I0.1 | 停车信号 2。ON 时驱动装置将封锁主回路输出,电机自由停车 |
| I0.2 | 停车信号 3。ON 时驱动装置将快速停车 |
| I0.3 | 故障确认。当驱动装置发生故障后,将通过状态字向 USS 主站报告;如果造成故障的原因排除,可以使用此输入端清除驱动装置的报警状态,即复位 |
| I0.4 | 电机运转方向控制,OFF 时正传,ON 时反转 |
| I1.0 | USS 通信和 PPI 通信切换 |
| I1.1 | 读/写操作开始按钮,ON 一下时开始参数的读写 |
| Q0.0 | 运行模式反馈,表示驱动装置是运行(为1)还是停止(为0) |
| Q0.1 | 指示驱动装置的运转方向,反馈信号,正传为1,反转为0 |
| Q0.2 | 驱动装置禁止状态指示(0-未禁止,1-禁止状态)。禁止状态下驱动装置无法运行。要清除禁止状态,故障位必须复位,并且 RUN,OFF2 和 OFF3 都为 0 |
| Q0.3 | 故障指示位(0-无故障,1-有故障) |

程序清单及注释如图 6-12-8 所示。

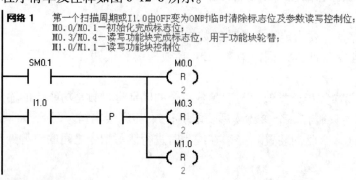

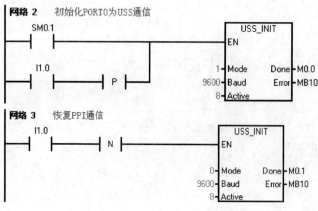

图 6-12-8

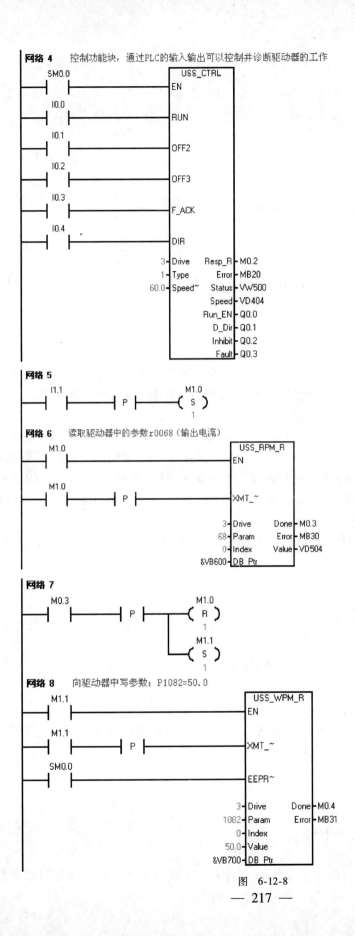

图 6-12-8

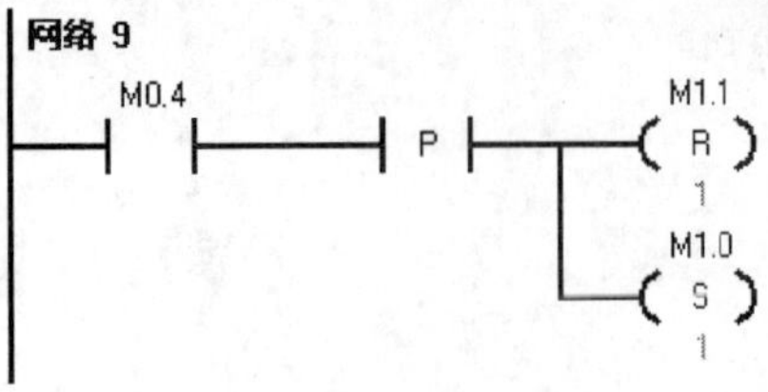

```
网络 9
    M0.4       P        M1.1
   ─┤├──────┤ ├────────( R )
                          1
                        M1.0
                       ( S )
                          1
```

图 6-12-8　程序清单及注释

## 任务十三　S7-200 的以太网通信

**任务描述**

实现 S7-200 的以太网连接,包括 S7-200 之间的以太网连接,S7-200 和 S7-300 的以太网连接以及 PC-Access 通过以太网访问 S7-200。

**相关知识**

工业以太网是用于 SIMATIC NET 开放通信系统地过程控制级和单元级的网络。物理上,工业以太网是一个基于屏蔽的、同轴双绞线的电气网络和光纤光学导线的光网络。工业以太网是由国际标准 IEEE 802.3 定义的。

通过以太网扩展模块(CP243-1)或互联网扩展模块(CP243-1 IT),S7-200 将能支持 TCP/IP 以太网通信。(CP 243-1 IT)因特网模块是用于连接 S7-200 系统到工业以太网(IE)的通信处理器。可以使用 STEP 7 Micro/WIN,通过以太网对 S7-200 进行远程组态、编程和诊断。S7-200 可以通过以太网和其他 S7-200、S7-300 和 S7-400 控制器进行通信。它还可以和 OPC 服务器进行通信。

要通过以太网与 S7-200 PLC 通信,S7-200 必须使用 CP243-1(或 CP243-1 IT)以太网模块,PC 机上也要安装以太网网卡。

**相关训练**

### 一、训练目标与要求

熟悉 S7-200 以太网模块 CP243 和以太网组建过程。

### 二、训练设备

训练设备包括:SIEMENS S7-200 PLC、基本指令训练控制板、港口电气实训台、万用表、测电笔、导线、接线工具箱和编程电脑等。

### 三、训练步骤

1. 任务分析

以太网连接需要使用以太网向导。

2. 任务实施

本例实现两台带有 CP243-1IT 扩展模块的 S7-200 CPU 的以太网连接以及通过以太网

对 PLC 进行编程和诊断。

要实现 S7-200 之间的以太网通信,首先要进行服务器和客户机的组态。先来进行服务器的配置过程。

选择项目树中的"向导"→"因特网"进入因特网配置向导,如图 6-13-1 所示。

启动因特网向导如图 6-13-2 所示。

单击图 6-13-2 中的"下一步",进入模块配置中的"指定模块位置"对话框,如图 6-13-3 所示,"模块位置"项指定模块(CP243-1 IT)位置,在线情况下通过点击"读取模块"按钮可以搜索在线的 CP243-1 IT 模块。

图 6-13-3 中:

(1)指定模块位置。

(2)在线情况下,通过点击"读取模块"按钮可以搜寻在线的 CP243-1 IT 模块。

(3)点击"下一步"按钮。

图 6-13-1　因特网向导

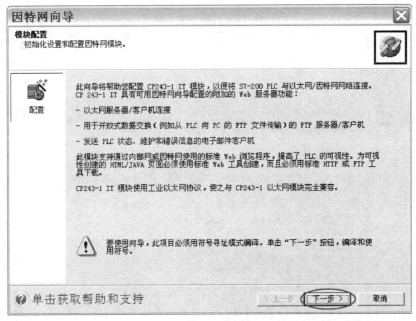

图 6-13-2　启动因特网向导

单击下一步按钮,进入模块地址分配对话框,如图 6-13-4 所示,在此设定模块的 IP 地址,本例设为"10.1.202.2",填写合适的子网掩码,本例设为"255.255.254.0",模块的通信连接类型,使用系统默认的设置。

图 6-13-4 中:

(1)设定模块的 IP 地址,自定义适用的 IP 地址。本例中设为"10.1.202.2"。

(2)填写适用的子网掩码。本例中设为"255.255.254.0"。

(3)选择模块的通信连接类型,使用系统默认的设置。

(4)点击"下一步"按钮。进入"模块命令字节"和"对等连接"对话框,如图 6-13-5 所示。

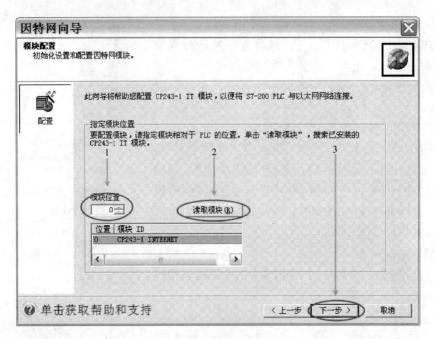

图 6-13-3　指定模块位置

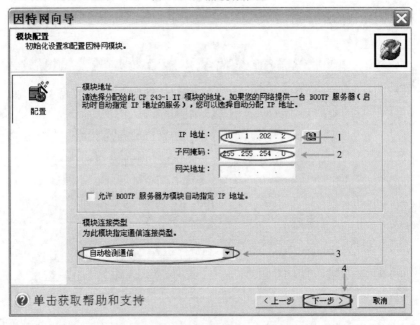

图 6-13-4　模块地址分配对话框设置

图 6-13-5 中：

(1) 确定 Q 内存地址，使用系统默认设置。

(2) 配置模块的连接数目，在本例中选择 1。

(3) 点击"下一步"按钮。进入"配置连接"对话框，如图 6-13-6 所示，在图中标识进行配置步骤。

图 6-13-6 中：

(1) 选择此连接为服务期连接。

— 220 —

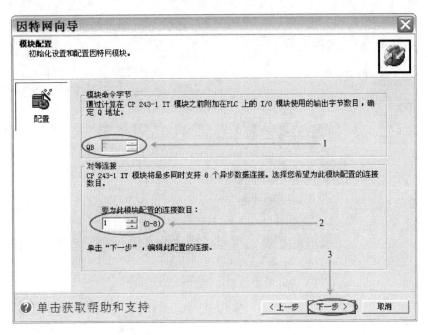

图 6-13-5　模块命令字节和对等连接设置

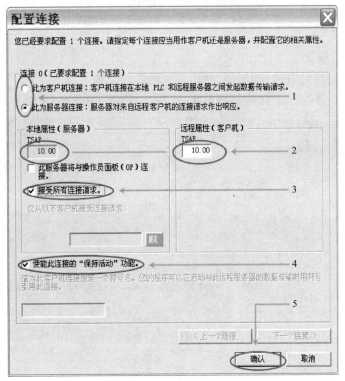

图 6-13-6　配置连接对话框

（2）设置远程 TSAP（Transport Service Access Point）地址，本地 TSAP 地址自动生成无法修改，远程 TSAP 地址使用系统默认的设置，即"10"。

（3）选择"接受所有连接请求"。

（4）使用系统默认的设置。

(5)点击"确定"按钮,进入图 6-13-7 的"CRC 保护"和"保持活动时间间隔"对话框。

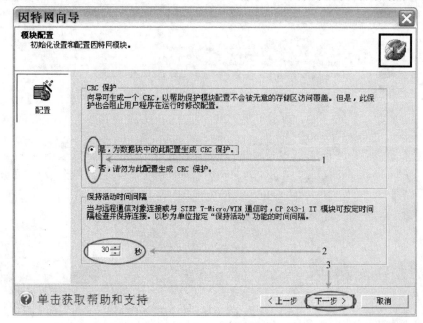

图 6-13-7　CRC 保护和保持活动时间间隔对话框

图 6-13-7 中:
(1)选择 CRC 保护。
(2)设置"保持活动"的时间间隔,使用系统默认的设置。
(3)点击"下一步"按钮,进入管理员账户设置对话框,如图 6-13-8 所示。

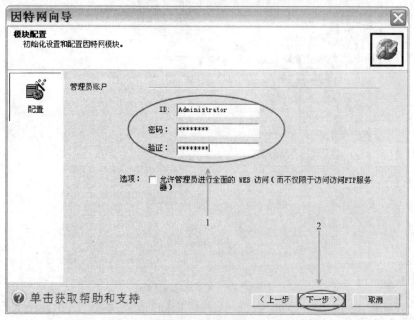

图 6-13-8　设置管理员账户

图 6-13-8 中:
(1)设置管理员账户的用户名及密码。

(2)点击"下一步"按钮,进入因特网模块功能选择对话框,如图6-13-9所示。

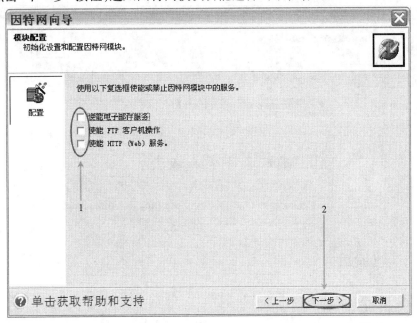

图6-13-9　因特网模块功能选择对话框

图6-13-9中:
(1)在本例中,禁止模块的电子邮件、FTP、WEB服务。
(2)点击"下一步"按钮,进入分配地址存储区对话框,如图6-13-10所示。

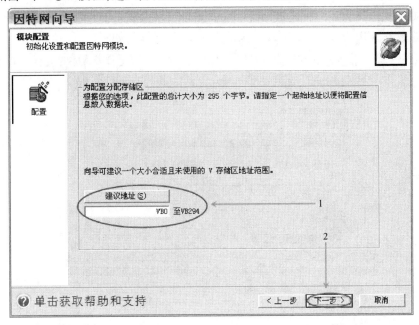

图6-13-10　分配地址存储区对话框

图6-13-10中:
(1)选择一个未使用的V存储区来存放模块的配置信息,可以点击"建议地址"按钮,让系统来选定一个合适的存储区。

(2)点击"下一步"按钮,进入编辑配置名称对话框,如图 6-13-11 所示。

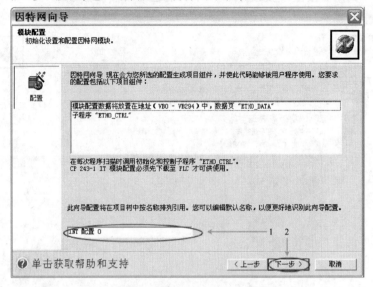

图 6-13-11　编辑配置名称对话框

图 6-13-11 中:
(1)编辑此配置的名称,本例中使用系统默认的名称。
(2)点击"下一步"按钮,完成服务器的配置组态。

客户机的组态与服务器的组态类似,即按照图 6-13-2～图 6-13-11 所示步骤来完成,只是在图 6-13-4 和图 6-13-6 有较小改动。指定模块地址时将客户机 IP 地址设置为"10.1.202.3",在图 6-13-6 中要选择为客户机连接,远程 TSAP 地址自动生成无法修改,选择服务器 IP 地址为前面配置的服务器 IP,即"10.1.202.2",为此连接定义符号名,如图 6-13-12 所示。

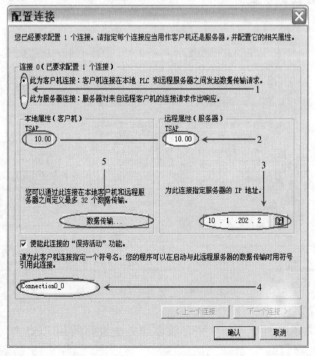

图 6-13-12　编辑配置名称

— 224 —

图 6-13-12 中:
(1)选择此连接为客户机连接。
(2)设置远程 TSAP(Transport Service Access Point)地址,本地 TSAP 地址自动生成无法修改,远程 TSAP 地址使用系统默认的设置即"10"。
(3)为此连接选择服务器 IP 地址,这里选择上面配置的服务器的 IP,即"10.1.202.2"。
(4)为此连接定义符号命,此名称在程序中将会用到。
(5)为客户机同服务器之间组态数据传输,点击"数据传输"按钮进入组态窗口,建立另外一个数据传输。选择向服务器内部写入数据,设置写入数据的字节数为1,设置数据交换的存储区,将客户机 VB1 内的数据写入到服务器的 QB0 内,为此数据传输定义符号名,此名称在项目中会应用到,如图 6-13-13 所示。

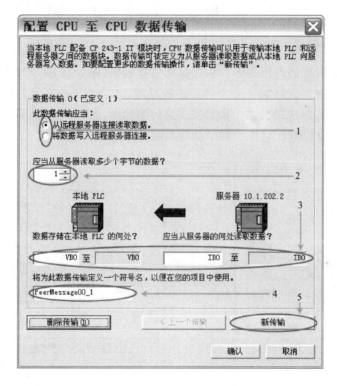

图 6-13-13　配置数据传输设置

图 6-13-13 中:
(1)选择从服务器读取数据。
(2)设置读取的字节数为1。
(3)设置数据交换的存储区,这里将服务器的 IB0 内的数据读入到客户机的 VB0 内。
(4)为此数据传输定义符号名,此名称在项目中会应用到。
(5)点击"新传输"按钮,建立另外一个数据传输。

完成上述配置后会在指令树的子程序中生成有关以太网通信的指令。ETHx_CTRL 子程序开始和执行以太网模块错误检查。应当在每次扫描开始调用子程序,且每个模块仅限使用一次子程序。每次 CPU 更改为 RUN(运行)模式时,该指令命令 CP243-1 以太网模块检查 V 内存区是否存在新配置。如果配置不同或 CRC 保护被禁止,则用新配置重设模块。图

6-13-14 为 ETHx_CTRL 子程序结构和输入输出参数注释表。

| 输入/输出 | 数据类型 | 注释 |
|---|---|---|
| EN | | 使能ETHx_CTRL 指令 |
| CP_Ready | 字 | 当以太网模块准备从其他指令接收命令时，CP_Ready变为现用 |
| Ch_Ready | 布尔 | Ch_Ready有一个指定给每个通道的位，显示该特定通道的连接状态。例如，当通道0建立连接后，位0打开 |
| Error | 字 | Error（错误）包含模块状态 |

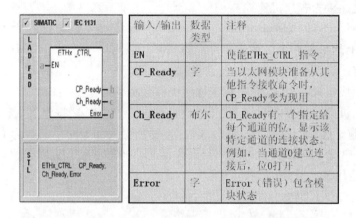

图 6-13-14　ETHx_CTRL 子程序结构和输入输出参数注释表

ETHx_XFR 子程序通过指定客户机连接和信息号码,命令在 S7-200 和远程连接之间进行数据传送。只有在至少配置了一个客户机连接时,才会生成该子程序。数据传送所需的时间取决于使用的传输线路类型。如果要提高传输速度,则应使用配备扫描时间低于 1s 的程序。图 6-13-15 为 ETHx_XFR 子程序结构和输入输出参数注释表。

| 输入/输出 | 注释 |
|---|---|
| EN | EN位必须打开，才能启用模块命令，EN位应当保持打开，直至设置表示执行完成的Done（完成）位 |
| START | 当START（开始）输入打开且模块目前不繁忙时，XFR命令在每次扫描时均被发送至以太网模块。START（开始）输入可通过仅允许发送一条命令的边缘检测元素用脉冲方式打开 |
| Chan_ID | Chan_ID是在向导中配置的一条客户机通道的号码。使用在向导中指定的连接符号名 |
| Data | Data（数据）是为在向导中配置的指定信号定义的一个数据传送。使用在向导中指定的符号名 |
| Abort | Abort（异常中止）命令以太网模块停止在指定通道上的数据传送。该命令不会影响其他通道上的数据传送。如果指定通道的"保持现用"功能被禁用，当超出您预期的超时限制时，则使用"异常中止"参数取消数据传送请求 |
| Done | 当以太网模块完成数据传送时，Done（完成）打开 |
| Error | Error（错误）包含数据传送结果 |

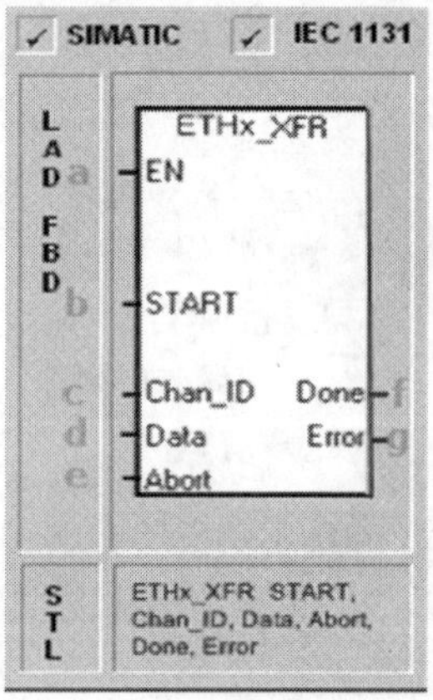

图 6-13-15　ETHx_XFR 子程序结构和输入输出参数注释表

服务器中的程序清单及注释如图 6-13-16 和图 6-13-17 所示。

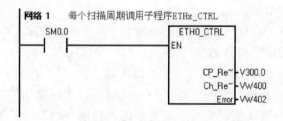

图 6-13-16　服务器上的主程序清单及注释

通过以太网模块可以实现 S7-200 的远程编程与诊断,进入设置 PG/PC 接口对话框,如

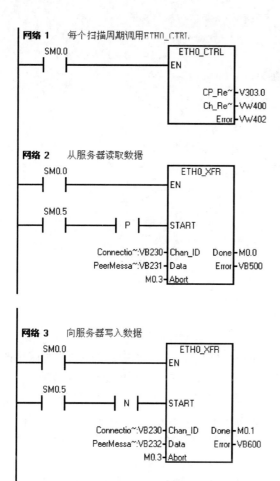

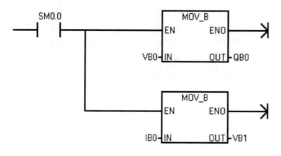

图 6-13-17 客户机上的主程序清单及注释

图 6-13-18 所示,"已使用的接口参数分配"选择同计算机以太网卡相一致的 TCP/IP。

图 6-13-18 中:

(1)选择同计算机以太网卡相一致的 TCP/IP 协议。

(2)点击"确定"按钮弹出如图 6-13-19 所示对话框。

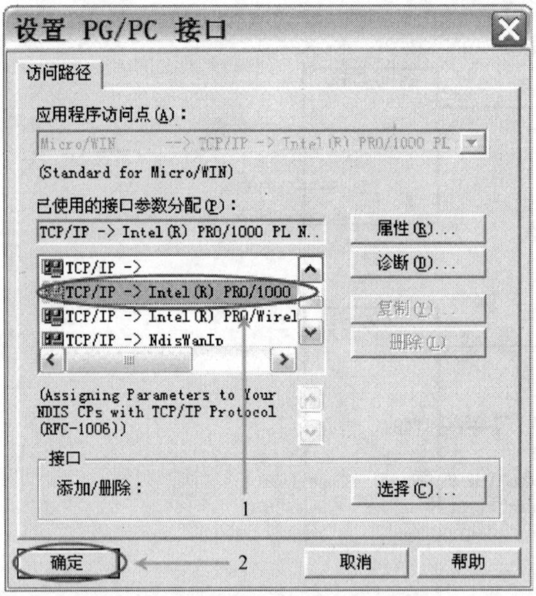

图 6-13-18 "设置 PG/PC 接口"对话框

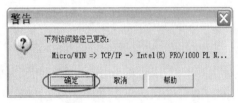

图 6-13-19 提示路径

因为以前选用的 PPI 协议的关系,所以更改了数据通信路径,会提示路径的更改,点击确定。

在 STEP7 Micro/WIN 软件中,打开"通信"对话框,如图 6-13-19 所示。单击图中圈中位置,进入"IP 地址浏览器",在其中添加新地址"10.1.202.2"和"10.1.202.3"并保存。

双击图 6-13-20 中"双击刷新",系统会自动搜索添加到 IP 浏览器中的 IP 地址。同时搜索出所属路径的 PLC。

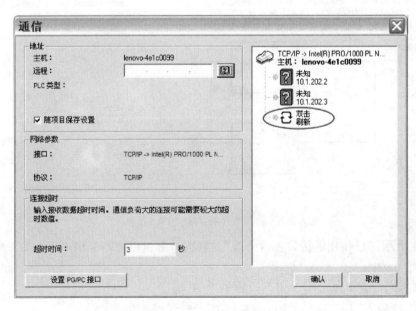

图 6-13-20 "通信"对话框

— 228 —

3. S7-200 和 S7-300 的以太网连接

S7-200 和 S7-300 PLC 可分别通过以太网扩展模块 CP243-1 和 CP343-1 接入工业以太网,再加上 STEP7 和 STEP7 Micro/WIN 等编程软件,使得 PLC S7-200 和 S7-300 之间以太网通信简便易行。

本例将利用 CP243-1 IT 和 CP343-1 IT 实现 S7-300 PLC 的 I0.1 ~ I0.7 与 S7-200 PLC 的 Q0.1 ~ Q0.7、S7-300 PLC 的 Q4.0 ~ Q4.7 与 S7-200 PLC 的 I0.1 ~ I0.7 状态同步。

按照前面图 6-13-2 ~ 图 6-13-11 所示的方法组态 S7-200 的"以太网"向导,设置 CP243-1 的 IP 地址为"192.168.147.2",子网掩码"255.255.255.0"。设置以太网连接数为 1,TSAP 设置中 02 代表 CPU 的槽号,IP 地址要与后续 CP343 组态保持一致,选择客户机连接,服务器 TSAP 为 3.02,IP 地址为"192.168.147.1",然后单击"数据传输"配置 CPU 间的数据传输参数,见图 6-13-21。

建立两个数据传输,分别是:

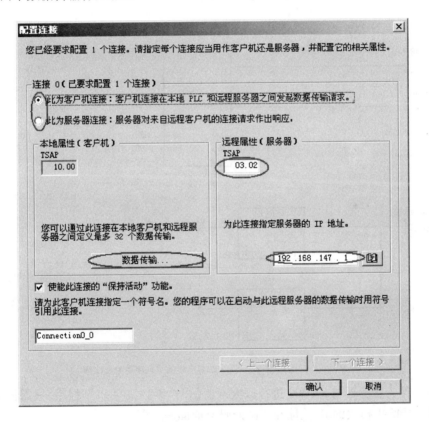

图 6-13-21 连接设置

(1)选择从服务器读取数据,读取字节树为 1,将服务器 IB0 内的数据读入到客户机 VB2000 内,定义数据传输符号名。

(2)将数据写入服务器,读取字节树为 1,将客户机 VB2001 内的数据写入到服务器 QB4 内,为此数据传输定义符号名。

其他步骤与前同,CP243-1 组态完毕后,系统将自动生成相应的子程序。S7-200 作为客户机,只需编写主程序,调用子程序即可。程序清单如图 6-13-22 所示。

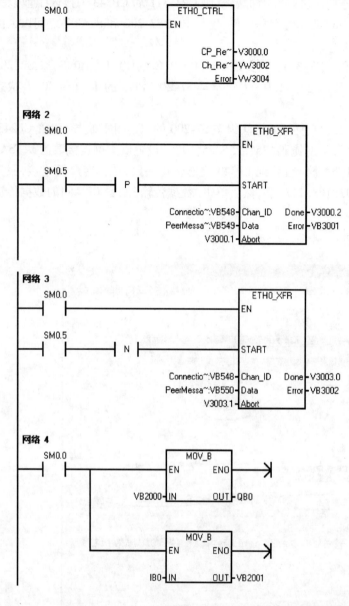

图 6-13-22  S7-200 客户机的主程序清单及注释

S7-300 作为服务器与 S7-200 进行以太网通信时,不必编写 PLC 程序,只需做好硬件组态并设置 CP343-1 模块的 IP 地址和子网掩码与前面一致即可。

执行 STEP7 菜单命令"文件"→"新建",打开"新建项目"对话框,输入项目名称、路径,单击"确定"建立 S7-300 新建项目,如图 6-13-23 所示。

在新建项目中组态导轨,然后根据实际硬件的型号和货号,在导轨上安插模块,最终实现硬件的组态,必须和真实硬件组态一致。编译保存,最终结果如图 6-13-24 所示。

设置 CP343-1IT 模块的 IP 地址和子网掩码,如图 6-13-25 所示。组态完毕,将程序下载到 S7-300 PLC 中。

通信测试步骤如下:

图 6-13-23　S7-300 新建项目

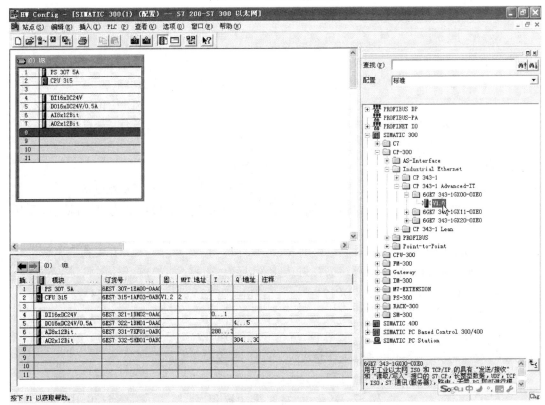

图 6-13-24　S7-300 项目硬件组态

(1)用双机互联网线(或通过 HUB/交换机和网络电缆)连接 CP243-1 IT 和 CP343-1 IT。

(2)改变 S7-200 PLC 的 IB0 的状态,观察 S7-300 PLC 的 QB4 的状态是否与 S7-200 PLC 的 IB0 一致。

(3)改变 S7-300 PLC 的 IB0 的状态,观察 S7-300 PLC 的 QB0 的状态是否与 S7-300 PLC 的 IB0 一致。

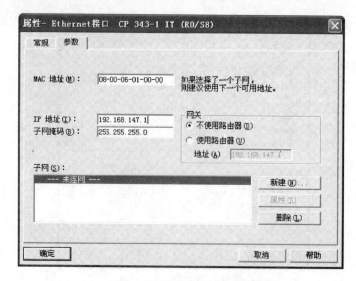

图 6-13-25　设定 IP 和子网掩码

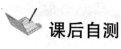

## 课后自测

**选择题**

1. 世界上第一台可编程序控制器 PDP-4 是(　　)在 1969 年研制出来的。
   A. 美国　　　　B. 德国　　　　C. 日本　　　　D. 中国
2. PLC 的各种系统参数、I/O 映像等参数存放到 PLC 的(　　)中。
   A. 系统 ROM　　B. 系统 RAM　　C. 用户 ROM　　D. 用户 RAM
3. PLC 的 CPU 与现场 I/O 装置的设备通信的桥梁是(　　)。
   A. I 模块　　　B. O 模块　　　C. I/O 模块　　　D. 外设接口
4. 为了拓宽输入电压范围,提高电源的效率和抗干扰能力, PLC 的内部电源一般采用(　　)。
   A. 并联稳压电源　B. 串联稳压电源　C. 锂电池　　　D. 开关稳压电源
5. S7-300/400 PLC 的电源模块为背板总线提供的电压是(　　)。
   A. DC5V　　　　B. +DC12V　　　C. -DC12V　　　D. DC24V
6. 下列不属于 PLC 的特点的是(　　)。
   A. 通用性好,适应性强　　　　　B. 可靠性高,抗干扰能力强
   C. 设计、安装、调试和维修工作量大　　D. 编程简单、易学
7. 下列不具有通信联网功能的 PLC 是(　　)。
   A. S7-200　　　B. S7-300　　　C. GE90U　　　D. F1-30MR
8. 作为德国国家标准和欧洲标准,由 3 个系列组成的现场总线是(　　)。
   A. FF　　　　　B. PROFIBUS　　C. LonWorks　　D. CAN
9. SIMATIC NET 中,(　　)属于多点接口,适用于少量、慢、实时性要求不高的场合。
   A. ETHERNET　　B. PROFIBUS　　C. MPI　　　　D. AS-I
10. 按组成结构形式、容量和功能分, S7-300 属于(　　)。
    A. 小型中档整体式　　　　　　B. 小型高档模块式
    C. 大/中型高档整体式　　　　　D. 大/中型高档模块式

11. 下列输出模块可以交直流两用的是(    )。
    A. 光电耦合输出模块            B. 继电器输出模块
    C. 晶体管输出模块              D. 晶闸管输出模块
12. 输入采样阶段,PLC 的 CPU 对各输入端子进行扫描,将输入信号送入(    )。
    A. 外部 I 存储器(PI)           B. 累加器(ACCU)
    C. 输入映像寄存器(PII)         D. 数据块(DB/DI)
13. 每一个 PLC 控制系统必须有一台(    ),才能正常工作。
    A. CPU 模块      B. 扩展模块      C. 通信处理器      D. 编程器
14. S7-300 PLC 通电后,CPU 面板上"BATF"指示灯亮,表示(    )。
    A. 程序出错      B. 电压低       C. 输入模块故没障    D. 输出模块故障
15. S7-300 PLC 驱动的执行元件不工作,PLC 的 CPU 面板上指示灯均正常,而输入、输出指示灯不亮,这时可判断故障出在(    )。
    A. 程序错误      B. CPU 模块上    C. 输入线路上      D. 输出线路上
16. S7-300/400 PLC 在启动时要调用的组织块是(    )。
    A. OB1           B. OB35         C. OB82            D. OB100
17. 背板总线集成在模块内的 S7 系列 PLC 是(    )。
    A. LOGO          B. S7-200       C. S7-300          D. S7-400
18. 接口模块 IM360 只能放在 S7-300 的(    )。
    A. 0 号机架的 3 号槽            B. 任意机架的 3 号槽
    C. 0 号机架的 1 号槽            D. 任意机架的 1 号槽
19. S7-400 的背板总线集成在(    )。
    A. 扁平电缆内    B. 模块内       C. 机架内          D. 现场总线上
20. 若梯形图中某一输出过程映像位 Q 的线圈"断电",对应的输出过程映像位为状态,输出刷新后,对应的硬件继电器常开触点(    )。
    A. 0,断开        B. 0,闭合       C. 1,断开          D. 1,闭合
21. S7-300 每个机架最多只能安装(    )个信号模块、功能模块或通信处理模块。
    A. 4             B. 8            C. 11              D. 32
22. PC 编程器通过(    )与 PLC(MPI 口)连接。
    A. CP5511 + MPI 电缆            B. CP5611 + MPI 电缆
    C. CP1512 或 CP1612             D. PC/MPI 适配器 + RS232C 电缆
23. S7-300 中央机架的 4 号槽的 16 点数字量输出模块占用的字节地址为(    )。
    A. IB0 和 IB1    B. IW0          C. QB0 和 QB1      D. QW0
24. S7-300 中央机架的 5 号槽的 16 点数字量输入模块占用的字节地址为(    )。
    A. IB2 和 IB3    B. IW2          C. IB4 和 IB5      D. IW4
25. S7-300 中央机架的 6 号槽的 16 点数字量输入/输出模块占用的字节地址为(    )。
    A. IB8 和 QB8    B. IB8 和 QB9   C. IB8 和 IB9      D. I8 和 Q8
26. S7-300 中央机架的 7 号槽的 4AI/2AO 模块的模拟量输入字地址为(    )。
    A. IB304 和 IB310               B. IB304 和 IB310
    C. IW304 至 IW311               D. IW304 至 IW310
27. S7-300 中央机架的 7 号槽的 4AI/2AO 模块的模拟量输出字地址为(    )。

A. QB304 和 QB306　　　　　　　　B. QW304 和 QW306
C. QW308 和 QW310　　　　　　　　D. QW312 和 QW314

28. S7-300 1 号扩展机架的 4 号槽的模拟量输入输出地址范围为（　　）。
    A. 32~35　　　　B. 256~271　　　　C. 384~391　　　　D. 384~399

29. 漏(SINK)型输入电路的电流从模块的信号输入端（　　），从模块内部输入电路的公共点 M 端（　　）。
    A. 流入，流入　　B. 流出，流出　　C. 流出，流入　　D. 流入，流出

# 附录 A  S7-200 PLC 快速参考信息

特殊存储器位见附表 A-1。

特 殊 存 储 器 位　　　　　　　　附表 A-1

| SM0.0 | 该位始终为 1 | SM1.0 | 操作结果 =0 |
|---|---|---|---|
| SM0.1 | 首次扫描时为 1 | SM1.1 | 结果溢出或非法数值 |
| SM0.2 | 保持数据丢失时为 1 | SM1.2 | 结果为负数 |
| SM0.3 | 开机上电进入 RUN 时为 1 一个扫描周期 | SM1.3 | 被 0 除 |
| SM0.4 | 时钟脉冲:30s 闭合/30s 断开 | SM1.4 | 超出表范围 |
| SM0.5 | 时钟脉冲:0.5s 闭合/0.5s 断开 | SM1.5 | 空表 |
| SM0.6 | 时钟脉冲:闭合 1 个扫描周期/断开 1 个扫描周期 | SM1.6 | BCD 到二进制转换出错 |
| SM0.7 | 开关放置在 RUN 位置时为 1 | SM1.7 | ASCII 到十六进制转换出错 |

# 附录B 课后自测参考答案

## 项目一

一、选择题
1. C  2. B

二、填空题
1. 小于或等于
2. 短路　过载
3. 电路隔离
4. 接通或分断　远距离
5. 电磁式接触器　气动接触器　液压接触器　电磁式接触器
6. 电磁机构　触头系统　弹簧　灭弧装置　支架底座
7. 直流接触器　交流接触器
8. 3极　4极　5极
9. 通电　磁通　电磁吸力
10. 接触器主触头之间
11. 接触器主触头之间
12. 触头已闭合而铁芯尚未完全吸合　电源电压过低　铁芯机械卡阻
13. 触头熔焊　机械卡阻
14. 铁芯极面有油污　磨损不平触头　弹簧压力过大　铁芯机械受阻
15. 吸合时间　释放时间
16. 0.05~0.2s
17. 电压继电器　增加触头数量　起中间放大作用
18. 直流中间继电器　交流中间继电器
19. 经一段延时
20. 经一段时间
21. 电磁阻尼式　空气阻尼式
22. 通电延时型　断电延时型
23. 电流流过发热元件　受热弯曲　机构动作
24. 瞬时　短路保护　长期过载保护
25. 双金属片式

## 项目二

一、选择题
1. B  2. A

二、设计分析题
答案略

项 目 三

一、选择题
1. C  2. C  3. C  4. A  5. A  6. C

二、程序分析题
1. 0.1  得电  失电

2.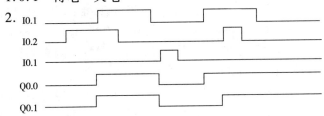

三、编程题

| 接线 | PLC 输入 | 接线 | PLC 输出 |
|---|---|---|---|
| SB1 | I0.0 | KM | Q0.0 |
| SB2 | I0.1 | | |
| SB3 | I0.2 | | |
| KR | I0.3 | | |

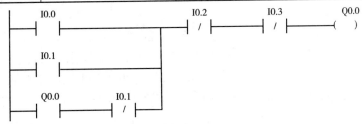

项 目 四

一、填空题

1. CPU 模块、输入/输出模块、编程器、电源

2. 循环扫描方式

3. 从上到下  从左到右

4. PLC  工业机器人  CAD/CAM

5. 顺序功能图  梯形图  功能块图  指令表  结构文本

6. 梯形图  功能块图  语句表

7. 继电器  晶体管  晶闸管  直流和交流  直流设备  交流设备

8. 串行通信  并行通信  同步通信  异步通信

9. 自由口通信

二、简答题

1. 答:(1)编程方法简单易学;(2)功能强性价比高;(3)硬件配套齐全、用户使用方便、适应性强;(4)可靠性高、抗干扰能力强;(5)系统设计、安装、调试工作量少;(6)维修工作量小、维修方便;(7)体积小能耗低。

2. 答:PLC 的工作方式为循环扫描,其扫描过程 RUN 状态为读取输入、执行用户程序、处理通信请求、自诊断检查、改写输出;STOP 状态为读取输入,处理通信请求,自诊断检查、改写输出。

3. 答:(1)运行环境的保证,PLC 的运行环境要求极高,要防尘防水防火防高温防雷电,因此电气控制室一般要安排在具有双层玻璃的、安装有水式制冷空调的二楼,电控室温度一般在28℃左右,对于防尘则是将 PLC 安装在 1m×2.2m×0.6m 的带锁前面板为玻璃门的控制柜中,此柜上部安装有防尘罩的抽风系统进行柜内降温。(2)要做好一系列的日常工作,分为日常准备工作和日常点检工作,定时进行人工除尘降温,USB 定期维护,PLC 程序的定期人工备份和电池备份及各相关坏器件的更换等。(3)PLC 故障的诊断,总法:一摸二看三闻四听五按迹寻踪法六替换法,一摸查 CPU 温度;二看指示灯是否正常;三闻有无异味;四听有无异动;五寻找故障所在地;六对不确定的部位进行部件替换。

4. 答:顺序功能图的基本结构有单序列、选择序列、并行序列,在顺序功能图中,步的活动状态的进展是由转换的实现来完成的,转换的实现必须同时满足两个条件:(1)该转换所有的前级步都是活动步。(2)相应的转换条件得到满足,两个条件缺一不可,另外转换实现时应完成以下两个操作:①使所有由有向连线与相应转换符号相连的后续步都变为活动步;②使所有由有向连线与相应转换符号相连的前级步都变为不活动步。以上规则可以用于任意结构中的转换,在绘制顺序功能图时应注意:①两个步绝对不能直接相连,必须用一个转换将它们分隔开;②两个转换也不能直接相连,必须用一个步将它们分隔开;③顺序功能图中的初始步一般对应于系统等待启动的初始状态;④自动控制系统应能多次重复执行同一工艺过程。

5. 答:顺序控制设计法最基本的思想是将系统的一个工作周期划分为若干个顺序相连的阶段,这些阶段称为步,并用编程元件来代表各步,步是根据输出量的状态变化来划分的,在任何一步之内,各输出量的 ON\OFF 状态不变,但是相邻两步输出量总的状态是不同的,一个工作周期可以分为3步,还有设置一个等待起动的初始步。与系统的初始状态相对应的步,每个顺序功能图至少有一个初始步。活动步是相当系统正处于某一步所在的阶段时该步处于活动状态。

6. 答:输入接线应注意:
①输入接线一般不要超过 30m,但如果环境干扰较小,电压降不大时,输入接线可以长些。
②输入输出线不能用同一根电缆,输入输出线要分开。
③可编控制器所能接受的脉冲信号的宽度应大于扫描周期的时间。
输出接线应注意:
①输出端接线分为独立输出和公共输出。
②应用熔丝保护输出元件以免烧毁印制电路板。
③采用继电器输出时,继电器工作寿命要长。
④应采取措施加以控制 PLC 的输出负载可能产生的干扰噪声。

7. 答:RS232C 的优点:对于一般双工通信,仅需几条信号线就可以实现,线路简单,应用广泛;
缺点:通信距离会受到电容的限制,传输距离短,存在共地噪声和不能抑制共模干扰的问题,数据传输效率不高。

RS485 的优点:具有抑制共模干扰的能力,总线收发器具有高灵敏度,用于多点互连时非常方便,可以省掉许多信号线;

缺点:为半双工,只有一对平衡差分信号线,不能同时发送和接收,容易受干扰。

RS422 的优点:可以通过两对双绞线进行全双工工作收发互不影响,与 RS232C 比不需要数字地线外部的干扰信号以共模方式出现,共模信号可以互相抵消;

缺点:与 RS485 相比支持更少的接收节点,且不支持多发送节点。

8. 答:在驱动直流负载时应并联续流二极管,在驱动交流负载时应并联 RC 串联电路。

9. 答:①PLC 专为工业环境设计能适应非常恶劣的环境而传统不能。

②PLC 和传统的继电器相比,工程体积小,稳定性高,可以随时改变工作过程,避免密密麻麻的布线之苦,PLC 的程序用计算机可编写,也可与计算机之间实现远程控制。

## 项 目 五

一、填空题

1. 光电耦合器

2. 晶体管

3. 断电延时　有记忆通电延时

4. 继电器型

5. 继电器　程序

6. 0

7. 顺序控制　输入输出

二、选择题

1. A　2. A　3. B　4. D　5. C

三、程序分析题

答案略

四、程序改错题

答案略

## 项 目 六

选择题

1. A　2. B　3. C　4. D　5. A　6. C　7. D　8. B　9. C　10. D　11. B　12. C　13. A　14. B　15. C　16. D　17. C　18. A　19. C　20. A　21. B　22. D　23. C　24. C　25. A　26. D　27. B　28. D　29. D

## 参 考 文 献

[1] 姚建飞,张米雅.电气控制技术[M].北京:北京师范大学出版社,2011.
[2] 刘华波.SIMATIC S7 高级编程[M].北京:电子工业出版社,2007.
[3] 陶权,韦瑞录.PLC 控制系统设计、安装与调试[M].北京:北京理工大学出版社,2009.
[4] 廖常初.PLC 原理及编程[M].北京:机械工业出版社,2005.
[5] 张桂香,马全广.电气控制技术与 PLC 应用[M].北京:化学工业出版社,2006.
[6] 崔坚,李佳,杨光.西门子工业网络通信指南(上)(下)[M].北京:机械工业出版社,2005.